幼小中高一貫
地理教育カリキュラムスタンダード
― 近未来社会をつくる市民性の育成 ―

吉田 剛・永田成文・阪上弘彬 編著

古今書院

Curriculum Standards for K-12 Geographical Education
Cultivating Citizenship for a Near-Future Society

Tsuyoshi YOSHIDA, Shigefumi NAGATA, Hiroaki SAKAUE

Kokon-Shoin, Publisher, Tokyo, 2025

はじめに

　地理教育は，地表面における自然や社会の関わりの営みの中で生きる人々の生活を理解する上で必要不可欠なものである．人々がより良い生活を営み，それを維持していくためには，時間的な間隔もあるが，常に変容している地表面の自然や社会の諸事象などの地理的事象やその意味を知らなければならない．地震や津波などの自然災害，民族や領土などの世界各地の紛争などから考えると，だれもが地理教育の意義を認めざるを得ない．

　学校教育において地理教育は，歴史教育，公民教育とともに社会系教科教育のうちの1つとみられ，様々な議論が展開されている．その中でも，学校段階を一貫する地理教育のあり方については，課題がある．既にアメリカの地理ナショナルスタンダードや，オーストラリアのナショナルカリキュラム地理では，就学前教育（Kindergarten）から高等学校（12th grade）の段階（K-12）に至るまでを一貫する地理教育カリキュラムとなっている．日本もそれを備える必要があることはいうまでもない．

　この課題については，日本においても古くから様々に論じられてきた経緯があるが，明確な，そして実践につながる十分な成果が得られていない．その理由には，十数年にわたる長い時間の間隔の中で各学習段階の特徴を踏まえながら，様々な一貫するための軸をもって，マクロ，ミクロなどの視点からの理論的な検討，学校段階間の意思疎通，実践的な検討・検証が難しいからである．

　近年，高等学校地理歴史科に必履修科目の地理総合が設定され，いわば国民教養となる地理教育の終着点としてもみられる．しかしその終着点に至るまでの地理教育の系統を十分に見取り，その一貫性について，だれしもが明確に説明することは難しい．学校教育における地理教育は，各学校段階の制度や性格などに応じて，様々な特徴をもつものとなるからである．この課題に対して，従来の研究においてもたびたび挑戦されてきたところであるが，一貫する原理を検討・整理しながら，実践に結び付け，様々な側面や立場から議論を深め，共通項となる議論の場を用意し，明確に示していく必要がある．

　ところで地理教育としての固有性を説明する上では，様々な諸外国地理教育カリキュラムにおいてクローズアップされる，地理学の基本概念，つまり地理的概念に着目する必要がある．そもそも地理的概念は，地理思想，地理教育思想など

で検討する際の中心的なテーマとなる．位置や分布，場所，人間と自然環境との相互依存関係，空間的相互依存作用，地域などの地理的概念を中心に据えながら，幼児・児童・生徒にとって，より効果的な幼小中高を一貫する地理教育の原理を考えていく意義がある．地理教育は，その固有性を発揮しながら，学習者の社会生活や人生をより豊かなものへと導くための社会的な役割を果たすことになる．

以上から本書は，2022年度より開始した日本地理教育学会「小中高一貫地理教育カリキュラム研究グループ」のこれまでの成果をもとに，幼小中高一貫地理教育カリキュラムを創造するために企画した．とくに次の成果を発展させた．

〇月刊『地理』古今書院（2023年4月号～2024年4月号）の連載「近未来社会の子どもを育てる小中高一貫地理カリキュラム」．
〇日本地理教育学会2022年度2月例会/2023年度73回大会シンポジウム報告．
〇日本地理学会2024年春季大会地理教育公開講座報告．

かつて日本地理教育学会では，「地理教育一貫研究グループ」の活動を中心に，「地理教育全国合同シンポジウム－小・中・高校地理教育一貫カリキュラムの提案－」（2006年6月）（慶応義塾大学三田）を経て，山口幸男・西木敏夫・八田二三一ほか編（2008）『地理教育カリキュラムの創造 小・中・高一貫カリキュラム』（古今書院）を出版した．既に時が15年以上も過ぎ去り，時代は，大きく変化してきている．現代に見合い，未来に向けた成果を求め，Socity5.0時代のICTやAIの活用などが一般化してきている．学校教育では，カリキュラム・マネジメントとともに個別最適と協働の学びが求められ，学習指導要領にもとにしながらも多様な授業展開が生み出される時代に入ってきている．このような動きに応じて，実のある内容をもった一貫地理教育カリキュラムを創造する意義がある．

そこで明確な理論とともに，具体的な内容が備わった成果を総合することによって，研究者と現場教員とが一体となって議論し合う場を用意し，時代に見合った地理教育の振興につなげる必要がある．そのために本書は，学術的な基礎研究の1つとして，あるいは学校教員が学習指導要領や教科書などをもとにして地理授業を実践する際に有益な考え方を提供できるように挑戦した．

日本地理教育学会・小中高一貫地理教育カリキュラム研究グループ代表

吉田　剛

2024年9月27日

目 次

はじめに　i
用語解説　v

第Ⅰ部　理論編　……………………………………………………　1

第1章　地理的概念による理論をつくる
　　　　　－地理的概念を主柱とするさまざまな一貫軸－　2

　第1節　研究の背景と基礎研究　2
　第2節　地理的概念を主柱にしたフレームワーク　7

第2章　カリキュラムの様相を知る
　　　　　－さまざまな地理教育における一貫性－　15

　第1節　社会系教科における地理領域　15
　第2節　戦後の地理教育における一貫カリキュラム研究の変遷　21
　第3節　アメリカ合衆国　36
　第4節　オーストラリア　44
　第5節　ドイツ　52

第3章　【内容】の構成領域を考える
　　　　　－地域の枠組みと地理学体系による構成－　60

　第1節　地理的概念と地域の枠組み　60
　第2節　地誌と系統地理からみるつながり　71
　第3節　内容の構成を考える－人口の扱いを事例に－　80

第4章　【方法】の構成領域を考える
　　　　　－地理的探究，フィールドワーク，GIS・地図－　88

　第1節　地理的技能としての地理的探究と地理的ツール　88
　第2節　フィールドワーク　102

第 3 節　GIS と地図からみた指導の一貫性　110

第 5 章　【価値】の構成領域を考える
　　　　　－地理的価値態度と近未来社会的市民性の育成－　121
　　第 1 節　小中高一貫地理教育カリキュラムを見据えた SDGs を活用した
　　　　　　ESD 授業　121
　　第 2 節　ウェルビーイング，近未来社会的市民性　135

第Ⅱ部　実践編　　141

第 6 章　実践を研究する－フレームワークによる効用－　142
　　第 1 節　新たなデジタル・テクノロジーから考える一貫地理教育　142
　　第 2 節　立地概念を中核にして考える一貫地理教育　154
　　第 3 節　「身近な地域」から考える一貫地理教育　160
　　第 4 節　テーマから考える一貫地理教育　166
　　第 5 節　さまざまな実践から考える一貫地理教育　175

第 7 章　幼小中高一貫地理教育カリキュラムを考える
　　　　　－理論と実践の往還に必要な系統表－　186
　　第 1 節　理論と実践の成果　186
　　第 2 節　到達目標となる系統表　192
　　第 3 節　よりよい実践を求めて　202

おわりに　206
著者紹介　208

用語解説

＊アルファベット表記のおもな用語の日本語訳

AI：人工知能（Artificial Intelligence）
AR：拡張現実（Augmented Reality）
AS/A：（イギリスの）一般教育修了上位レベル（General Certificate of Education Advanced Subsidiary Level/ Advanced Level）
DX：デジタル・トランスフォーメーション（Digital Transformation）
ESD：持続可能な開発のための教育（Education for Sustainable Development）
GCSE：（イギリスの）中等教育修了資格（General Certificate of Secondary Education）
GIS：地理情報システム（Geographic Information System）
GPS：全地球測位システム（Global Positioning System）
ICT：情報通信技術（Information and Communication Technology）
IGU-CGE：国際地理学連合・地理教育委員会（Commission on Geographical Education of the International Geographical Union）
NSW：オーストラリア・ニューサウスウェールズ（州）（New South Wales）
OECD：経済協力開発機構（Organisation for Economic Co-operation and Development）
PBL：課題解決型／プロジェクト型学習（Problem/Project Based Learning）
RESAS：地域経済分析システム（Regional Economy Society Analysis System）
RP：ドイツ・ラインラント＝プファルツ（州）（Rheinland-Pfalz（独）/Rhineland-Palatinate（英））
SCAMPER：問い詰め型発想トリガー（Substitute, Combine, Adapt, Modify, Put to Another Use, Eliminate, and Reverse）
SDGs：持続可能な開発目標（Sustainable Development Goals）
UNESCO：国連教育科学文化機関（United Nations Educational, Scientific and Cultural Organization）
UNICEF：ユニセフ（United Nations Children's Fund）
VIC：オーストラリア・ビクトリア（州）（Victoria）
VR：仮想現実（Virtual Reality）

理論編は，次の各章のねらいと鍵となる問いによって構成されている．

<u>第1章：地理的概念による理論をつくるために，研究の背景と基礎研究をみる</u>

地理教育は，近未来社会の新しいニーズに応じて，なぜ，地理的概念を主柱にして一貫カリキュラムを求めるのか？ そのためにどのような基礎理論となるフレームワークを構成する必要があるか？

<u>第2章：カリキュラムの様相を知るために，社会系教科地理教育，戦後地理教育の一貫カリキュラム研究，主要国の地理教育カリキュラムをみる</u>

日本の地理教育には，学習指導要領の社会系教科に位置付いて，どのような一貫カリキュラム研究史がみられ，歴史教育や公民教育とどのような違いがみられるか？ アメリカ，オーストラリア，ドイツの地理教育カリキュラムには，どのような特徴がみられるか？

<u>第3章：【内容】の構成領域を考えるために，地理的概念と地域の枠組み，地誌と系統地理，内容の構成（人口の扱いの事例）をみる</u>

基礎理論となるフレームワークにおける地理的概念，その中の地域の枠組みの系統は，どのようなものになるか？ 教科書上，地誌と系統地理の点からどのような特徴がみられるか？ 内容の構成を「人口の扱い」から考えると，地誌と系統地理の点から各学習段階でどのように取り上げられているか？

<u>第4章：【方法】の構成領域を考えるために，地理的探究と地理的ツール，フィールドワーク，GISと地図をみる</u>

地理的探究と地理的ツールは，どのように扱われ，地理的ツールとなる認知地図は，どのようなものになるか？ フィールドワークは，学習指導要領，各学校段階でどのように扱われるか？ 地図・GISは，学習指導要領や教科書，実践などでどのような特徴がみられるか？

<u>第5章：【価値】の構成領域を考えるために，SDGsを活用したESD授業と，ウェルビーイング，近未来社会的市民性をみる</u>

ESDは，SDGs，地理教育の理念と価値態度とどのように関係し，各学校段階でどのように指導されるか？ ウェルビーイングは，持続可能性，近未来社会的市民性とどのように関係付くか？

第1章 地理的概念による理論をつくる
― 地理的概念を主柱とするさまざまな一貫軸 ―

第1節 研究の背景と基礎研究

　日本の一貫地理教育カリキュラムに関する研究には，方向性，内容構成，地理的な見方・考え方，学習指導要領の変遷のさまざまな検討がみられる．近年では，吉田・管野（2016, 2023）や管野（2018）などによって，諸外国の幼小中高一貫地理教育カリキュラムの分析研究へと発展してきている．これらの背景の1つには，さまざまな学校種の教員が見渡せる一貫カリキュラムを明示することによって，地理教育全体の充実が目指されている．現実的には，日本で一貫地理教育カリキュラムの実施をみることができないが，現行小中高学習指導要領の「社会的な見方・考え方」「地理的な見方・考え方」や，「社会的事象等について調べるまとめる技能」などには，一貫軸の意図がみられる．Society5.0が浸透する近未来社会の情報活用力や個別最適・協働的な学びの教育に向けて，近未来社会の幼小中高一貫地理教育カリキュラムを創造する基礎研究を進めることは意義がある．

1．近未来社会の新しいニーズに応じる

　内閣府総合科学技術・イノベーション会議（2022）では，DXにより，Society 5.0におけるデジタルシティズンシップ育成が目指されている．またOECDの『Education 2030』では，ウェルビーイング（Well-being）実現に向けた子ども1人ひとりの「エージェンシー」などを求め，「新たな価値創造」「イノベーションの創出」「多様な幸せ」などの点から子どもの可能性を最大限引き出す教育が目指されている．このような近未来社会の教育課題の実現に向けて，地理教育においてもタブレット端末などを用いた動画教材やデジタル教科書教材の活用を高度化させる中で，GIS，AI，VR，ARなどの多様な活用が求められる．児童生徒1人ひとりや社会のウェルビーイングの実現に向けて，近未来社会の地理教育カリキュラムには，地理空間情報に関わる教育に責務がある．

2．Society5.0 の地理空間情報の活用に応じる

　国土地理院ウェブサイトによれば，日本は，GIS と GPS の相乗効果を期待し，2007 年に地理空間情報活用推進基本法を策定した．基本理念には，GIS と GPS の両施策による地理空間情報の高度活用に関わる環境整備などが掲げられ，2008 年からは，3 回にわたる地理空間情報活用推進基本計画が閣議決定され，2022 年には，第 4 期の基本計画が示された．第 4 期は，「地理空間情報活用の新たな展開」「地理空間情報活用ビジネスの持続的発展スパイラルの構築」「地理空間情報活用人材の育成」「交流支援」などが目指され，「自然災害・環境問題への対応」「産業・経済の活性化」「豊かな暮らしの実現」「地理空間情報基盤の継続的な整備・充実」「地理空間情報の整備と活用を促進するための総合的な施策」などの推進策があげられた．このように，Society5.0 の社会環境に見合う地理空間情報の活用が推進されている．

　Society5.0 では，豊かな暮らしやさまざまな経済活動のために，地表面の空間座標点における事象や出来事などの地理的事象に関する地理空間情報がデジタル化され，ブレーンとなる各立場に吸い上げられる．その情報は，AI を伴って分析・推測などの処理・判断を経て，地理的事象の関係性や社会的意義が見いだされ，それを必要とする各所・地域の主体や個人に供給される．このような近未来社会のシステムにおいても地理教育は，児童生徒に地表面の事象・出来事などを空間座標点から捉え考えさせ，地理的思考力とともにさまざまな地域的特徴の理解力を高めさせ，個々の生活や社会の営みに役立てるようにさせたい．

　他方で現在進行するメタバース（Metaverse：コンピュータ中のサイバー空間に構築された 3 次元仮想空間）は，ゲームや授業などに活用されてきている．その中の位置や様態，アバター（Avatar：分身）活動などへの地理空間情報的な関わりは，複雑な話題となる．近未来社会の地理教育では，メタバースにおける空間座標や共有者間でのルールなども課題となるかもしれない．

3．地理的概念を主柱にして一貫カリキュラムに応じる

　近未来社会の社会ニーズに受けて児童生徒は，著しく変容していく地理的事象・意味・意義からさまざまな地域的特徴を理解し，それとともに地理空間情報の活用力を一層高めなければならない．そのためには，幼児期から高校までを一貫する地理教育カリキュラムを明確にする必要がある．そして一貫性を司ることができる普遍的な地理的概念である「空間」「位置や分布」「場所」「環境」「相互作用」

「相互依存」「地域」「持続可能性」「スケール」などに着目しなければならない．
　地理的概念は日本も含め，さまざまな諸外国の地理教育カリキュラムの【ねらい】【内容】【方法】【価値】のすべての構成領域に深く関わり，地理としての思想の中心を担っている．教育学のカリキュラム研究には，地理的概念のような鍵概念やアイデアについて，カリキュラムのフレームワーク(【ねらい】【内容】【方法】【価値】など）を司るものとして論じられている．しかしこの点について，従来の日本の地理教育研究では，諸外国研究を除き，小中高一貫，各学校段階，単元編成，単元内などのさまざまなスパンの重なり合いから検討する成果が十分に得られてこなかった．このことから一貫カリキュラムのねらいや構成領域間の関係性・総合性に着目する場面が少なかったことがうかがえる．

4. アメリカと日本の地理的概念を読み取る

　アメリカ・オーストラリア・シンガポール・香港などの地理教育カリキュラムにみる地理的概念は，明瞭であり，地理としての思想や骨格を担っている．たとえばアメリカ地理ナショナルスタンダード1994には，【ねらい】(①空間的事象の配置の意味を理解する，②人間・場所・環境の相互関係を理解する，③空間的見方と生態的見方を生活に応用する）に地理的概念が含まれ，【内容】に空間を基盤とする人々・場所・環境を相互作用による関係性が，【方法】に「空間」→「場所」→「環境」→「相互作用」の地理的概念の順次性の意図がみられる．

　日本の現行の幼稚園教育要領や小中高学習指導要領の生活科・社会科・地理歴史科の解説における地理的概念に関わる記述を分析すると，【ねらい】【内容】【方法】【価値】のカリキュラムの構成領域に該当する箇所には，地理的概念そのもの，あるいは地理的概念に関わる意味を抽出することができる．【ねらい】には，理念的に地理的概念の意味を含む語句がみられ，【内容】には，さまざまな地理的概念が地理的事象の意味や意義に関係付き，【方法】には，中高の場合，地理的概念を視点として活用する地理的な見方・考え方が説明されている．【価値】には，「環境」の保全や「地域」の共生・発展などの意味がみられ，2007年版イギリス中等地理カリキュラムや2011年版香港中学校地理カリキュラムで明確に示された「持続可能性」の意味として捉えられる．

5. 地理的概念を主柱にしてさまざまな一貫軸を構成する

　諸外国を含むさまざまな地理教育カリキュラムについてみると，【ねらい】には，

地理的概念の語句や意味を含み，【内容】には，地理的事象の意味や意義の基礎に地理的概念が位置付き，それらから地誌や系統地理などによって内容のまとまりがつくられる．【方法】には，地理的事象の意味や意義を捉え考えるための視点として地理的概念が活用される．【価値】には，【内容】と【方法】に連動する地理的概念に社会的な価値の意味を含み，判断や提案するなどの思考動作の場面に用いられる．よって一貫地理教育カリキュラムは,地理的概念の意味を含む【ねらい】のために，地理的概念の理解と活用を高めていくことが使命となる．

　地理的概念の意味を【ねらい】の中核にして，【内容】【方法】【価値】の内容構成領域の重なり合いの中心に置き，「学習段階」の主柱に位置付けるフレームワークを想定し，また地理的概念を主柱とする学習段階を，現行の幼稚園教育要領・小中高学習指導要領解説にみる地理に関わる地理的概念の語句やその意味の分析から割り出すと，次の【内容】【方法】【価値】の内容構成（軸）と9つの学習段階が見いだせる．

<内容構成>
【内容】
①地理的概念
②地理的概念を基礎とする地理的事象・意味・意義
③それらの内容のまとまり（地理学体系：地誌・系統地理・テーマ地理からの編成）
【方法】
④地理的概念を視点として活用する地理的な見方・考え方
⑤地理的探究
⑥地理的ツール（GIS・地図・フィールドワーク・テクノロジーほか）
⑦地理学体系アプローチ（地誌・系統地理・テーマ地理からの考察）
【価値】
⑧地理的価値態度（地理的概念「持続可能性」を通じて得られる）
⑨近未来社会的市民性

＜学習段階＞
①幼稚園→
②小学校低学年→ ③小学校中学年→ ④小学校高学年→
⑤中学校地理的分野A・Bセクション→ ⑥中学校地理的分野Cセクション→
⑦高校地理総合A・Bセクション→ ⑧高校地理総合Cセクション→ ⑨地理探究

6. 一貫カリキュラムとして考える難しさを乗り越え，創造する

　現実的に幼小中高の一貫を考えると，各学校段階には，独自の学校文化や教員意識が存在する．そのため共通する実感をもとに連続した長いカリキュラム・スパンから児童生徒の発達や学習段階を理解することは，きわめて難しい．また制度上，中高一貫学校や義務教育学校などの一貫教育の場もみられるが，特色ある学校づくりが優先されるため，とくに社会系教科教育の一貫性を強調する実践は，ほとんど聞かれない．この点は，筆者の実務経験（文部省中高一貫開発校での実践や，中高一貫校でのカリキュラムスーパーバイザー・学校評議委員）からも解説することができる．加えて幼稚園教育と小学校生活科をつなぐスタートカリキュラムにしても効果的な教育成果の積み上げというよりは，おもに園児の就学ギャップの解消の話題がよく聞かれる．そこで一貫軸の理論的な成果と実践上の課題を共有し合う異なる学校種の研究チームをつくり，絶えず前向きな共感や思考，そして多様な議論を通して提案を行っていかなければならない．

　また一貫するフレームワークづくりのためには，IGU-CGEによる地理教育国際憲章と持続可能な開発のための地理教育に関するルツェルン宣言の2つの指針（中山, 1993; 大西, 2008），近年の日本学術会議地域研究委員会・地球惑星科学委員会合同地理教育分科会（2017）「持続可能な社会づくり」，国連の国際行動計画『ESD for 2030』，前述の国際的な教育指針となるOECDの『Education 2030』などとともに，先行する地理教育研究の検討が必要となる．それらによる理論的な根拠付けとともに，現行の幼稚園教育要領や小中高学習指導要領の解説における地理に関する記述の分析から，地理的概念と近未来社会的市民性を中核に据えたフレームワークの原理となる内容構成と学習段階を導き出す必要がある．

第1章 地理的概念による理論をつくる　　7

第2節　地理的概念を主柱にしたフレームワーク

　本節は，基礎理論とする，地理的概念を主柱にしてさまざまな一貫軸を構成した幼小中高一貫地理教育カリキュラムの理論となるフレームワークについて説明する．

1．根拠（Rational）

　近未来社会の教育には，ICT活用の高度化，デジタル教科書教材やAI利用の進展，DXやSociety5.0などへの対応が求められている．これらの要請から幼稚園・小学校・中学校・高等学校などの地理教育においても，実空間のさまざまな制約と移動を伴わない情報社会の著しい変化に直面し，地理的事象とその意味・意義の変化や，それらの背景にある普遍的な地理的概念の扱い方などについて見直す時期に来ている．よって近未来社会に応じた効果的な地理教育のあり方について，Society5.0の特性を踏まえ，地表面における自然と人文の諸事象間の意味や意義などの学習を通じて，人間形成のための一貫した地理教育を考えていく意義がある．そこで近年の主要な教育政策を踏まえ，近未来社会に求められる地理教育の課題を整理・検討すると，次の4つがあげられる．

①変容する地理的事象とその意味や社会的意義の取り上げの吟味や更新は，重要である．しかし地理教育の主柱を考えると，地理学の専門領域の特徴を象徴する地理的概念を地理教育の学習の基礎・基本として一層重視する必要がある．変容する地理的事象などの背景にある地理的概念の本質には，普遍性を伴うからであり，また地理的概念が地理教育における鍵概念として，日本も含め，多くの諸外国地理教育カリキュラムのねらいなどに含まれ，重要な扱いになっているからである．

②個別最適的な学びと協働的な学びの一体的な充実が求められている学校教育に向けて，1人ひとりの地理学習者のための地理教育を保障しながら，民主主義を進展させる近未来社会的市民性を育成する必要がある．幼児・児童・生徒の発達段階に応じた1人ひとりの自律的な地理学習に着目することは，近未来社会の先進的な資質・能力の検討に必要となり，新たな時代の地理教育研究の課題とみられる．

③幼児期の発達においては，幼児自身が自発的に環境に関わり，生活の中で状況と関連付けて身に付けていくことが重要とされているが，これまでの地理教育

では，ほとんど着目されてこなかった．そのため，幼児期から一貫して，1人ひとりの自律的な地理学習を考えることに意義がある．とくに幼児期の地理教育では，長期的な見通しに立ち，体験などを通した他者や環境とのかかわりとともに，善悪の判断につながる基本的な区別が自律的にできるように学習させ，近未来社会的市民性の育成に繋げていく必要がある．

④①から③を踏まえて，教育効果を一層高めるために，近未来社会の幼小中高一貫地理教育カリキュラムを創造する意義がある．地理教育全体の一層の充実を図り，さまざまな学校種の教員が体系的に地理教育を見通せる幼小中高一貫地理教育カリキュラムを創造していくためには，まずそのフレームワークを理論的に根拠付けて明確にする必要がある．

2．ねらい（Aims）

子どもたちは，幼稚園（保育園）・小学校低学年・小学校中学年・小学校高学年・中学校・高等学校の6つの段階を通じて，地理的探究を通して地理的ツールを操作する技能を身に付け，地理学体系のもとにある地表面の身近から世界に至るまでの自然と人文のさまざまな「地理的事象の三層」（地理的事象・その意味・社会的意義）をその背景にある地理的概念を基礎・基本として，それらに関する地理的知識を発達させる．そしてESDに関わる持続可能な社会づくりに向けた「持続可能性」を通して得られる地理的価値態度や，Society5.0に応じる1人ひとりの地理学習者が求めるウェルビーイング実現に向けて，OECDの『Education 2030』（白井，2020）より求められる教育方略やコンピテンシーの要素などを通して，デジタル技術利用の行動規範を備え，個人や社会・環境に関するウェルビーイングの実現に向けた個人の選択や判断，ふるまいや行動に影響を与える主義や信条をもち，民主主義や国民統合などを進展させる近未来社会的市民性を養う．

そのために，子どもたちには，目標として相互に関係し合う【内容】【方法】【価値】の構成領域の重なりの中心に位置付く地理的概念（本文中「■」で意味を表示）を一貫性の主柱に据え，その他の各構成領域の一貫性の軸（本文中「〇」で意味と表示）となる構成要素を総合させながら，学び高めていくように教育活動を計画する（図1-1）．

第1章 地理的概念による理論をつくる 9

図 1-1　幼小中高一貫地理教育カリキュラムのフレームワークの内容構成原理
吉田（2023a）より一部改変．

3．目標（Objectives）− 3 つの構成領域と構成要素

　3 つの構成領域と構成要素は，内容構成の原理として総合され，学習段階の原理に沿って学習展開されていくものとする．

【内容】（Knowledge and Understanding）

<u>地理的概念を基礎・基本とする地理的知識</u>：「地理的事象の三層」の背景にある地理的概念を基礎・基本として，それらに関する地理的知識を発達させる．

- ■地理的概念は，「位置や分布」「場所」「人間と自然環境との相互依存関係」「空間的相互依存作用」「地域」「持続可能性」からなり，地理教育カリキュラムにおいて順次性や階層性などを伴って意図され，配置される（図 1-2 参照）．
- ○「地理的事象の三層」は，地理的概念の意味を背景に置き，地理的事象（そのものの，現象），地理的事象の意味（関係性や要因・作用・変容などの因果），地理的事象の意味における社会的意義（社会的課題・政策・営み・価値など）からなる．それは，学習の内容のまとまりの素材となり，地理学体系（地誌，系統地理，テーマ地理）のアプローチからまとめられ，発達段階の特性や社会的な教養として必要不可欠な地理的認識に配慮しながら学習の内容（単元などとその配列）として構成されるものとなる．

【方法】（Skills）

<u>地理的概念の活用に依拠する思考力・判断力・表現力に関わるスキル</u>：思考する

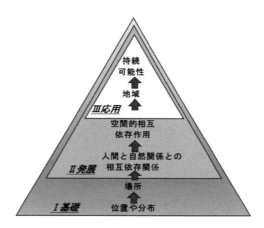

図 1-2 地理的概念の順次性と階層性
吉田（2023c）より一部修正.

際の視点や方法として活用される地理的概念，地理的探究と地理的ツールの適用，地理学体系アプローチなどを通じて，思考力・判断力・表現力に関わるスキルを発達させる．

■地理的概念：地理的概念を活用して思考・判断・表現などする視点や方法（地理的な見方・考え方）
○地理的探究：課題解決のための地理情報などの処理過程（「獲得」「処理」「伝達」）
○地理的ツール：地理的な見方・考え方や地理的探究のために用いられる道具となる操作・作業技能（地図・GIS・地理写真，基礎統計，フィールドワーク，AIなどの新しいテクノロジー）
○地理学体系：地誌・系統地理・テーマ地理などの地理学に依拠した方法から考えるアプローチ．

【価値】（Attitudes and Values）

<u>「持続可能性」を通して得られる地理的価値態度そして近未来社会的市民性</u>：持続可能な社会づくりに向けた「持続可能性」を通じて得られる地理的価値態度，そして Society5.0 に応じる1人ひとりの地理学習者が求めるウェルビーイングの実現に向けて，近未来社会的市民性を発達させる．

■地理的概念「持続可能性」：『ESD for 2030』（永田, 2020）に関わる持続可能な社会づくりに向け，「持続可能性」を通じて得られる地理的価値態度．

○近未来社会的市民性：近未来社会の教育に必要となる新たなメディア・リテラシーやデジタル技術活用の行動規範と，個人の主観的な幸福などや社会に資するウェルビーイングの実現に向けて，個人の選択や判断，ふるまいや行動に影響を与える主義や信条および民主主義社会や国民統合の進展を担う資質とする．

*補足（Complement）

① 【ねらい】は，目標とする【内容】【方法】【価値】の3つの構成領域を総括する．そしてSDGsや『ESD for 2030』のねらいとも関連するOECDの『Education 2030』の1人ひとりのウェルビーイング（11項目などによるエコシステムでの生き方）実現のために設定される．ウェルビーイング実現とは，個人のウェルビーイングが「物質条件」（①仕事，②所得，③住居）から，「生活の質」（④ワークライフバランス，⑤生活の安全，⑥主観的幸福，⑦健康状態，⑧市民参加，⑨環境の質，⑩教育，⑪コミュニティ）へ，社会レベルのウェルビーイングの資本（自然・人的・経済・社会）に貢献し，再び個人のウェルビーイングに通じるエコシステムの中にいる人間として考えること．地理的概念は，【内容】【方法】【価値】の構成領域に属し，それらの構成領域の重なり合いにおいて一貫性の主柱になるものとする．

② 【内容】における地理的概念は，地理的事象とその意味や社会的意義による「地理的事象の三層」の背景にあり，地理教育国際憲章の5つに，「持続可能性」を加えた6つとする．そして学習進展に沿って，すべての地理的概念の初歩的な理解から，地理的概念の順次性や（序列）階層性を伴って位置付く．

③ 地理的概念の順次性とは，おおむね「位置や分布」→「場所」→「人間と自然環境との相互依存関係」→「空間的相互依存作用」→「地域」→「持続可能性」の順に，地理教育カリキュラムにおいて潜在的によくみられる地理的概念の意味に伴う順次の特徴のこと．

④ 地理的概念の階層性とは，おおむね基礎層：「位置や分布」「場所」，発展層：「人間と自然環境との相互依存関係」「空間的相互依存作用」，応用層：「地域」「持続可能性」からなり，地理教育カリキュラムにおいて潜在的によくみられる地理的概念の意味に伴う階層の特徴のこと．「持続可能性」は，環境保全，相互作用による社会変化，地域格差の是正，国際協力，人権やさまざまな地域的アイデンティティの尊重などに向き合う資質にかかわること．

⑤地理的事象および地理的事象の意味は，地理的認識の形成のもととなる．地理的事象の意味における社会的意義は，地理的価値態度および近未来社会的市民性に関与するもととなる．
⑥発達段階の特性に配慮するとは，教育心理学・教育学などの成果を踏まえ，幼児・児童・生徒の生得的な発達と社会的な発達の特性に配慮する．とくに幼稚園から小学校においては，生得的な発達を着目して，生活経験に基づく環境拡大アプローチ（身のまわり，身近な場所，身近な地域，市町村，都道府県，国内，周辺国，州・大陸，全世界）からの内容構成が重視される．
⑦社会的な教養として必要な地理的認識とは，発達段階の特性のもとに，幼児・児童・生徒の日常生活の営みにおいて必要不可欠となる地理的認識のこと．たとえば小学生の場合，近隣の防災地図や登下校時の安全地図に関する知識・認識があげられる．
⑧【方法】における地理的概念は，発問や活動指示などの思考の動作のために活用される視点や方法，いわゆる地理的な見方・考え方とする．発問や活動指示には，大小のカリキュラム・スパン（幼小中高一貫，各学校種，教科，複数単元間，一単元，一授業など）に応じる地理的な見方・考え方の意図が連ねられる．ただしより小さな発問や活動指示において潜在的で不明瞭となる．
⑨【方法】における地理的概念は，【内容】にみる地理的概念の意味に応じるため，地理的概念の意味は，【内容】と【方法】の双方において連動する．
⑩【方法】における地理的探究は，課題解決のための地理情報の処理過程とする．処理過程の各段階は，「獲得」（〇地理的課題の設定，〇地理情報の収集・選択），「処理」（〇地理情報の吟味，〇分析・考察），「伝達」（〇手段の選定，〇学習成果の反映）とし，その過程の中で【内容】に応じて必要とされる道具となる地理的ツールの活用が意図される．
⑪【方法】における地理的ツールは，地理的な見方・考え方や地理的探究のための道具となる操作・作業技能とする．〇地図・地図帳・地球儀，〇フィールドワーク，〇地理写真・動画，〇GIS，〇統計処理，〇ICTやAI，新たなテクノロジーによるさまざまなアプリケーション活用などがあげられる．
⑫近未来社会における地理写真・動画は，デジタル教科書教材やICTやAI活用の高度化をはじめ，VRやARなどのアプリケーションの活用を通して，個別最適的と協働的な学びの一体化に役立てられる．
⑬新しいテクノロジーを用いた学びの一体化は，OECDの『Education 2030』の

コンピテンシーの要素による「エージェンシー」（変化を起こすために，自分で目標を設定し，ふりかえり，責任を持って行動する能力），「変革をもたらすコンピテンシー」（新たな価値を創造する力，対立やジレンマを克服する力，責任ある行動をとる力），「ふりかえりサイクル：AAR（Anticipation-Action-Reflection）」などの資質・能力の育成にも寄与する．

⑭【方法】における地理学体系のアプローチは，前述の【内容】のまとまりを構成する際に用いられるほかに，学習展開において地理学に依拠したおもな方法として考えるために用いられる．〇地誌（静態地誌，動態地誌，比較地誌），〇系統地理（自然地理，人文地理），〇テーマ地理（地域開発，地域振興，防災ほか）などから，内容のまとまりを捉えて考えることになる．

⑮【価値】における地理的概念は，ESDに関わる持続可能な社会づくりに向けられた地理的概念「持続可能性」を通じて得られる地理的価値態度に寄与する．「持続可能性」には，他の5つの地理的概念に基づくことを前提に，【内容】と【方法】に含まれる価値に関する理解と活用，それらへの評価，社会的価値判断力や意思決定力，社会貢献に繋がる構想力や行動力の発達が求められる．

⑯新たなメディア・リテラシーやデジタル行動規範とは，Society5.0の時代に向けて，前者は，デジタル・メディア情報を取捨選択しながら吟味して的確に読み取る能力を身に付け，適切な社会的な判断のもとでの行動がとれること．後者は，情報伝達の手段の多様化に伴って，新たなデジタル技術の利用にかかわるデジタルシティズンシップに必要な行動規範のこと．

⑰民主主義とは，1人ひとりが適切な社会的な判断力を身に付け，自らの権利を守りながら社会的な責任を果たし，個人と社会の関係を理解しながら，よりよい社会を新たに構築しようとする考え方．国民統合性とは，国および国内のさまざまなコミュニティが長らく必要とされて担ってきた文化や社会観，伝統的な規範，倫理観などを共有して尊重しようとすること．

⑱一貫地理教育カリキュラムの学習段階は，日本の学校制度（幼稚園・小学校・中学校・高等学校）を踏まえ，幼稚園教育要領や小中高学習指導要領における地理的概念に関わる記述から導き出した順次性や階層性にもとづくものとする．

吉田　剛（第1節，第2節）

＊第1節・第2節は，おもに吉田（2023a, 2023b, 2023c, 2023d, 2024）をもとに加筆修正したものである．

文献

大西宏治訳/ハウブリッヒほか（2008）：持続可能な開発のための地理教育に関するルツェルン宣言．新地理, 55(3・4), pp.33-38.

管野友佳（2018）：小中高一貫地理カリキュラムにおける地理的概念の原理－オーストラリア連邦ニューサウスウェールズ州地理シラバス 2015 年版の場合－．新地理, 66(3), pp.1-11.

白井 俊（2020）：『OECD Education2030 プロジェクトが描く教育の未来－エージェンシー，資質・能力とカリキュラム－』，ミネルバ書房．

内閣府総合科学技術・イノベーション会議（2022）：Society5.0 の実現に向けた教育・人材育成に関する政策パッケージ．pp.1-69.

永田佳之（2020）："ESD for 2030" を読み解く－「持続可能な開発のための教育」の真髄とは－．ESD 研究, 3, pp.5-17.

中山修一訳/IGU-CGE 編（1993）：地理教育国際憲章（1992年8月制定）．地理科学, 48(2), pp.104-119.

日本学術会議地域研究委員会・地球惑星科学委員会合同地理教育分科会（2017）：提言 持続可能な社会づくりに向けた地理教育の充実（https://www.scj.go.jp/ja/info/kohyo/pdf/kohyo-23-t247-6.pdf（2022 年 6 月 26 日）．

吉田 剛（2023a）：近未来社会型の幼小中高一貫地理教育カリキュラムのフレームワーク．宮城教育大学紀要, 57, pp.137-157.

吉田 剛（2023b）：近未来社会の幼小中高一貫地理教育カリキュラムの創造．地理, 68(4), pp.89-95.

吉田 剛（2023c）：近未来社会の幼小中高一貫地理教育カリキュラムの理論【前編】．地理, 68(7), pp.82-87.

吉田 剛（2023d）：近未来社会の幼小中高一貫地理教育カリキュラムの理論【後編】．地理, 68(8), pp.92-97.

吉田 剛（2024）：幼小中高一貫地理教育カリキュラムにおける持続可能性の概念とウェルビーイング．宮城教育大学紀要, 58, pp.141-157.

吉田 剛・管野友佳（2016）：オーストラリアにおける「ニューサウスウェールズ州」および「連邦」地理カリキュラムの地理的概念の機能に関する比較研究－コンピテンシー・ベースによる地理カリキュラムからの示唆－．社会系教科教育学研究, 28, pp.101-110.

吉田 剛・管野友佳（2023）：オーストラリア連邦ニューサウスウェールズ州幼小中高一貫地理シラバス 2015 年版の地理的探究スキルの分析－我が国の「社会的事象等について調べるまとめる技能」の改善に向けて－．宮城教育大学教職大学院紀要, 4, pp.51-63.

第2章　カリキュラムの様相を知る
── さまざまな地理教育における一貫性 ──

第1節　社会系教科における地理領域

1．学習指導要領にみる社会系教科

　1947年版の『学習指導要領一般編』(試案) 社会科は，修身・公民・地理・歴史などを融合した総合的な社会科（以降，総合社会科）として始まった．1947・1951年版の学習指導要領には，小学1年から高校1年までに総合社会科が置かれたが，中学校2・3年に「国史 / 日本史」が独立して組み込まれた．その後，総合社会科は，経験主義の「はいまわる社会科」などの批判を受け，中学校社会科では，1955年版から公民・地理・歴史の（分野）領域が連携する社会科（以後，連携社会科）となり，現在に至っている（図2-1）．

　高校社会科では，1956年版から「社会」(必修)「日本史」「世界史」「人文地理」が並び，1958年版から「倫理・社会」(必修)「政治・経済」(必修)「日本史」「世界史A」「世界史B」「地理A」「地理B」が並び，領域が分かれる社会科（以後，分化社会科）となり，現在に至っている．ただし1978年版では，高校1年に「現代社会」(必修) が総合社会科の性格をもって組み込まれた．1989年版の高校社会科では，地理歴史科（「世界史A・B」(必修)「地理A・B」と「日本史A・B」）と公民科（「現代社会」「倫理」「政治・経済」）となり，社会科が解体され，分化

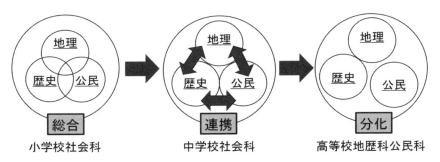

図2-1　小中高社会系教科における3つの領域の関係性のイメージ

社会科の性格が強められた．加えて1989年版では，小学校1・2年の生活科が誕生し，小学校の社会科は3年から6年までとなり，小中高の社会科は社会科・地理歴史科・公民科（以降，社会系教科）となった．2017・2018年版では，資質・能力が重視され，社会的な見方・考え方（社会的事象の見方・考え方，地理的な見方・考え方，歴史的な見方・考え方，現代社会の見方・考え方）を働かせる学習を行うために，地理・歴史・公民の3つの領域にかかわる学問的な基礎概念が，考えるための視点として用いられることになり，これによって小中高を一貫する社会系教科を司る構造がとられている．

戦後からの社会系教科の内容構成の特徴は，総合社会科から連携社会科や分化社会科へと変容してきているが，専門分野の基礎概念を用いることによって，結果的に社会系教科の内容構成の一体化が図られることになり，公民，地理，歴史の特色とともに小中高の一貫性がもたせられた．

2．学習する内容と方法からみる社会系教科の系統
1）学習する内容

2017・2018年版をみると，小学校社会科の内容は，内容のまとまり（単元）ごとに，「地理的環境と人々の生活」（地理），「歴史と人々の生活」（歴史），「現代社会の仕組みや働きと人々の生活」（公民）の3つの領域の区分が示されている．とくに地理領域と歴史領域は，地域，日本，世界などの空間的な広がりを念頭に置くものとされた．各学年においては，各々の単元に分野区分が示され，それらが連なりによって総合社会科としての性格が維持されることになる．とくに地理領域に区分される内容は，第3・4・5学年の第1単元にみられ，社会的事象を把握するための基礎となる．

3つの領域の区分は，中学校社会科の3つの分野，高等学校の必修科目の「地理総合」「歴史総合」「公共」そして選択科目の「地理探究」「日本史探究」「世界史探究」「倫理」「政治・経済」へとつながっていく．小学校社会科の内容において，各学年の領域の区分の連なりによる総合社会科の性格とともに，各単元が中学校の連携社会科，高等学校の分化社会科として小中高を一貫する役割ももたせられている．

2）学習する方法

同じく2017・2018年版をみると，小学校社会科では，社会的事象の見方・考

え方が求められ，中学校・高等学校では，それが社会的事象の地理的な見方・考え方，歴史的な見方・考え方，現代社会の見方・考え方の3つに派生することになり，見方・考え方による小中高の系統性が示されている．

(1) 小学校社会科

小学校社会科の社会的事象の見方・考え方は，「社会的事象を，位置や空間的な広がり，時期や時間の経過，事象や人々の相互関係などに着目して捉え，比較・分類したり総合したり，地域の人々や国民の生活と関連付けたりすること」とし，考察，構想する際の「視点や方法」とされた．その説明には，地理，歴史，公民においておもな基礎概念が含まれ，それらを総合的に扱うように示された．そこで前述のように総合社会科としてみることもできるが，各単元においては，必然的に各領域の区分の基礎概念による見方・考え方が中心的になることも想定され，分化社会科の性格も意識せざるを得ない．

(2) 中学校社会科，高等学校地理歴史科/公民科

地理では，社会的事象の地理的な見方・考え方として，「社会的事象を，位置や空間的な広がりに着目して捉え，地域の環境条件や地域間の結び付きなどの地域という枠組みの中で，人間の営みと関連付けること」とされた．用いる基礎概念には，「位置や分布」，「場所」，「人間と自然環境との相互依存関係」，「空間的相互依存作用」，「地域」が示された．

歴史では，社会的事象の歴史的な見方・考え方として，「社会的事象を，時期，推移などに着目して捉え，類似や差違などを明確にし，事象どうしを因果関係などで関連付けること」とされた．用いる基礎概念には，①時期，年代など時系列にかかわる視点，②展開，変化，継続など諸事象の推移にかかわる視点，③類似，差異，特色など諸事象の比較にかかわる視点，④背景，原因，結果，影響など事象相互のつながりにかかわる視点などに着目して捉え，比較したり，関連させたりして社会的事象を捉えたりすること，などが示された．

公民では，社会的事象の現代社会の見方・考え方として，「社会的事象を，政治，法，経済などにかかわる多様な視点に着目して捉え，よりよい社会の構築に向けて，課題解決のための選択・判断に資する概念や理論などと関連付けること」とされた．用いる基礎概念には，「対立」と「合意」，「効率」と「公正」を基礎にして，「分業と交換，希少性など」，「個人の尊重と法の支配，民主主義など」，「協調，持続可能性など」が示された．

3）学習する内容と方法の関係
（1）社会的事象と基礎概念

　学習する内容は，3つの領域の要素から構成され，地理的事象，歴史的事象，政治・法・経済・文化などの公民的事象による（事象間の）意味や意義が総合・融合されたものであり，つまり地理的事象の意味・意義，歴史的事象の意味・意義，公民的事象の意味・意義の総体としての社会的事象の意味・意義である．ただし3つの領域の要素の基底には，専門分野の基礎概念が備わり，地理的概念，歴史的概念，（政治・経済・法・国際関係・文化などの）公民的概念が応じる．たとえば地理的事象の意味・意義は，地理的概念を基底にして関係付けられる．このような地理的概念は，地理的な見方・考え方の視点とされているため，結果的に学習する内容と方法において，同時に用いられる．さらに学習する内容と方法は，同時に用いられる地理的概念を通じて，地理的認識の形成に寄与する．つまり地理的事象の意味・意義と地理的概念，歴史的事象の意味・意義と歴史的概念，公民的事象と公民的概念の総合によって，児童生徒の社会認識が形成される．

（2）諸外国の社会系教科の一貫カリキュラム

　1994年頃からアメリカで『地理ナショナルスタンダード』などの学問的な基礎概念や探究などの技能に依拠した明確な一貫教育カリキュラム（就学前〜12学年）が公表され，アメリカの各州では，社会系諸科学のさまざまなスタンダードなどを参考に，独自の社会科カリキュラムを作成してきている．またオーストラリアのナショナルカリキュラムでは，人文・社会科学科目群に，国民・市民性，経済・経営，歴史，地理の科目が用意された．その中の2011年版歴史と2013年版地理は，学問的な基礎概念と探究などの技能を主軸とした一貫教育カリキュラム（就学前〜第12学年）として作成された．オーストラリアの各州では，それらを踏まえ，2016年頃から実施されている．これらの諸外国の一貫する社会系教科には，カリキュラムの主軸に学習する内容と方法の系統が明確に位置付けられている．しかし日本の学習指導要領の場合，小中高の社会系教科の一貫性は，明確に読み取ることが難しい．

（3）持続可能性にかかわる内容と方法

　2017・2018年版の小学校社会科・中学校社会科各分野・高等学校地理歴史科地理総合/歴史総合および公民科公共などにおける最終単元で学習する内容には，とくに地球的課題解決にかかわるESDの意図が共通項となって求められている．ただし学習する方法となるESDの意図を強調した場合，科学全般の基底

に必要とされる持続可能性の概念を用いる必要があるが，小中高学習指導要領の社会系教科には，カリキュラム構造の中で十分に位置付けられていない．

たとえば学習する内容には，SDGsの17目標などを念頭に置きながら，地球的課題解決や社会的論争問題などにかかわる持続可能性を意識した社会的事象の意味・意義と，持続可能性の概念が取り上げられる．学習する方法には，地理的概念，歴史的概念，公民的概念をもとに，あるいはそれらを相互補完的に扱いながら持続可能性の概念が顕在的に用いられる必要がある．このような持続可能性の概念の扱い方によって，社会系教科の3つの領域が関連付けられ，教科としての一体性が高められる．そして持続可能性は，人間社会への価値を求める概念でもあるため，学習する価値態度としても位置付けられる．

変化の著しい現代社会には，複雑で混沌とする出来事や予期できない突発的な社会変動も頻繁にみられるようになり，多様な価値も生まれてきている．またSociety5.0を見据えると，社会系教科の3つの領域を関連・総合させることの意義は，一層高まっていく．そこで3つの領域の総合の背景に，持続可能性の概念を重視した一貫する地理教育カリキュラムを備えながら，実際の小中高の学習指導要領の地理領域での授業設計や実践が求められる．

3. 地理領域における「地理的な見方・考え方」

「地理的な見方や考え方」という用語は，1969年版の『中学校学習指導要領』の社会科地理的分野の目標で初めて使用された．以下，中学校社会科地理的分野を事例として，地理領域における「地理的な見方・考え方」について述べる．

「地理的な見方や考え方」は，地理的な見方から地理的事象を捉え，地理的な考え方から分析していくという簡略な学習プロセスが意識されてきた．2008年版の『中学校学習指導要領解説社会編』では，地理的な見方とは，「日本や世界にみられる諸事象を位置や空間的な広がりとのかかわりで地理的事象として見いだすこと」，地理的な考え方とは，「それらの事象を地域という枠組みの中で考察すること」としている．2016年の中央教育審議会答申において，「社会的事象の地理的な見方・考え方」と示されたことを受け，2017年版の学習指導要領における社会科地理的分野の目標においても同様に地理的な見方と考え方が一体的に示された．「地理的な見方・考え方」は，考察や認識の前段階に該当し，課題解決的な学習活動を行い，グローバル化する国際社会に生きるための資質・能力の育成するために，社会的事象を捉える視点や方法としての側面が強調されたと

いえる．「位置や分布」，「場所」，「人間と自然環境との相互依存関係」，「空間的相互依存作用」，「地域」の5つの概念は，1992年の地理教育国際憲章において，地理学者が地表面に展開する諸現象の分布について説明・解釈するときの問いから導出された．これらは2016年の中央教育審議会答申において視点例と示された．地理学の手法であるスケール，比較，関連付けなどを方法と捉えれば，地理特有の「視点や方法」とされた「地理的な見方・考え方」をイメージしやすい．

「地理的な見方・考え方」には，「働かせる」ことが明示されている．これは従前の地理的な見方や考え方の学習全般のプロセスが意識されている．2016年の中央教育審議会答申では，社会とのかかわりを意識した課題解決的な学習活動として，課題把握 → 課題追究 → 課題解決という学習プロセスが示された．課題追究の過程で「社会的な見方・考え方」を用いて，社会的事象の意味や意義，特色や相互の関連を考察する事実判断とともに，社会に見られる課題の解決に向けて構想する価値判断・意思決定を行い，考察したことや構想したことを説明し，議論の結果をまとめる．地理的分野では，前述の5つの概念の視点例とともに，「社会的事象の地理的な見方・考え方」を踏まえた考察・構想による思考力，判断力と，視点を生かした考察や構想に向かう「問い」が例示された．

地理教育では，「地理的な見方・考え方」として地理学の概念・手法を取り入れ，地理的事象の現状を踏まえ，原因や変化や影響の考察，課題の解決に向けた構想という思考・判断の学習プロセスが示された．換言すれば「地理的な見方・考え方」を働かせた地理的探究が求められている．

吉田　剛（第1，2項），永田成文（第3項）

＊本節は，吉田（2019），永田（2017）をもとに加筆・修正した．

文献

永田成文（2017）:「地理的な見方・考え方」を働かせた地理の学習．井田仁康・中尾敏朗・橋本康弘編『授業が変わる！新しい中学社会のポイント』，日本文教出版，pp.106-109.

吉田　剛（2019）: 公民教育と地理教育・歴史教育の関連．日本公民教育学会編『テキストブック公民教育（新版）』，第一学習社，pp.27-29.

第2節　戦後の地理教育における一貫カリキュラム研究の変遷

1．一貫カリキュラム研究史を振り返る

　2012年の中央教育審議会初等中等教育分科会の意見整理の中で，小中一貫教育校と中高一貫教育校が連携し，地域において児童生徒の成長を一貫して支援するような教育の在り方について言及され，今後小中高を通した一貫カリキュラムがますます検討されていく方向にある．そこで本節では，小中高一貫地理教育カリキュラムに関する研究について振り返る．まず学習指導要領における地理教育の一貫性に関して概観し，次に地理教育実践者や研究者による研究について検討する．その他，歴史教育や公民教育における一貫カリキュラム研究と比較しながら，一貫地理教育カリキュラムの現状について考察する．

2．学習指導要領などにみられる小中高の「一貫性」
1）戦前における地理教育の一貫性

　戦前，小学校は義務教育であるものの，その上級の中学校は義務教育ではなかったため，小中学校の一貫性については重視されていなかったといえる．ただし1911年の中学校教授要目（戦前，教育内容を決めていたもの，今日でいう学習指導要領に相当する）において，地理科第一学年「帝国ノ位置」の項で「尋常小学校地理トノ連絡ヲ図リ地方又ハ府県ニ就キ重要ナル事項ヲ選択シテ補習セシムヘシ」とあり，小学校との連絡，つまり一貫性を考慮して教授するようにとの指示がみられた．ところがその後，1931年の中学校教授要目では，小学校との連携や一貫性についての文言は消えたことから，学校種を越えた一貫性を求める風潮は，戦前において例外的なものだったとみられる．

2）戦後における地理教育の一貫性

　戦後の学習指導要領において，学校種を越えた一貫カリキュラムについて，3期に区分して，その概要を述べていく．

　　（1）Ⅰ期（1947〜1957年）：1947年版，1951年版，1955年版など

　Ⅰ期について，1947年版『学習指導要領 社会編（Ⅰ）（試案）』をみると，児童生徒の発達段階を十分に配慮した上で，連携や一貫性をもたせた指導を求めるために「社会科に関する青少年の発達」の表が掲載された（表2-1）．さらに1947年版には，指導の便宜を図るために，第一学年から第十学年までの「社会

表 2-1 社会科に関する青少年の発達

学年	学習能力	社会性	備考
第一学年 第二学年	(1) 情緒的性質が著しい． 　　推理反省で学ぶことは困難． (2) 行動的性質が著しい． 　　興味によって行動をさそい，行動を指導することによって学ばせる． (3) 自己中心的傾向が著しい． 　　自己並びに周辺の具体的事物について学ぶ．	社会生活は著明でない． 入学当初は新しい学校生活に慣れるため，いろいろ問題がある．漸次身のまわりの社会を理解し，これに順応するようになる．	家庭・学校・社会生活の一般について一応の理解を得させようとする．
(中略)			
第十学年	(1) 抽象的，論理的思考がいっそう強くなる． (2) 自己主張，自己反省が強くなる． (3) 美的，芸術的，宗教的なものへのあこがれが強くなる． (4) 理想主義的傾向が強くなる．	社会環境に対する批判的態度が著しくなる． 社会生活一般に対する理想主義的な批判と社会思想に対するあこがれがきざす． 外面的社会生活からの意識的逃避の傾向が強くなる．	民主主義の理想と現実の大要を理解せしめようとする．

注：第十学年は，今日の高校一年生に相当する．
1947 年『学習指導要領　社会科編（Ⅰ）(試案)』より一部引用．

科の教材」が例示されていた．表 2-2 は，社会科の地理の内容とみられるものを抜出したものであり，地理教育のスコープとシークエンスとして，一貫地理教育を考える上で示唆が得られる．

(2) Ⅱ期（1958～2016 年）：1958 年版，1968 年版，1977 年版，1989 年版，1998 年版，2008 年版など

Ⅱ期となる約 60 年間の学習指導要領では，小中高の連携や一貫性を求める主張が弱まる．それは，小学校で「児童の発達段階を考慮し，…」，中学校で「小学校の成果を生かし…」，高校で「中学校社会科との関連並びに地理歴史科に属する科目相互の関連に留意すること」などの文脈に留まっているためである．

(3) Ⅲ期（2017 年～）：2017 年版など

2017 年版の小学校・中学校・高等学校学習指導要領の参考資料には，「育成を目指す資質・能力」が掲載され（表 2-3），学校種をこえた指導が期待されている．1947 から 1957 年までの学習指導要領とはやや異なるが，再び発達段階と教育内容を結びつけ，一貫性を重視しようとしていることがわかる．

よって戦後の学習指導要領に地理教育の一貫性が詳細に触れられていた時期は，1947～1957 年の約 10 年間と，2017 年から今日に至る約 5 年間となる．

表 2-2 社会科の教材

学年		内容
第一学年 (全6項目)	V	私たちは旅行のときにどんなことを心得,どんなことをする必要があるか.
第二学年 (全8項目)	IV	私たちは日常生活に必要ないろいろなものをどういうふうにして作り,どんなにして分配しているか.
第三学年 (全10項目)	VIII	土地によって交通運輸の方法がどんなに異なっているか.
第四学年 (全9項目)	III	動植物,鉱物等の天然資源は,どのように利用することができるか.
	VI	交通運輸の道すじは,どのようにしてきまるか.
第五学年 (全9項目)	VI	どのようにして私たちは通信したり,意見を交換したり,遊行したりできるか.
	VII	外国人との交際はどのようにして行われるか.
第六学年 (全8項目)	IV	私たちと私たちの子孫のために,天然資源を保存するには私たちはどうすればよいか.
	VI	工場生産はどこにどのように発達するか.
	VIII	世界じゅうの人々が仲よくするには私たちはどうすればよいか.
第七学年 (全6項目)	I	日本列島はわれわれにどんな生活の舞台を与えているか.
	IV	わが国のいなかの生産生活はどのように営まれているであろうか.
	V	わが国の都市はどのように発達して来たか.また現在の都市生活にはどんな問題があるか.
第八学年 (全6項目)	I	世界の農牧生産はどのように行われているか.
	II	天然資源を最も有効に利用するには,どうしたらよいか.
	IV	交通機関の発達は,われわれをどのように結びつけて来たか.
	V	自然の災害をできるだけ軽減するには,どうすればよいか.
第九学年 (全6項目)	II	b 宗教は社会生活に対してどういう影響を与えて来たか.
第十学年 (全6項目)	VI	われわれは世界の他の国民との正常な関係を再建し,これを維持するためにどのような努力をしたらよいか.

1947年『学習指導要領 社会科編(I)(試案)』および『学習指導要領 社会編(II)』より一部引用.

3. 地理教育の実践者や研究者による一貫カリキュラム研究

1) 分析の方法

　ここでは,地理教育の実践者や研究者からみる一貫カリキュラム研究の史的展開を探っていく.一般的にカリキュラム作成の過程は,カリキュラムの哲学的・原理的な「提言」で方向性を定め,実態や制度を含む現状を調査して把握し,教育学や心理学などの諸学問の知見を生かし,カリキュラムを作成または再構成することになる.さらに,そのカリキュラムを実践し,その結果を評価して修正し,理論化する過程をたどる.そこでカリキュラム作成の過程と同時に,カリキュラム研究の深化の程度に着目し,地理教育の連携や一貫性にかかわる研究成果が,

表 2-3　2017 年版の小・中学校社会科で目指す資質・能力

	知識及び技能	思考力，判断力，表現力等	学びに向かう力，人間性等
小学校第三学年	身近な地域や市区町村の地理的環境，地域の安全を守るための諸活動や地域の産業と消費生活の様子，地域の様子の移り変わりについて，人々の生活との関連を踏まえて理解するとともに，調査活動，地図帳や各種の具体的資料を通して，必要な情報を調べまとめる技能を身に付けるようにする．	社会的事象の特色や相互の関連，意味を考える力，社会に見られる課題を把握して，その解決に向けて社会への関わり方を選択・判断する力，考えたことや選択・判断したことを表現する力を養う．	社会的事象について，主体的に学習の問題を解決しようとする態度や，よりよい社会を考え学習したことを社会生活に生かそうとする態度を養うとともに，思考や理解を通して，地域社会に対する誇りと愛情，地域社会の一員としての自覚を養う．
	(中略)		
中学校地理的分野	我が国の国土及び世界の諸地域に関して，地域の諸事象や地域的特色を理解するとともに，調査や諸資料から地理に関する様々な情報を効果的に調べまとめる技能を身に付けるようにする．	地理に関わる事象の意味や意義，特色や相互の関連を，位置や分布，場所，人間と自然環境との相互依存関係，空間的相互依存作用，地域などに着目して，多面的・多角的に考察したり，地理的な課題の解決に向けて公正に選択・判断したりする力，思考・判断したことを説明したり，それらを基に議論したりする力を養う．	日本や世界の地域に関わる諸事象について，よりよい社会の実現を視野にそこで見られる課題を主体的に追究，解決しようとする態度を養うとともに，多面的・多角的な考察や深い理解を通して涵養される我が国の国土に対する愛情，世界の諸地域の多様な生活文化を尊重しようとすることの大切さについての自覚などを深める．

『中学校学習指導要領（平成 29 年告示）解説　社会編』より一部引用．

表 2-4　各フェイズ

6	理論化研究フェイズ
5	評価研究フェイズ
4	実践研究フェイズ
3	開発研究フェイズ
2	調査＋提言フェイズ
1	提言フェイズ

一貫カリキュラム作成のどの段階にあり，どの程度の深さにあるのかについて分析する．その際に，1 から 6 の段階（フェイズ）を設けて分析することにした（表 2-4）．

「提言フェイズ」は，文章または図表によって，実践者や研究者が一貫カリキュラムについて考えを述べたものとするが，その根拠となる調査結果や参考にした言説が明らかになっていないことが多い．「調査＋提言フェイズ」は，既存の国内・

海外カリキュラムの分析・検討や，児童生徒の調査などをふまえた上で，一貫カリキュラムについて見解を述べたものとする．「開発研究フェイズ」は，一貫カリキュラムの授業設計を行ったが，実践に至っていないものとする．「実践研究フェイズ」は，一貫カリキュラムに関する授業開発を行い，実践したものとする．「評価研究フェイズ」は，一貫カリキュラムに関する開発，実践，評価・改善を加えたものとする．「理論化研究フェイズ」は，上記2〜5まで，調査・開発・実践・評価を踏まえて理論を構築するものとする．

2）結果

表2-5は，1947年から2022年までの一貫カリキュラムの実践や研究について，学習指導要領の改訂期（表2-4）ごとに区切って整理したものであり，傾向は以下の通りである．

①地理教育一貫カリキュラム研究は，「提言フェイズ」からしだいに「実践研究フェイズ」へと発展していった．単なる経験に基づく提言ではなく，しだいに調査に基づいた提言へと発展していったとみられる．

②「開発研究フェイズ」以上では，児童生徒の地理的認識の発達段階などの調査研究に基づいた一貫カリキュラム開発なされるものと筆者は想定していたが，そのプロセスを経ず児童生徒の実情のみに基づいた実践がみられた．たとえば第6期の東京学芸大学附属世田谷や筑波大学附属駒場の研究である．それらは，小中または中高一貫学校などにおいて，先行研究を踏まえたというよりも，目の前の児童生徒をどのように育てるのかという学校の文脈からの問題意識から発した実践研究とみられる．

③表2-5からだけではわかりにくいが，「開発フェイズ」や「実践フェイズ」においては，小中や中高などの隣接学校種との一貫性や連携にとどまる研究が多かった．小中高の12年間を通したものは希で，古くは滝口（1973），近年では，日本地理教育学会小中高一貫カリキュラム研究グループ（2004年度〜2007年度に活動）によるものがみられる．

④1970年代以降の主立ったものとして，以下のものがあげられる．1970〜1980年代の鳥海公氏は，現場の教員の立場から研究を行った．また1990年代以降の山口幸男氏は，子どもたちの興味関心の発達傾向を調査し，一貫カリキュラムの簡易なモデルを作成した．その後，日本地理教育学会小中高一貫カリキュラム研究グループ（代表：西木敏夫・山口幸男・八田二三一ら）によって，大規模なプ

表 2-5　地理教育の一貫カリキュラム研究史

学習指導要領の改定期	1 提言 フェイズ	2 調査＋提言 フェイズ	3 開発研究 フェイズ	4 実践研究 フェイズ	5 評価研究 フェイズ	6 理論化 研究 フェイズ	内容 未確認
第1期 1947〜 1957年	井上（1952） 日本地理教育学会（1954） 山地（1954） 日比野（1954） 大淵（1954）＊ 原崎（1955）＊ 山地（1955） 山崎（1955） 椙村（1956） 横山（1957）						
第2期 1958〜 1967年	佐伯（1958） 鳥海（1958） 山地（1959） 相沢（1959）＊ 辻田（1960） 関口（1965） 池田（1966）	原（1960） 椙村ほか （1961） 田中（1962）					
第3期 1968〜 1976年	高辻（1968） 榊原（1970） 粒良（1971） 佐島（1971）＊ 奥谷ほか（1973） 滝口（1973）＊ 菊池（1976） 岡田ほか（1971）	平井（1968） 駒井（1968） 福士（1969） 出石（1970） 鳥海（1973a） 鳥海（1973b） 鳥海（1973c）					〈科〉 三上 （1972） 〈科〉 鳥海 （1972） 〈科〉 鳥海 （1973）
第4期 1977〜 1988年		斎藤ほか （1977） 安藤（1979） 渋澤（1983） 田中（1984） 荒井（1985） 小西（1987） ＊ 斎藤（1988）	山口 （1982） 小林 （1985）	鳥海 （1985） 鳥海 （1987）			〈科〉 高貝 （1978） 〈科〉 綿引 （1984） 〈科〉 浅黄谷 （1984） 〈科〉 鳥海 （1984）

第4期 1977～1988年（続き）							〈科〉浅黄谷（1987）
第5期 1989～1997年	山口（1990b）	中山（1989）	山口（1990a）山口（1994）	鳥海（1991）			〈科〉鳥海（1989）
第6期 1998～2007年	白井（1998）西脇（1998）戸井田（2002）日原（2004）泉（2004）大野（2004）	大関（1998）池下（2005）日原（2005）*	日本地理教育学会小中高一貫カリキュラム研究グループ（2006a, 2006b, 2007）小林（2007）	鈴木ほか（2000）吉田（2000）吉田（2001）大野ほか（2005）			〈科〉市川（1998）〈科〉西脇（2001）
第7期 2008～2016年		吉田（2011）	山口ほか（2008）				
第8期 2017年～	戸井田（2017）*阿部（2019）	吉田（2017）管野（2018）須郷（2018）吉田（2018）河本（2019）吉田（2019a）吉田（2019b）金子・田中（2022）					

(注1) 表中の＊は，論文内に図表などを含み概念化などされたものを示している．
(注2) 論文を主としているが〈科〉は科研費によるものを示す．内容未確認のものは奨励研究が多く内容が不明であるが，その当時において一貫性の研究が見られたということを示すために記載した．
(注3) 科研費について，奨励研究は単年でおこなわれるためその年を記載したが，基盤研究は複数年にわたるため，本表では最終年度を記載した．
(注4) 日原（2004）泉（2004）池下（2005）日原（2005）小林（2007）の論考は，日本地理教育学会小中高カリキュラム研究グループに属するものであると見られ重複とみなされるかもしれないが，研究者名を明らかにするためにも掲載した．これらの成果は山口幸男ほか編（2008）『地理教育カリキュラムの創造－小・中・高一貫カリキュラム』（古今書院）としてまとめられた．

ロジェクトが進められた．
⑤第6期以降に「開発・実践フェイズ」が増えた後でも，第7期と第8期に「調査＋提言フェイズ」が減らず，科学的な調査結果からカリキュラムを開発・実践する傾向が認められる一方で，「開発・実践フェイズ」の結果から，「調査＋提言フェイズ」に戻り，再度調査を行うなどの行き来のあった研究もみられた．
⑥第4期の1977年以後，小中高一貫カリキュラム研究は，増加していった．これは，1973年度には高等学校への進学率が90％を越え，小学校から高等学校までの学校教育のあり方が課題となり始めたことや，1997年以前の研究である佐島（1971）や滝口（1973）らによってなされた小中高一貫カリキュラムの提言や研究成果が蓄積されたことが，要因としてうかがえる．
⑦1990年代以降，急速に「提言フェイズ」が減少した．その理由には，学習段階での調査がしだいに蓄積され，次のフェイズである「開発・実践フェイズ」へと向かったことが考えられる．ただし西脇（1998）の研究のように，1990年代後半に自ら行った調査からの提言ではなく，他者の先行研究を利用することで，自らの開発・実践研究，提言がなされたものもみられるようになる．
⑧2017年以降，吉田（2017）らによる幼小中高の一貫性の論考がみられる．その背景には，生涯学習の一貫として学校種間のつながりが求められるようになったこと，2017年に幼小中高の学習指導要領で見方・考え方を育成するために学校種を越えた一貫性が求められるようになったことなどの要因が考えられる．

　以上のように75年にわたり，地理教育の実践者や研究者は，多くの一貫カリキュラム研究を行ってきた．学習指導要領改訂などの教育潮流に乗りつつ，各実践者・研究者の文脈下において自己主導的な研究が着実に進められてきたといえる．今後は，蓄積されてきた提言や仮説的な理論を再度整理し，研究成果を連携させ，さまざまな学校種が協力しながら，理論化していくことが求められる．

4．歴史教育と地理教育の一貫カリキュラム研究史の比較

　歴史教育は，規範的・原理的なアプローチ，すなわち欧米を中心とする諸外国のカリキュラムを手がかりにしてより望ましい社会科に迫ろうとする研究が多く，その中には小中高の学校段階を跨ぐカリキュラム研究が存在する．しかし日本の学習指導要領における一貫性に関する研究は少ない．
　そこで本項では，「一貫」と題する研究に対象を限定し，日本の学習指導要領変遷から歴史教育の一貫カリキュラム研究史について読み解く．

結論として，歴史教育の一貫カリキュラム研究は，歴史学習の内容編成の課題への問題意識や変革の提言から始まり，研究者・実践者・附属校などさまざまな立場や地域から調査研究や開発研究・実践研究へとしだいに発展してきたが，国や学界のムーブメントにはならず，下向き傾向になっている．表2-6は，研究結果であり，以下に概要を示す．

①第1期（1947～1957年）と第2期（1958～1967年）：「はじめに通史ありき」（明石，1964）や小中高で通史が繰り返される「薄墨論」に対してしばしば問題提起があり，歴史教育学者や歴史学者が一貫性の在り方の提言をしている．

②第3期（1968～1976年）：研究がみられなかった．

③第4期（1977～1988年）：教科書調査による歴史上の人物の精選の研究（吉田，1977），中高一貫校の実践的研究（西田，1978），「小・中・高」「一貫」が題目に入った科学研究費事業（東京学芸大学，1988; 露木，1982）など，調査や実践を取り組み始める黎明期となった．

④第5期（1989～1997年）：滝口（1995）は，宮原武夫の研究史を分析するなど，歴史に留まらない社会科の一貫に関する研究が一部みられる．

⑤第6期（1998～2007年）：国立大学や附属校での文部科学省事業が増加した．日本女子大学附属（柳沢ほか，1998），東京学芸大学附属（鈴木ほか，2000; 大澤ほか，2000），千葉大学など小中や中高一貫校での実践報告が増加した．同時期に，社会科の一貫の科学研究費プロジェクトが急増した．その背景には，平成元年版学習指導要領における高校社会科の解体があり，歴史独立論の議論が高まったことがあげられる．

⑥第7期（2008～2016年）と第8期（2017～）：「見方・考え方」論が盛んになり，欧米のカリキュラム研究を通した一貫の検討（山田，2007など）や，小中や中高の一貫を意識した実践（須郷，2019; 2020）が引き続き研究されている．しかし各研究者や各学校での個別の教育財産に留まり，研究動向としては下向き傾向にある．

　歴史教育と地理教育の一貫性に関する研究史を比較すると，類似点として提言からしだいに調査・開発が進む点，評価・理論化まで到達しない点，小中・中高一貫校が個別に実践研究している点，しだいに科研が増加する点，学習指導要領改訂に対応して研究内容が変化する点などがあげられる．その一方地理教育で発足した鳥海公氏や山口幸男氏が主導の大型プロジェクトが歴史教育では発足せず，科学研究費についても個々の研究者が継続的に取り組む場合が多かった．

表 2-6 歴史教育の一貫カリキュラム研究史

学習指導要領の改定期	1 提言フェイズ	2 調査＋提言フェイズ	3 開発研究フェイズ	4 実践研究フェイズ	5 評価研究フェイズ	6 理論化研究フェイズ	内容未確認
第1期 1947～1957年	竹内・小川(1953)						
第2期 1958～1967年	有賀(1959) 明石(1964)						
第3期 1968～1976年							
第4期 1977～1988年	鳴門社会科教育学会研究部(1987)	吉田(1977) 本郷(1987)	東京学芸大学(1988)	西田(1978)			〈科〉露木(1982)
第5期 1989～1997年	滝口(1995)						
第6期 1998～2007年		宮原(1998) 山田(2006)	柳沢ほか(1998) 鈴木ほか(2000) 大澤ほか(2000) 千葉大学教育学部附属連携研究会社会科部会(2001)				〈科〉西脇(2001) 〈科〉森分(2001) 〈科〉田尻(2003) 〈科〉寺尾(2006)
第7期 2008～2016年		山田(2007) 山田(2008) 服部(2012)					〈科〉山田(2009) 〈科〉寺尾(2011) 〈科〉岡崎(2010) 〈科〉山田(2014)

第7期 2008～ 2016年 (続き)					〈科〉 寺尾 (2017)
第8期 2017年 ～	高木 (2016)			須郷 (2019) 須郷 (2020)	

(注1) 論文を主としているが，〈科〉は科研費によるものを示す．内容未確認も掲載した．その当時において一貫性の研究が見られたということを示すために記載した．
(注2) 科研費について，奨励研究は単年でおこなわれるためその年を記載したが，基盤研究は複数年にわたるため，本表では最終年度を記載した．

　このような背景には，第一に一貫研究を主導する研究者が不在であったこと，第二に歴史（もしくは社会科）教育学と歴史学の間にある歴史教育研究の対立や論争が関連していると考えられる．1940年代後半の勝田・梅根論争，1980年代の歴史独立論，2010年代の見方・考え方論など，学校教育，歴史（社会科）教育，歴史学などがかかわる範疇の場で議論が起こり，誰もが問題性を把握しつつも同方向へのカリキュラム改革には至らず，これまでは学習指導要領変遷状況に合わせて徐々に研究が進んできたといえる．

5. 公民教育と地理教育の一貫カリキュラム研究史の比較

　結論からいえば，公民教育では，魚住忠久氏や西村公孝氏による理論化，西村公孝氏による実践と理論を結びつけた政治教育の一貫カリキュラムの完成，また唐木清氏が多くの教員と共に作成した授業実践案の完成をみていることから，一貫カリキュラム研究においては，公民教育が地理教育よりも先行しているといえる．表2-7は，研究史の結果であり，以下概要を示す．
①第1期(1947～1957年)：この時期の地理教育では発達段階を考慮したカリキュラムが作成されようとしていた．公民教育では一貫研究はなされておらず，公民教育が終戦直後において地理教育や歴史教育と比べて研究が盛んに行われていなかったことを指摘する公民教育の研究者もいた．
②第2期(1958～1967年)：1958年学習指導要領が「告示」され法的拘束力をもったことで，しだいにカリキュラム研究は下火になっていったが，地理教育や公民教育では一貫カリキュラム研究についての論文が蓄積されていく．
③第3期(1968～1976年)：地理教育では小中高一貫を目指した具体的なカリキュラムが提案されるようになった．公民教育では，小中学校の一貫性，幼稚園と小

表 2-7 公民歴史教育の一貫カリキュラム研究史

学習指導要領の改定期	1 提言フェイズ	2 調査+提言フェイズ	3 開発研究フェイズ	4 実践研究フェイズ	5 評価研究フェイズ	6 理論化研究フェイズ	内容未確認
第1期 1947～1957年							
第2期 1958～1967年	松浦（1961） 松浦・渥美（1962）	井道（1958）					
第3期 1968～1976年	菊地（1968） 伊東（1972） 河合（1975）	阪上（1970） 阪上（1975） 中村（1975）					
第4期 1977～1988年	河合・山本（1978） 西村（1981） 魚住（1984） 有馬（1985）	森（1981） 金子（1982） 池田（1986） 髙橋・波多野（1987）	魚住（1982）				日本社会科教育学会（1984） 宮原（1986）
第5期 1989～1997年	成田（1994）	魚住（1996） 小川（1997）	西村（1995）			魚住・西村（1994a） 魚住・西村（1994b）	
第6期 1998～2007年	上赤（2007） 星村（2001）	江口（1998） 磯山（1998） 西脇（2001） 中山（2002） 松井（2003） 二階堂（2005） 髙野（2006）	西村（2003） 水山（2004）				西脇（1999）
第7期 2008～2016年	西村（2010） 吉永（2011） 磯崎（2014）	山田（2008） 森茂（2009） 坪田（2011）				西村（2014）	
第8期 2017年～	唐木（2017） 原（2018） 宮原（2019） 〈科〉谷田部（2019）		〈科〉唐木（2023）				

（注1）〈科〉は科研費によるものを示す．内容未確認ものも掲載した．その当時において一貫性の研究が見られたということを示すためである．
（注2）科学研究費について，奨励研究は単年でおこなわれるためその年を記載したが，基盤研究は複数年にわたるため，本表では最終年度を記載した．

学校との一貫性，社会参画をゴールに据えるような先進的なものがみられるものの，政治教育は地歴教育よりも不振であると述べる公民教育の論文もあり，一貫カリキュラム研究に限らず，1970年代中盤までは地理教育や歴史教育のほうが公民教育よりも盛んであったとみられる．
④第4期（1977～1988年）：地理教育では鳥海氏が一貫カリキュラムの実践を開始する．公民教育でも魚住氏が公民教育の一貫理論を構築しており，これは後に西村氏の研究にもつながっていくことから，この第4期は公民教育にとって大きな転機であったとみられる．
⑤第5期（1989～1997年）：地理教育では一貫カリキュラム研究は鳥海氏，山口氏などが論文を発表しているが，全体数は減った．公民教育でも減ったが，魚住・西村（1994a; 1994b）が理論化に到達している．
⑥第6期（1998～2007年）：地理教育では大型プロジェクトが発足し，多くの研究者・実践者がこの研究に関わった．しかし，そこでは小中高一貫カリキュラムの理論が作られるところまでは至らなかった．公民教育においても，第5期になされた理論化研究のあと，更なる理論化を志向した目立った成果はみられない．
⑦第7期（2008～2016年）：地理教育では，一貫カリキュラム研究が盛んであるとはいいがたい．公民教育では恒常的に一貫カリキュラム研究論文が発表され，とくに西村（2014）の政治学習の一貫カリキュラム研究は理論と実践が結びついた特筆すべきものといえる．
⑧第8期（2017～）：地理教育でも再び一貫カリキュラム研究が盛んとなり，吉田（2011）による理論にもとづいた実践研究もみられる．公民教育では，唐木（2023）による研究成果が目を引く．

6. 一貫カリキュラム研究史の振り返りからみえてきたこと

　地理教育の実践者や研究者による一貫カリキュラムの検討は，地理教育独自に，児童生徒の地理的な認知や技能についての調査研究などによって，着実に進められてきた．さらに現行の学習指導要領においては，「資質・能力」の面で学校種を越えた小中高の一貫性が求められ，今後ますます教科教育の一貫カリキュラム研究の加速が求められている．ただしこの先，研究者の論考のみでカリキュラムを開発することができるわけでなく，その開発されたカリキュラムが児童生徒の資質・能力を高めることにつながらなければならない．前述でカリキュラム開発の最高位を理論化フェイズとしたが，それは，教育実践あってのものである．

他方で歴史教育や公民教育でも小中高の一貫性についての研究が進められてきている．地理・歴史・公民の一貫カリキュラムにおける原理，内容構成，方法的概念などの比較研究は，早晩行うことが求められる．科目を横断した連携研究によって社会系教科をより充実しつつ，ひいては地理教育の意義や特徴を導出することになるであろう．ただし本節では，日本の社会科カリキュラムに影響を与えてきた，先進する諸外国の社会系教科カリキュラムの一貫性に関する研究を十分に取り上げていない．少なくとも日本における欧米・豪州などの一貫カリキュラムに関する分析・考察の結果の多くも検討に加え，さらに議論を深める必要がある．

[付記]

表 2-5, 2-6, 2-7 で取り上げられた文献のリストは，守谷富士彦の研究者リサーチ・マップの「資料」のサイトアドレスおよび QR コードより確認することができる．
https://researchmap.jp/multidatabases/multidatabase_contents/detail/293453/aed3ee14ac8e244ee70a8fd96c8241fd?frame_id=641045

近藤裕幸（第 1，2，3，5，6 項）・守谷富士彦（第 3，4，6 項）

＊本節は，近藤・守谷（2023）に加筆・修正したものである．

文献

明石総一（1964）：歴史教育の現状と問題点－小学校から大学までの一貫性をどう考える（座談会）－．歴史教育研究，30・31，pp.8-42．

魚住忠久・西村公孝（1994a）：『小・中・高一貫の社会科カリキュラム研究－統合的公民性形成社会科教育の探究』，中部日本教育文化会．

魚住忠久・西村公孝（1994b）：『小・中・高一貫の公民形成カリキュラム研究・開発と実践』，中部日本教育文化会．

大澤克美・櫻井眞治・小須田哲史・荒井正剛・石戸谷浩美・新海宣彦（2000）：近代史における小中一貫カリキュラムの単元構成．東京学芸大学附属学校研究紀要，27，pp.29-44．

唐木清志（2023）：18 歳市民力を育成する社会科・公民科の系統的・総合的教育課程編成に関する研究．基盤研究 B（代表唐木清志 20H01670）．

近藤裕幸・守谷富士彦（2023）：戦後の小中高における地理教育一貫カリキュラム研究の変遷．地理，68(6), pp.88-94．

佐島群巳（1971）：地理教育における小学校・中学校・高等学校の関連についてのひとつの提案－小学校の地理教育の立場から－．新地理，19(3), pp.1-11．

須郷一史（2019）：中高一貫教育校における生徒の歴史的な見方・考え方に関する一考察－単元「日本の近代化」における生徒の回答の変化をふまえて－．実践社会科教育課程研究，4，pp.3-13．

須郷一史（2020）：「歴史を学ぶ意味」を生徒はどのようにとらえているのか－中高一貫教育校の日本史履修者へのインタビューを通じて－．実践社会科教育課程研究，5，pp.33-42．

鈴木雄治・二川正浩・上園悦史（2000）：＜各教科・領域の研究 2.2＞社会科[研究主題：小・中・高一貫カリキュラムの構想]．教育研究，pp.32-35．

滝口昭二（1973）：小中高における地理的見方考え方の系統．新地理，21(2), pp.20-32．

滝口正樹（1995）：小・中・高校一貫の社会科教育理論の基本構成－宮原武夫の「社会認識形成の方法論」の構造の検討を軸として－. 社会科教育研究 , 72, pp.27-38.

東京学芸大学学部・附属歴史教育研究プロジェクト編（1988）：『小・中・高一貫をめざした歴史教育の改善－現代の課題に応える授業の構想と歴史認識の追究－』, 東京学芸大学 .

西田光男（1978）：中・高一貫の歴史教育をめざして－中学校世界史学習を通じて歴史教育の一貫を考える－. 社会科研究 , 26, pp.27-36.

西村公孝（2014）：『社会形成力育成カリキュラムの研究－社会科・公民科における小中高一貫の政治学習－』, 東信堂 .

西脇保幸（1998）：地理教育における技能の育成 . 地理学評論 , 71A(2), pp.122-127.

柳沢清美・田岡令子・日朝秀宜（1998）：「社会系」教科における中高一貫カリキュラムの編成（その2）歴史分野におけるカリキュラム編成の実証的検討 . 日本教材学会年報 , 9, pp.64-66.

山田秀和（2007）社会科カリキュラムにおける歴史領域の小・中・高一貫性－オハイオ州の社会科スタンダードを事例として－. 弘前大学教育学部紀要 , 98, pp.11-20.

吉田太郎（1977）：歴史教育改革試論－小・中・高一貫性による－. 社会科研究 , 25, pp.1-31.

吉田　剛（2011）：社会科地理的分野における地理的見方・考え方と地理的技能の枠組み－内容知と方法知の視点から－. 新地理 , 59(2), pp.13-32.

吉田　剛（2017）：「地理的環境と人々の生活」で背骨を通す！小・中・高一貫地理教育カリキュラム－二つの学習の側面に機能する地理的概念の体系－. 社会科教育 , 54(8), pp.8-11.

第3節　アメリカ合衆国

1. アメリカの地理教育カリキュラムにおける地理的概念

　中央教育審議会の2016年「答申」によって，コンピテンシーの育成が重視され，学習指導要領上，中学校社会科地理的分野や高等学校地理歴史科地理には，地理教育国際憲章（1992）の地理的概念（五大地理的概念：「位置と分布」「場所」「人間と自然環境との相互依存関係」「空間的相互依存作用」「地域」）が示された（国際地理学連合・地理教育委員会, 1993）．それらの地理的概念は，アメリカの『地理教育ガイドライン（1984）』（以降，米地理1984）の地理学の五大テーマ（以降，五大テーマ）を踏襲したものである．よって日本の地理教育は，アメリカの五大テーマや，五大地理的概念の抽象度の高い「大きな地理的概念」を取り入れたことになる．そこで本節では，おもなアメリカの地理教育カリキュラムにおける地理的概念の特徴について考える．

　『The High School Geography Project』（以降，HSGP）は，1958年，地理の履修率などを改善するために提案された（武元，1970）．HSGPは，1960年代のアメリカの地理教育改革の中心にあり，地理学の探究における地理的概念や地理的スキルを重視し，その中で地理的概念は，地理的事象を捉え，まとめる際の視点として扱われた．続く米地理1984は，HSGPからの抜本的な改革がめざされた（中山，1991）．その特徴は，①五大テーマを原理に，②各学年に習得すべき地理的概念と到達目標を示し，③高等学校地理学習に習得すべき地理的スキルの体系を明示する，の3つとなった（和田，2004）．

　『地理ナショナルスタンダード1994年版』（Geography Education Standards Project, 1994）（以降，米地理1994）は1994年の米国教育法を受け，米地理1984を単元構成に具現化させた（表2-8）．米地理1994は，その後，ICTなどの現代的な要求も加味したセカンドエディション（以降，米地理2012年版）(Geography Education National Implementation Project, 2012)に引き継がれた．米地理1994の内容構成は，教科内容・地理的スキル・地理的パースペクティブの相互関係によって成り立つ．教科内容は，6つのエレメントと18項目のスタンダードからなる．たとえば米地理1984の五大テーマを抽象度の高い「大きな地理的概念」とすると，米地理1994でのエレメントは，抽象度のやや高い「小さな地理的概念」，スタンダード項目は，抽象度の低い「地理的な意味のまとまり」としてみられる．

表 2-8 アメリカの『地理ナショナルスタンダード 1994 年版』の内容構成

教科内容		地理的スキル	地理的パースペクティブ
エレメント	スタンダード項目		
空間●	①地図などの道具の使い方（空間的情報の獲得・処理・報告のための） ②メンタルマップの使い方（空間における人・場所・環境の組織化のための） ③空間的な分析の仕方（地表面における人・場所・環境の空間的組織化）	(1) 地理的な問いを発する (2) 地理情報を獲得する	地理情報として物事を捉えるための地理特有の見方 ●空間的 ●生態学的
場所と地域■	④自然的・人文的特徴 ⑤人間が理解するための地域 ⑥知覚と地域・認識（文化と経験による影響）	(3) 地理情報を組織化する (4) 地理情報を分析する	補完する見方 ○歴史的 ○経済的
自然システム■	⑦地形（形成プロセス・パターン） ⑧生態システム（特徴・分布）	(5) 地理的な問いに答える	
人文システム■	⑨人口（特徴・分布・移動） ⑩文化モザイク（特徴・分布・複雑性） ⑪経済的相互依存（パターン・ネットワーク） ⑫居住（プロセス・パターン・機能） ⑬人間集団（支配・配分・協力・紛争）		
環境と社会■	⑭人間と自然（人間活動の自然環境への働きかけ） ⑮自然と人文（自然システムの人文システムへの影響） ⑯資源（意味・利用・分布・重要性の変化）		
持続可能性●	⑰過去の解釈 ⑱現在の解釈と未来の設計		

注：■は「学習の内容的側面」に機能，●は「学習の方法的側面」に機能する地理的概念とみる．
吉田（2011）の一部を修正・簡略化．

　米地理1984以降の地理教育復興運動を端的にみると，①地理的知識・関心の衰退に政財界が危機感を示し，②教師改革への活力を導き出す環境整備に力を入れ，③アメリカ教育法によるナショナルスタンダードに地理が入り，④幅広い学会や教師レベルの活力を引き出し，⑤米地理1994の基本理念に社会生活に役立つ地理教育を強調し，⑥その具現化において地理的技能の体系化を重視した．その後は，ARGUS（Activities and Readings in the Geography of the United States）（Association of American Geographers, 1995）や，GIGI（Geographic Inquiry into Global Issues）などの教材開発が進められた（中山・和田，1998）．

　1995年のARGUSは，米地理1994に基づく系統的な中等地理教材となった．系統地理の「人口地理」「経済地理」などのトピックに地理的な発問と地域事例

が組まれ，アクティビティには，生徒の主体性や判断力を育成し，米地理1994の中核的な地理的スキルの習得がめざされた（和田，2001）．

1995年以降に公刊されたGIGIは，内容構成が，場所と空間をもとにした社会問題研究，また社会諸科学の一般原理を応用した空間スケールの問題の政策研究的方法をとり，その本質を，地球的課題への科学的・実践的な判断力の育成や，地理的探求とした（草原，2001）．

五大テーマにみる「大きな地理的概念」は，時が進むにつれ，米地理1994にみる「小さな地理的概念」や「地理的な意味のまとまり」のように分化・構造化され，さらに授業への具現化のために，ARGUSでは，地理的スキルの強調とともに「地理的な意味のまとまり」を中心とする授業プランとなった．

2．2つの学習の側面に機能する地理的概念とその抽象度

地理教育カリキュラムにおける地理的概念は，次の2つの学習の側面に機能する（吉田・管野，2016）．

○「学習の内容的側面」に機能する地理的概念は，学習テーマや単元を設定する際に構造的・明示的に関係付けられ，さまざまな地理的事象・意味・意義を従属させる中心的な役割を担う．

○「学習の方法的側面」に機能する地理的概念は，学習の内容となるさまざまな地理的事象・意味・意義について把握・思考する際に，観点（視点）となって活用される役割を担う．

これらから検討すると，米地理1984の冒頭部には，「どこに」「なぜそこに」「どこにあることが望ましいか」「場所は私たちの生活にどのように影響を与えるのか」などがみられる．よって五大テーマは，問いの中に「学習の方法的側面」として機能し，また「学習の内容的側面」への機能においても明確に説明された．さらに初等・中等教育の系統（学習目標や段階など）での配置によって，明確にされた．

地理教育国際憲章の冒頭部には，「どこにあるのか」「どのような状態か」「なぜそこにあるのか」「どのように起こったのか」「どのような影響をもっているのか」など，五大地理的概念は「学習の方法的側面」に機能し，また五大テーマと同様，「学習の内容的側面」に機能するものとして明確にされた．

以上から，地理的概念が2つの学習の側面に機能し，また地理的概念が，初等・中等教育の系統の柱とされたことは，コンピテンシーを重視する地理教育カリキュラムの特徴としてみられる．

表 2-9 2つの学習の側面に機能する地理的概念の抽象度と特徴

地理的概念の抽象度	大きな地理的概念 高い意味	小さな地理的概念 やや高い意味	地理的な意味のまとまり(注1) 低い意味
内容的側面に関する機能	シンボル的 地理カリキュラム全体の基盤	序列・構造的 単元構成の中心	結節的 授業内容の主なまとまり
方法的側面に関する機能	抽象度が高い概念を観点として広く活用	抽象度がやや高い概念を序列・構造的に活用	地理的な意味のまとまりを細やかに活用
米地理1984と米地理1994にみる事項	五大テーマ (米地理1984)(注2)	エレメント (米地理1994)	スタンダード項目 (米地理1994)

(注1) 地理的な意味のまとまりを構成する要素は，地理的事象（現象）となる．
(注2) 同様なものに，地理教育国際憲章の五大地理的概念があげられる．

　表2-9は，米地理1984と米地理1994をもとに，2つの学習の側面に機能する地理的概念の抽象度と特徴を示したものである．

　表2-9より，地理的概念の抽象度から検討すると，「学習の内容的側面」への機能をみると，「大きな地理的概念」は，シンボル的にカリキュラム全体の基盤となり，「小さな地理的概念」は，序列・構造的に単元構成の中心となり，「地理的な意味のまとまり」は，結節的に授業内容のおもなまとまりとなる．

　また「学習の方法的側面」への機能をみると，「大きな地理的概念」は，抽象度が高いため，学習対象をみる観点として，さまざまなカリキュラム・スパンにおいて広く活用される．「小さな地理的概念」は，やや抽象度が高く，学習対象をみるやや細かな観点として序列・構造的に活用され，おおむね学年や単元レベルのカリキュラム・スパンにおいて想定される．「地理的な意味のまとまり」は，地理的事象とそれらの関連・因果などの意味・意義を比較・関連させ，再構成などのために的を絞って活用され，おおむね一つの授業内において想定される．

3．米地理1994年版にみる学習の両側面に機能する地理的概念
1) 意義，ねらい，目標

　米地理1994の意義は，4つの問いを示す（p.18）（①どこに，それはあるのか，②なぜ，それはそこにあるのか，③どのように，それはそこに起きたのか，④どのように，それは他の事象と相互に関連するのか）．

　これらの問いには，五大地理的概念からみると，「学習の方法的側面」に機能し，「空間」→「場所」→「環境」→「相互作用」といった順次が読み取れる．また，

「地理は人々・場所・環境の学びに，世界にともに現れる自然的・人文的特徴を統合する学問である．その主な問題は，地表面とそれを形付けるプロセス，人々と環境の関係そして人々と場所の繋がりである」(p.18) との記述より，「学習の内容的側面」に機能する，「空間」と人々にかかわる「場所」「環境」「相互作用」の関係として読み取れる．

次に，米地理 1994 のねらいからみると，それは，地理的な素養をもつ人の育成であり，「空間的パースペクティブから人々・場所・環境を学習し理解する人や，生活する相互依存の世界を正しく認識する人の育成となる」(pp.26-29) との記述があり，さらに米地理 1994 の目標（①空間的事象の配置の意味を理解する，②人間・場所・環境の相互関係を理解する，③地理的スキルを使いこなせる，④空間的見方と生態的見方を生活に応用できる）には，おおむね「空間」「場所」「環境」「相互作用」が読み取れる．

加えて，特筆された「空間と場所」(pp.31-32) の記述を端的にみると，次の4つにまとめられる．

○人々・場所・環境の関係への理解は，空間の理解につながる．空間は，環境の舞台であり，その上に地理的なドラマが演じられる．場所は，環境の舞台にある特定の地点であり，そこでは，行動が起こる．
○世界の空間は，位置・距離・方向・パターン・形・配置・配列によって特徴付けられる．
○場所には，自然的・人文的特徴があり，これらは人々を有意義で特別な位置にさせる．
○場所は，実際に自然的・人文的に意味付けられた空間である．

これらには，おおむね「学習の内容的側面」に機能する「空間」「場所」「環境」「相互作用」が読み取れる．地理的パースペクティブも踏まえると，空間（的事象）に対して，空間的見方（Spatial Perspective）によって事象を把握し，さらに生態的見方（Ecological Perspective）として場所（Place）・環境（Environments）・人々（People）の関係（相互作用）から考える文脈となる．

総じて，米地理 1994 の意義・ねらい・目標などの理念の中には，五大地理的概念が読み取られ，2つの学習の側面への機能が方向付けられている．

2）教科内容と地理的パースペクティブ

米地理 1994 の教科内容における6つのエレメント（下線語句）と，18項目の

スタンダードについて検討する（表2-8）．スタンダードの①②③項目と⑰⑱項目の内容からなる空間と持続可能性は，おおむね「学習の方法的側面」に，また④〜⑯項目の内容からなる場所と地域，自然システム，人文システム，環境と社会は，おおむね「学習の内容的側面」に機能する．これらのエレメントとスタンダードは，単元構成上，序列・構造的に配置されている．

次に，五大地理的概念から検討すると，空間は「空間」に，持続可能性はおもに「地域」に対応する．場所と地域の④⑤⑥項目は「場所」「地域」に，自然システムの⑦〜⑧項目はおもに「環境」に，人文システムの⑨〜⑬項目はおもに「相互作用」に，環境と社会の⑭⑮⑯項目は「環境」に，各々対応する．

以上から，6つのエレメントを端的にみると，空間は，空間的事象を捉えるための地理的思考や地理的技能に関する単元，場所と地域は，人々によって意味付けられた空間における自然的特徴や人文的特徴に関する単元，自然システムは，基礎・基本的な空間や場所と地域を踏まえ，地表面を形成する自然環境に関する単元，人文システムは，地表面における人々の存在と相互作用に関する単元，環境と社会は，人々の活動と自然システムや人文システムとの相互依存関係に関する単元，持続可能性は，意味付けられた場所や地理的な意味の変容と，環境問題などを解決するための応用単元として説明できる．

地理的パースペクティブは，「学習の方法的側面」に機能する「大きな地理的概念」としてみられるが，そのうちの空間的パースペクティブは，スタンダードの①〜③項目を学ぶおもな観点となり，学習の方法を学ぶための基本，一方の生態学的パースペクティブは，自然科学的側面が強くみられる⑦⑧と⑭⑮項目などを学ぶおもな観点となり，学習の内容を学ぶ基本としてみられる．

なおこれら2つを補完する歴史的パースペクティブと経済的パースペクティブも示されている．直接的にみると，歴史的パースペクティブは⑰項目，経済的パースペクティブは⑪項目が対応しやすい．これらは，他の学問分野へのアクセスを導きだし，地理的思考の広がりや深まりを求める重要なものとなる．

4．アメリカの地理教育カリキュラムから学ぶ

吉田（2009）によれば，戦後日本の社会科地理教育カリキュラムには，随所にアメリカからの影響がうかがえるが，「地域」概念，「地域」の枠組みを中心にして複雑で多様化・高度化してきている．

昭和26年版の中学校社会科の指導目標「理解」には，戦後の地理的概念の3

つの主流の原点,「地方的特殊性と一般的共通性」(地域的特色),「地域間相互関係」(地域間相互関係),「自然と人間生活の関係」(環境)がみられる．地理的分野の目標などにおいて，それらは，昭和30・44・52年版と続けてみられたが，平成元年版では「自然と人間生活の関係」が消滅し，平成10・20年版では「地域構成」「地域変容」が加わり，「地域」にかかわる概念に集約化し，充実させてきた．さらに現行の中学校学習指導要領において五大地理的概念の「地域」が示され，便宜的にも，これまでの「地域」の後継として位置付けられるが，カリキュラム構造そのものが大きく変わったため，その捉え方には留意が必要となる．

最後に，本稿のアメリカの地理教育カリキュラムの検討から，日本の地理教育カリキュラムの課題として，次の3つがあげられる．

○社会系教科教育の一貫性としても対照しながら，地理的概念を地理教育カリキュラムの系統として位置付け，つまり一貫地理教育カリキュラムの主柱として，理論的に検討すること．

○地理的概念の抽象度を理解し，単元開発や授業実践において自明化すること．具体的には，単元間・単元内・授業内の内容構成において，「大きな地理的概念」「小さな地理的概念」「地理的な意味のまとまり」などによる意味付けやそれらの関係付け・配置を自明化し，そして問いの中にも意図して学習者に思考させること．

○日本では,「概念」「見方・考え方」「理論」などの用語の意味や抽象度が混在し，あいまいに2つの学習の側面に機能する地理的概念を一括して捉える場合が多い．この点については，学術と実践のレベルで整理しながら，それらの共通項を見いだすこと．そして学習指導要領における地理的概念への整合させることを考えること．

吉田　剛

＊本節は，吉田（2017）の一部に加筆・修正したものである．

文献

草原和博（2001）：グローバル問題の地理的探求：GIGI の性格―〈社会工学科〉としての地理教育―, 社会科教育研究, 85, pp.11-23.

国際地理学連合・地理教育委員会編（1993）：地理教育国際憲章（1992年8月制定）．地理科学, 48(2), pp.104-119.

武元茂人（1970）：アメリカの地理教育改革― The High School Geography Project について―．社会科研究, 18, pp.48-61.

中山修一（1991）：『地理にめざめたアメリカ―全米地理教育復興運動―』, 古今書院．

中山修一・和田文雄（1998）：海外における地理教育改革の初動向とその事例．地理学評論,

71A(2), pp.133-140.
吉田　剛（2009）：中学校学習指導要領社会における地理的見方・考え方の潮流．宮城教育大学紀要, 43, pp.43-59.
吉田　剛（2011）：社会科地理的分野における地理的見方・考え方と地理的技能の枠組み－内容知と方法知の視点から－．新地理, 59(2), pp.13-32.
吉田　剛（2017）：地理的概念の機能に着目した日米地理カリキュラムの比較研究．社会科教育論叢, 50, pp.61-70.
吉田　剛・管野友佳（2016）：オーストラリアにおける「ニューサウスウェールズ州」および「連邦」地理カリキュラムの地理的概念の機能に関する比較研究－コンピテンシー・ベースによる地理カリキュラムからの示唆－．社会系教科教育学研究, 28, pp.101-110.
和田文雄（2001）：地理的技能の体系的指導による地理学習の改善－ARGUSのアクティビティの実践－．地理科学, 56(1), pp.36-55.
和田文雄（2004）：米国ナショナル・スタンダードの実践教材としてのARGUS教材－ジオグラフィカル・スキルの習得をめざすアクティビティに焦点を当てて－．地理科学, 59(3), pp.140-148.
Association of American Geographers ed.（1995）: *Activities and Readings in the Geography of the United States. Student Activities*. Association of American Geographers.
Geography Education Standards Project ed.（1994）: *Geography for life: National Geography Standards 1994*. National Geographic Society.
Geography Education National Implementation Project（2012）: *Geography for life: National Geography Standards Second Edition*. National Council for Geographic Education.

第4節　オーストラリア

1. オーストラリアの社会系教科

　オーストラリアでは，教育に関する権限は連邦ではなく州政府あり，州ごとに学校教育課程（カリキュラム）の違いがみられた．社会系教科の呼称も，NSW州は「人間社会とその環境」(Human Society and Its Environment: HSIE)，VIC州は「社会と環境の学習」(Studies of Society and Environment: SOSE) などと違っていた．オーストラリアでは，21世紀の学習者にとって不可欠である基本的な知識，技能や他者と協働する態度などをすべての学習者に育成するために，2008年に新たな国家教育指針であるメルボルン宣言が発表され，これを受けて，オーストラリアカリキュラム評価報告機構（Australian Curriculum, Assessment and Reporting Authority: ACARA）は連邦レベルのナショナルカリキュラム（以降，オーストラリアのカリキュラム）を開発し，推進していった（永田, 2024, p.388）．

　オーストラリアのカリキュラムの根拠となるメルボルン宣言には，その目標の1つに「オーストラリアのすべての若者が，成功した学習者，自信に満ちた創造的な個人，活動的で教養のある市民となる」ことが掲げられており，日本の社会系教科の究極目標と同様に市民性育成が明示されている．オーストラリアのカリキュラムは，教科に基づく学習領域（Learning areas），汎用的能力（General capabilities）[1] と領域横断的な優先事項（Cross-curriculum priorities）[2] から構成され，これらは学習領域の中で関連付けられている．

　オーストラリアの社会系教科にあたる人文・社会科学（Humanities and Social Sciences: HASS）領域は，2015年に基礎・初等段階も見据えて再構成された．人文・社会科学領域は，歴史，地理，公民とシティズンシップ，経済とビジネスの内容から構成される．就学前の基礎段階（F）や初等段階（Year 1-6）では，統合教科であるHASSとして位置付く．歴史や地理の内容（Strand）は基礎から，公民とシティズンシップはYear 3から，経済とビジネスはYear 5から学ぶ．義務教育の前期中等段階（Year 7-10）では，学問を重視した教科の側面が強くなる．後期中等段階では，中等教育修了資格を取得して大学などに進学するために，古代歴史，地理，現代歴史などから学ぶ．

　人文・社会科学領域の各教科は目的と知識・理解と探究・技能が示され，知識・理解には鍵概念が位置付けられている．

2. オーストラリアのカリキュラムにおける ESD としての地理教育

　1992 年の地理教育国際憲章では，地理授業は地理的理解や問題解決の地理的技能の習得とともに態度・価値形成を目指すことを示した．これを受けた，2007 年の持続可能な開発のための地理教育に関するルツェルン宣言は，国連の持続可能な開発のための教育（ESD）の 10 年で示された行動テーマのほとんどが地理的であり，世界中の地理教育に ESD を盛り込むことを提唱した．オーストラリアでは，環境教育を基盤としてさらに ESD が進展した．

　オーストラリアのカリキュラムでは，地理教育の成立根拠として，「場所と時間から人々・場所・環境の相互依存の理解を深めることは，幸福と環境や社会の持続可能性にとって重要であり，社会的公正と持続可能な未来に向けて変化を促すために，世界を構成する場所の特徴の探究方法を通して学習者と世界との関係と責任を熟考させ，活動的で倫理的な参加能力のある地域や世界の市民となるのを助けること」を挙げている（ACARA, 2016）．これは，ESD としての地理的探究による地理認識と市民的資質の育成を明示している．地理教育のねらいは次のように示されている．

○世界全体の<u>場所，人々，文化，環境</u>についての驚き，好奇心，尊敬の感覚
○地方・オーストラリア・アジア地域・世界の深い地理的知識
○<u>地理的概念を使って地理的に考える能力</u>
○<u>地理的探究方法と技能</u>の効果的・批判的・創造的使用者となる能力
○<u>環境・経済的に持続可能</u>であり，<u>社会的に公平</u>な世界の発展に寄与できる教養や責任がある<u>活動的な市民となる</u>

（下線は筆者）

　人間環境システムについて興味をもち，地理的概念を使って思考・判断する地理的探究方法を活用することで，大小さまざまな地域のより深い地理的知識を身につけ，持続可能な社会づくりに寄与する活動的市民を育成することが強調されている．地理的概念は，「問題を確認し，調査を方向付け，情報を整理し，説明を提案し，意思決定を支援する地理全体に適用できるレベルの高い理念や考え方」とされ，「場所」「空間」「環境」「相互関連」「持続可能性」「スケール」「変化」の 7 つが示されている．

　各州は，オーストラリアのカリキュラムをもとに，地域の実態に応じて幼小中高一貫のシラバスを作成している．以下，オーストラリア連邦の主要州である NSW 州と VIC 州の地理教育を紹介する．

3．NSW 州の地理カリキュラム

　NSW 州では，2015 年にオーストラリアのカリキュラムのためのシラバスとして，「Geography K-10 Syllabus」を作成した（BOSTES, 2015）．就学前の K から Year 6 は早期ステージ 1，ステージ 1，ステージ 2，ステージ 3 に該当し，「人間社会とその環境」（HSIE）として，地理と歴史を学ぶ．義務教育の前期中等段階の Years 7-10 はステージ 4，ステージ 5 に該当し，地理や歴史を学ぶ．

　地理教育のねらいは，「世界に対して生徒の興味を喚起し，積極的に関与させること．教養や責任感がある活動的な市民になるために，地理的探究を通して，生徒は，さまざまなスケールを通した人々，場所，環境の相互作用の理解を発達させる」と示されている．

　NSW 州のシラバスは，「知識と理解」「技能」「価値と態度」の 3 つの項目からなる．「知識と理解」では，さまざまなスケールを通した場所，環境の特徴や特性と，人々，場所，環境の相互作用の知識と理解を発達させることが示されている．「技能」では，地理的探究のための地理的な道具の適用や，地理情報の獲得，処理，伝達の技能を発達させることが示されている．「価値と態度」では，人々，場所，環境の相互作用の学習としての地理，世界の動的な自然，地理的課題への人々の見方の修正，持続可能性の重要性と異文化理解，教養や責任がある活動的な市民となる役割について，評価し，価値観を尊重することが示されている．

　図 2-2 はカリキュラムの内容構成の概念図である．内円には，「地理的概念」「地理的探究スキル」「地理ツール」の 3 つが，外円には，学習テーマとして，就学前の早期ステージ 1 に場所，ステージ 1 に人々と場所，ステージ 2 に人々・場所・環境，ステージ 3 に世界における人々・場所・環境，ステージ 4 に人々・場所・環境・管理，ステージ 5 に人々・場所・環境・未来の内容が配置されている．

　地理的概念として，オーストラリアのカリキュラムと同様に，「場所」「空間」「環境」「相互関連」「スケール」「持続可能性」「変化」の 7 つが示されている[3]．「持続可能性」が地理的概念として位置付けられており，ESD を意識していることがわかる．「場所」「空間」「環境」は早期ステージ 1 から示され，ステージ 1 から「相互関連」と「スケール」，ステージ 2 から「持続可能性」，ステージ 3 から「変化」が加わっている．管野（2018, pp.5-9）は，幼小中高一貫，各ステージ，単元などさまざまなカリキュラムのスパンにおいて，場所→空間→環境→相互作用→スケール→持続可能性という地理的概念に順次性があることを示し，それが一貫性の原理となっていることを指摘している．これらの地理的概念は，「学

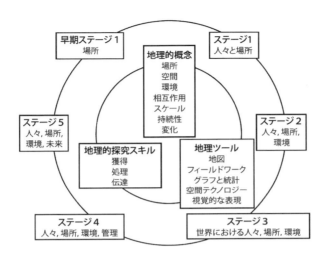

図 2-2　NSW 州地理カリキュラムの概念図
阪上ほか（2023，p.88）より．

習の方法的側面」とともに「学習の内容的側面」にも機能している（吉田・管野，2016，p.104）．

　地理的探究スキルとして，「獲得」「処理」「伝達」の 3 段階から示されている．地理的情報の「獲得」は，論点や問題を確認したり，論点や問題を調査するために地理的な問いを発展させたり，地理的な 1 次データを集めたり，2 次資料から地理的な情報を集めたり，情報を記録することが求められる．地理的情報の「処理」は，信頼性と先入観からデータとインフォメーションを評価したり，適切な形式でデータとインフォメーションを表現したり，集めたデータとインフォメーションを解釈したり，発見や結果を分析したり，結論を描くことが求められる．地理的情報の「伝達」は，聞き手に適切なさまざまな方法を用いて結果を伝えたり，学んだことや調査の過程や有効性などの調査の発見を表現したり，活動の提案や結末を予測したり，適切な場所で行動を起こすことが求められる．

　地理ツールとして，「地図」「フィールドワーク」「グラフと統計」「空間テクノロジー」「視覚的な表現」の 5 項目について，ステージごとにどのようなツールを使用するのかについて系統的に示されている．

　各ステージの単元については，「単元名」「期待される生徒像」「鍵となる探究の問い」「内容項目」が示されている．オーストラリアのカリキュラムを踏まえ，各ステージで地理的概念がその階層構造から系統的に位置付けられている．

4. VIC 州の地理カリキュラム

　VIC 州はオーストラリアの移民の玄関口であり，外国人留学生も積極的に受け入れており，さまざまな文化を背景とした多様な人々が暮らしている．このため先住民を含め，多様な人々が地域で共生できるための教育に力を入れている．VIC 州は，NSW 州と同じように，前期中等段階（Year 10）までが義務教育である．

　VIC 州の前期中等地理教育は，系統地理を基盤として学習者の社会参加を促すような授業構成となっていた（永田，2011）．VIC 州のカリキュラムは，ビクトリアカリキュラム評価機構（Victorian Curriculum and Assessment Authority: VCAA）から 2015 年に発表された．以下，オーストラリアのカリキュラムと比較しながら VIC 州の地理カリキュラムの特色を示していく．

　VIC 州の地理カリキュラムの理念では，オーストラリアのカリキュラムでも示されている「場所」「空間」「環境」「相互作用」「持続可能性」「スケール」「変化」の地理的概念を使って，世界を構成する場所の特徴を調査・分析・理解した上で，社会的に公正で持続可能な未来を具体化するような行動を提案することが強調されている．目標では，「環境・経済の側面で持続可能で社会的に公正な世界をつくることに貢献できる見識が深く，責任があり，活動的な市民となること」が示されており，ESD としての地理授業が意識されていることがわかる．

　VIC 州の地理教育を幼小中高一貫カリキュラムとしてみた場合の最大の特色は，人文科学領域（教科）の中で，オーストラリアのカリキュラムのように中等段階のみではなく就学前から初等段階においても，地理教育として発達段階に合わせて内容や方法が示されていることである．このことが前期中等段階の系統地理を基盤とした地理授業につながっている．

　VIC 州のシラバスは，「地理的概念・技能」と「地理的知識」の 2 つのストランド[4]が示されている．さらに，「地理的概念・技能」の補助ストランドとして，「場所・空間・相互作用」と「データとインフォメーション」が，「地理的知識」の補助ストランドは，発達段階に合わせたテーマとして示されている．

　「地理的概念・技能」に位置付けられた「場所・空間・相互作用」は，オーストラリアのカリキュラムに比べて，7 つの地理的概念の中で，この 3 つに着目することで発達段階に応じて空間認識を深めることが意識されている．このことはオーストラリアのカリキュラムではみられない．

　「データとインフォメーション」は，オーストラリアのカリキュラムでは，「技能」として学習者の社会参加を促すための探究過程を踏むことが重視されている

が，VIC 州のカリキュラムでは，発達段階に応じて「どのように地図や場所や空間を意識した地理的データ・インフォメーションや空間的テクノロジーを活用していくのか」という地理的手法を強く意識した地理的探究の具体的な方法が示されている．

表 2-10 は，「地理的知識」のストランドについて，発達段階に応じた補助ストランド（テーマ）を位置付けて示したものである．就学前と初等段階の Foundation-Level 2 で「場所とそれらと私たちとの関係」，Levels 3-4 で「多様性と位置と環境の重要性」，Levels 5-6 で「場所を形成する要因と相互作用の影響」，前期中等段階の Levels 7-8 で「世界の水」「地形と景観」「場所と居住性」「変化する国家」，Levels 9-10 で「生物と食物の安全」「環境の変化と管理」「相互関係の地理」「人間の幸福の地理」が示されている[5]．オーストラリアのカリキュラムでは，「知識と理解」として，前期中等段階の Years 7-10 において VIC 州と同じテーマが示されている．VIC 州では 2 学年でテーマが示されており，学年ごとに示されているオーストラリアのカリキュラムに比べて学年の縛りがより柔軟である．また，NSW 州ともテーマの配置が若干異なっている．

就学前と初等段階では，「場所」「空間」「相互作用」の概念の概念を基に，自分たちの身のまわりの「環境」の成り立ちや要因や影響を考察し，前期中等段階では，より「持続可能性」「スケール」「変化」の概念の活用を意識してさまざまなスケールの「環境」や地球的課題の現状や原因を考察し，解決策を構想するという地理的探究が目指されている．VIC 州の地理カリキュラムは，「持続可能性」を含んだ地理的概念を発達段階に応じて活用し，課題の解決に向けて考察・構想するようになっている．

表 2-10 「地理的知識」のストランド

段階	補助ストランド（テーマ）	
Foundation-Level2	○場所とそれらと私たちとの関係	
Levels3and4	○多様性と位置と環境の重要性	
Levels5and6	○場所を形成する要因と相互作用の影響	
Levels7and8	○世界の水 ○場所と居住性	○地形と景観 ○変化する国家
Levels9and10	○生物と食物の安全 ○相互関係の地理	○環境の変化と管理 ○人間の幸福の地理

VCAA（2015）より作成

5. 「持続可能性」を位置付けた ESD としての地理的探究

　オーストラリアのカリキュラムは，発達段階に応じて7つの地理的概念がその階層構造から系統的に位置付けられている．オーストラリアの ESD の核となる内容である「環境」と ESD とかかわる「持続可能性」が位置付けられているテーマが前期中等地理教育の「環境の変化と管理」である．

　表2-11は，オーストラリアのカリキュラムにおいて，「環境の変化と管理」のテーマで育成する地理的知識・理解とそれぞれに対応した領域横断的な優先事項を示したものである．「持続可能性」の概念に基づいて，先住民のアボリジナルとトレス海峡島嶼民の環境管理の在り方を踏まえ，人間環境システムの変化を因果関係のシステム思考から捉え，変化に対する環境管理の対応を，環境・経済・社会の側面から評価することが示されている．

　テーマに該当する教科書を分析すると[6]，小単元Ⅰは問題発見→原因究明・現状分析という思考を行う地理認識の過程，小単元Ⅱは価値判断・意思決定・社会形成という判断を行う社会参加の過程となっており，地理的概念の階層構造を踏まえて，小単元Ⅰが主に「場所」「空間」「環境」「相互関連」「スケール」「変化」，小単元Ⅱが主に「持続可能性」「スケール」「変化」が位置付けられ，各小単元の項目で地理的な見方・考え方を働かせた地理的探究がなされている（永田，2020, pp.4-6）．地理的探究のプロセスの中で思考や判断を導く問いが設定されている．

　「環境の変化と管理」の単元では，「持続可能性」を核とした地理的概念を，人

表2-11　持続可能性に基づいた「環境の変化と管理」

地理的知識・理解	領域横断的な優先事項
○持続可能性に対抗する人間によって引き起こされた環境の変化	○持続可能性
○人々の環境の世界観と環境管理に対する関与	○持続可能性
○オーストラリアの異なる地域であるアボリジナルとトレス海峡島嶼民の保護責任と環境管理の方法	○アボリジナルおよびトレス海峡島嶼民の歴史と文化 ○持続可能性
○環境の変化の原因と有望な結果の理解を調査することに対するシステム思考の適用	○持続可能性
○環境の変化の管理を調査することに対する地理的概念と方法の適用	○持続可能性
○変化に対する管理の対応を評価する環境・経済・社会の基準の適用	○持続可能性

注：下線は持続可能性に基づいた環境管理にかかわる部分を示す．
永田（2020, p.4）より再掲．

間環境システムを捉える地理認識の過程，環境を管理する社会参加の過程に系統的に位置付け，学習活動を促す問いにより地理的思考と判断がなされている．

　オーストラリアのカリキュラムに対応したNSW州とVIC州における地理カリキュラムでは，獲得・活用させたい地理的概念やテーマなどが幼小中高の発達段階で整理されていた．オーストラリアの幼小中高一貫のカリキュラム構造やESDとしての地理授業の在り方からは，多くの示唆を得ることができる．

永田成文

本節は，阪上・永田・管野（2023），永田（2024）の一部をもとに加筆・修正したものである．

注
(1) リテラシー，ニューメラシー，ICT技能，批判的・創造的思考力，個人的・社会的能力，倫理的理解，異文化理解の7つが示されている．
(2) 学習すべき現代的課題として，アボリジナルおよびトレス海峡島嶼民の歴史と文化，アジアとアジアとしてのオーストラリアのつながり，持続可能性の3つが示されている．
(3) オーストラリアのカリキュラムと異なり，「スケール」が「持続可能性」の前に位置付けられている．
(4) カリキュラム構成の概念で，区分の意味合いが強い．
(5) LevelはYearと同じく学年を示す．
(6) オーストラリアのカリキュラムに対応したNSW州の教科書を分析した．

文献
管野友佳（2018）：小中高一貫カリキュラムにおける地理的概念の原理－オーストラリア連邦ニューサウスウェールズ州地理シラバス2015年版の場合－．新地理, 66(3), pp.1-11.
阪上弘彬・永田成文・管野友佳（2023）：世界の地理教育の時勢－オーストラリア連邦を事例に－．地理, 68(5), pp.86-92.
永田成文（2011）：系統地理を基盤とした市民性を育成する地理教育の授業構成－オーストラリアVIC州中等地理を事例として－．社会科研究, 75, pp.41-50.
永田成文（2020）：持続可能性に基づいたESDとしての地理的探究による中等地理授業－オーストラリアNSW州の環境単元を手がかりに－．社会系教科教育学研究, 32, pp.1-10.
永田成文（2024）：オーストラリアの動向．日本社会科教育学会編『社会科教育事典 第3版』，ぎょうせい，pp.388-389.
吉田　剛・管野友佳（2016）：オーストラリアにおける「ニューサウスウェールズ州」および「連邦」地理カリキュラムの地理的概念の機能に関する比較研究－コンピテンシー・ベースによる地理カリキュラムからの示唆－．社会系教科教育学研究, 28, pp.101-110.
ACARA（2016）：*The Australian Curriculum Humanities and Social Sciences: 7-10 Geography*. https://www.australiancurriculum.edu.au/download/ （2019年9月20日）
BOSTES（2015）：*GEOGRAPHY K-10 SYLLABUS: NSW SYLLABUS for the Australian curriculum*. https://syllabus.nesa.nsw.edu.au/assets/geographyk10/downloads/geographyk10_full.pdf
VCAA（2015）：*Victorian Curriculum Foundation-10*. https://victoriancurriculum.vcaa.vic.edu.au/the-humanities/geography （2022年8月9日）

第5節　ドイツ

　地誌学習は小学校から高校に至るまでどのような連続性のもとで構成され，何のために，何を，どのように教えられるべきか．この問いを考える基礎資料を提供するため，本節ではドイツのラインラント＝プファルツ州（以降，RP）の初等事実教授および前期・後期中等社会科学科地理カリキュラムを取り上げた．またカリキュラムを整理・分析する枠組みとして，学校種ごとに「何のために（地誌学習の目的）」，「何を（地誌学習の内容，(内容と方法関連の) コンピテンス）」，「どのような順序で（学習内容の配置，コンピテンスの積み重ね）」を設定した．

1. ドイツにおける地理・地誌学習とラインラント＝プファルツ州の学校制度
1）地誌に関する用語

　ドイツでは地誌に関連する用語として，地誌学（Länderkunde），地域研究（Landeskunde），地域地理（regionale Geogrpahie）など，複数存在する．Hoffmann（2022）はこれら3つの用語について整理し，相違を示すとともに，近年の新たな地理カリキュラムでは，地域地理の地位が拡大してきていることを指摘する．

　地域地理の定義は「地球表面の特定の部分空間または国家，州，州の一部もしくはより広い関連空間ないしは文化部分（Kulturteil）のような社会的空間構造の研究および説明」である．この定義が示すように，地域地理を背景とした地誌学習では特定の形式地域を対象とした平板的な地域の理解あるいは単なる地域像の獲得よりも，地球上における特定の意図をもって設定された地域を対象に，そこで生起する空間構造を学習者が分析・説明することが意図されていると考えられる．

2）ラインラント＝プファルツ州の学校制度と社会系教科

　ドイツは各州で学校制度が異なる．RP州では第1学年から第4学年が初等教育であり，第5学年以降が中等教育になる．また中等教育は進学する学校種で就学年数が異なり，大学入学資格（アビトゥーア）の取得を目指すギムナジウムでは，第13学年が最終学年となる．なお本節ではギムナジウムを取り上げている．

　RP州の初等教育での社会系教科は他州と同様に，横断的な学習が意図された事実教授（Sachunterricht）が設置されている．一方中等教育では，前期・後期課程を通じて，地理，歴史および日本の公民的分野に相当するゾチアルクンデ

(Sozialkunde) が統合された社会科学が設置されている．

2．初等教育における地誌学習

　初等教育における地誌学習は，第1〜4学年に設定される事実教授のなかで展開する．事実教授は，自然，社会，技術，時間，空間の5つの視点をもとに学習が構成され，地理・地誌学習に関連するものが空間（Raum）である．空間に関連する学習目標として州カリキュラムでは，「子どもは空間的イメージ能（身近な空間と地域における定位，定位のための補助手段の利用，さまざまな自然と文化空間の特徴）をさらに伸ばす」と記載されている（Ministerium für Bildung, Wissenschaft, Weiterbildung und Kultur RP, 2015, S.8）．

　事実教授の学習を構成する空間の視点は，「人間はまず所与のものとして経験する空間の中で生活している．空間を調査し，その中で自身の位置を確かめ，活用する．空間の視点をもって事実教授は，作られたもの，変化しうるもの，形成されたもの，活用可能なものとして空間を理解し，空間の維持，保護，変化に対する責任を育むことに貢献する」ものと説明されている（Ministerium für Bildung, Wissenschaft, Weiterbildung und Kultur RP, 2015,S.13）．これらを踏まえて，州カリキュラムでは表2-12に示すような空間に関連したコンピテンスおよび学習内容・学習活動が提示される．なおカリキュラムでは，第1〜4学年までのコンピテンスの積み上げおよび学習内容の順序については述べられてはいない．

　空間の視点で示されているものすべてが地誌学習というわけではないが，地誌学習の特徴として，身近（例えば，学校の教室）および遠く（たとえば，惑星としての地球）の空間の調査と位置関係の把握の重視，他の視点と連携した学習が指摘できる．また「地域」ではなく「空間」を対象とすることで，「地域」というカテゴリーでは扱いが難しかった「校庭，教室，食堂，図書館」といった児童にとって身近な場所を地誌学習で扱うことが可能となっている．さらにこれらの場所は，他者とともに作り，維持するものであることから，単なる空間の理解だけでなく，他者との共同が意識された社会の視点[1]も活用しながら，空間をつくることも意識されている．

3．前期中等教育における地誌学習

　3領域が統合された社会科学に位置付く前期中等教育地理は，「生徒たちが，状況に応じて，仲間とともに行動，そして自身の生活と生活空間を意味のあるも

表 2-12　空間に関連したコンピテンスおよび学習内容・活動

経験領域「周辺の調査と形成」―空間の視点	
空間を調査し，意識的に知覚し，その中で自身の位置を確かめる	・空間知覚を位置関係と視点に応じてますます差異化させる ・政治的区分による空間を知っている ・多様な様相をもった景観空間を作成し，対照的な景観空間と比較する ・太陽系における惑星としての地球を調べる ・補助手段を使って空間を推論する ・モデルとスケッチを作成する ・距離感を成長させる ・公共空間と私的空間を区別する ・仮想「空間」のなかで活動する
自然および作られた生活基盤としての空間を理解し，活用する	・身近なそして地域の自然景観における営力の作用を調査する ・人間が需要に応じて空間や景観をどのように変化させ，利用してきたかを探究する ・地域の特徴付けられたメルクマールを知るようになる ・校庭と教室，食堂，図書室をともにつくる ・情報，コミュニケーション，共同の手段としての仮想空間を活用する
空間の形成と活用の際における生態的つながりを調査し，観察する	・地域の典型的な生活基盤を調査する ・景観変化のポジティブとネガティブな影響をわかり，省察する ・自然保護対策を知り，注意を払い，自然保護に貢献する

Ministerium für Bildung, Wissenschaft, Weiterbildung und Kultur RP（2015, S.26-27）より作成.

の，そしてより持続可能なものに（協働して）形成することに役立つことを学ぶのを支援する」ことを意図されている．そして地理授業では「省察的で，責任（倫理的）に裏付けられ，空間に関連した行為能力を育む」ことが目標として掲げられている（Ministerium für Bildung RP, 2021, S.20）．

　表 2-13 は，前期中等教育（第 5 ～ 10 学年）における学習領域に関連した地域（縮尺）選択などの基準が示されたものである．各 2 学年で学習領域，地誌的範囲，縮尺と観察方法，空間的重点設定に向けた勧告が提示される．6 年間で 17 の学習領域が設定され，学習領域をみる限り，領域名で特定の地域に言及されたものは「Ⅰ.1：RP とドイツでの定位」のみである．

　5/6 学年では 6 つの学習領域が設定され，おもに社会機能，とりわけ産業・生産にかかわる事象が取り扱われている．また地誌的範囲として，RP とその近隣，ドイツ，欧州，アフリカ，南極，世界が，併せて空間的重点設定に向けた勧告においても，RP を含むドイツを中心とした空間が示され，おもに RP およびドイツを中心とした空間事例を扱うことが意図されている．加えて，空間やそこで扱う事象について，「現象志向的，記述的，人相学的」とあるように，事象の記述的な扱い・観察に基づく学習が意図されている．続く 7/8 学年では 4 つの学習領

第 2 章　カリキュラムの様相を知る　55

表 2-13　前期中等地理における学習内容

学年	学習領域	地誌的範囲	縮尺と観察方法	空間的重点設定に向けた勧告
5/6	Ⅰ.6：サービス産業 Ⅰ.5：原材料と製品 Ⅰ.4：観光業と保養空間 Ⅰ.3：極端な空間での生活 Ⅰ.2：農業 Ⅰ.1：RPとドイツでの定位	RPとその近隣，ドイツ，欧州，アフリカ，南極，世界	単一と生活空間： 点的とグローバル 現象志向的 記述的 人相学的 縮尺の指導的な選択 （身近，地域，グローバル）	Ⅰ.6：ドイツの密集空間 Ⅰ.5：ドイツの原材料採掘地域と経済空間，エネルギー所在地（豪，露） Ⅰ.4：地中海，アルプス，ドイツの海岸地域 Ⅰ.3：（アフリカ，南米の）熱帯雨林と砂漠，極地域 Ⅰ.2：RP，ドイツ，世界の農業空間 Ⅰ.1：RPとその近隣，ドイツ，ルワンダ
7/8	Ⅱ.4：空間利用の限界 Ⅱ.3：外的営力が空間を変える Ⅱ.2：内的営力が空間を変える Ⅱ.1：生活基盤としてのジオ要素	RP，ドイツ，欧州，アフリカ，アジア，世界	地域，大きな空間： 地域とグローバル 分析的 遺伝的 プロセス志向的 問題志向的 自覚的な縮尺選択	Ⅱ.4：欧州，アフリカ，アジアにおける半乾燥空間 Ⅱ.3：ライン川の源泉から河口まで，ドイツと欧州における氷河で形成された景観 Ⅱ.2：アイフェル，上ライン地溝，イタリア，環太平洋造山帯 Ⅱ.1：宇宙における地球，地理的領域，大洋
9/10	Ⅲ.7：グローバル化する生活世界 Ⅲ.6：国家とその発展可能性 Ⅲ.5：過多と飢餓の間の世界食糧 Ⅲ.4：人口発展 Ⅲ.3：都市の生活世界 Ⅲ.2：欧州—生活世界，経済空間，移住 Ⅲ.1：空間計画の可能性	RP，ドイツ，欧州，アメリカ，世界	地域，大きな空間，国家，空間種類： 地域，上位の地域，グローバル 機能的，結びつき 問題解決志向的 未来志向的 省察的な縮尺選択	Ⅲ.7：欧州，アジア，北米 Ⅲ.6：ルワンダ，世界 Ⅲ.5：アフリカ，南米，グローバルなファストフードチェーン Ⅲ.3：アジア，中米，南米 Ⅲ.4：ドイツ，アフリカ，アジア Ⅲ.2：欧州 Ⅲ.1：RP

Ministerium für Bildung RP（2021, S.22-23; Abbildung 1）を邦訳・一部修正．

域が設定され，自然地理的内容が主となっている．RP，ドイツ，欧州，アフリカ，世界といった地誌的範囲は 5/6 学年と同様だが，アジアが新たに登場した．このように，7/8 学年では，RP およびドイツを中心としながらも，世界各地の空間事例が扱われ，また観察方法として「分析的，遺伝的，プロセス志向的，問題志向

的」とあるように，空間や事象を分析的，問題志向的に扱うことが意図されている．そして9/10学年では7つの学習領域が設定され，RP，ドイツ，欧州，世界とともにアメリカが範囲として加えられている．ただし，空間的重点設定に向けた勧告をみる限り，これらの範囲に限らず，アフリカや中南米なども扱うことが意図されている．学習で扱われる事象については，観察方法において「機能的，結びつき，問題解決志向的，未来志向的」と示されているように，都市問題や人口問題，食糧問題をはじめとした地球的課題がおもに取り扱われている．このように9/10学年では地球的課題を中心的内容とし，RP，ドイツを含む国家，大陸を中心とした空間事例を扱い，問題解決志向的，未来志向的な学習が意図されている．

6年間を通じて，地誌的範囲はRPおよびドイツ，欧州を基本としながらも，各学習領域に対応した空間事例の選択がなされるとともに，「記述→分析・問題志向→問題解決・未来志向」のように学年を経ることで，学習プロセスがより高次なものとなる．

4. 後期中等教育における地誌学習

後期中等地理カリキュラムは，前期カリキュラを基礎に，さらに発展させたものであり（Ministerium für Bildung RP, 2022, S.24），後期課程の授業目標は「複雑な地球システムにおける空間に関連した成熟および行為能力の発展」である．

後期課程の地理授業はコンピテンス志向に沿うものであり，学習領域はコンピテンス（内容関連，プロセス関連），内容（モデルと理論，空間事例，基礎概念），基本コンセプト（学習領域に関連した重点の設定）の3点を踏まえて構成される．なお基本コンセプトは，地理的テーマを構成する基本的な理解と説明パターンであり（Ministerium für Bildung RP, 2022, S.29），「人間―環境」システム，構造―機能―過程，地域縮尺基準，時間軸，さらなる空間理解，持続可能性，の6つが示されている．これらを踏まえて後期中等教育（第11～13学年）における学習領域は，表2-14のように設定される．3年間で9の必修学習領域，4の選択必修学習領域がみられる．13の学習領域の多くは，系統地理的テーマないしは地球的課題にかかわるものである．また第11～12学年ではRP/ドイツ，欧州，世界各地が，第13学年では欧州および世界各地が空間事例として提示され，世界に関しては，アジア，北米，南米，アフリカ，オセアニア，北極，南極というように世界のほぼすべての地域（空間）が網羅されている．

表 2-14　後期中等地理における学習内容

学年	学習領域	学習領域における空間事例（下線は推奨）	基本コンセプト（重点）
11.1	1　グローバルな変化―地理の視点	RP/ドイツもしくは欧州 世界	【人】,【地】,【持】
	2　気候―変化するシステム	RP/ドイツ 世界（北極）	【人】,【地】,【時】,【持】
11.2	3　景観形成プロセスの動態	RP/ドイツ 欧州 世界（南米, オセアニア）	【人】,【構】,【時】,【空】
	4　将来のための原材料とエネルギー供給	欧州 世界（アフリカ）	【人】,【地】,【時】,【持】
12.1	5　農業と食糧確保	欧州 世界（北米, アジア）	【人】,【構】,【地】,【持】
	6　グローバル化する世界における生産とサービス産業	RP/ドイツ 世界（アフリカ, アジア）	【構】,【地】,【時】,【持】
12.2	7　変化する都市居住	RP/ドイツ 欧州 世界（北米, 南米）	【人】,【構】,【時】,【持】
	8　不平等な発展	RP/ドイツ 欧州 世界（南米, アフリカ）	【構】,【地】,【空】,【持】
13	9　移住―グローバル化プロセスの課題	欧州 世界（北米, 南米, アフリカ）	【人】,【構】,【地】,【空】
13 選択必修	10.1　空間形成要因としての観光	欧州 世界（アジア）	【人】,【構】,【空】,【持】
	10.2　つながる世界におけるモビリティと交通	欧州 世界（アジア）	【構】,【地】,【空】,【持】
	10.3　海洋の重要性と負荷	欧州 世界（アジア）	【人】,【時】,【空】,【持】
	10.4　脆弱な空間の利用	世界（北極, 南極）	【人】,【構】,【地】,【持】

注：【人】「人間―環境」システム,【構】構造―機能―過程,【地】地域縮尺基準,【時】時間軸,【空】さらなる空間理解,【持】持続可能性
Ministerium für Bildung RP（2022, S.34-35; Tabelle 2）を邦訳・一部修正.

　3年間の後期中等教育は主として，系統地理的テーマないしは地球的課題を中心にカリキュラムが構成され，ゆえに各地域の特色を学ぶ地誌にかかわる学習領域は設定されてはいない．しかしながら，前述のように，空間事例において特定の地域・地域縮尺だけが扱われないような配慮がなされている．また問題解決志

向，未来志向な学びを通じたコンピテンスの獲得が意図されている．

5. 地誌学習の連続性—RP州の場合

　ドイツの地理教育は，「人間—環境関係に気づき，分析し，評価する，そしてこれに基づく空間に関連した行為コンピテンスを発展させ，実行に移すことができる人物の育成」(Hemmer 2013, S.99) を掲げ，地理の中に位置付けられる地誌学習もこの目的に寄与するものである．表2-15は，前述の初等から中等教育までの地誌学習について整理したものであり，以下ではこれに基づき，各学校種・課程間における連続性について述べる．

　コンピテンス志向を背景として，各学校段階で重視される地誌学習の目的および学習プロセスの違いが見受けられた．とくに学習プロセスに関しては，初等教育では空間を「つくる段階」はありながらも主に空間を「知る段階」，前期中等教育では学年が上がるにつれて「知る→わかる→つくる（解決する）段階」のよう変化し，後期中等教育では，「つくる（解決する）段階」がとりわけ重視されていた．また目的・目標と対応して，学習対象となる空間事例は，単純な同心円的拡大の観点からではなく，さまざまな空間およびその地域縮尺から選択されている．さらに学習内容は，学校種・学年が上がるにつれ，地球的課題の割合が増え，後期中等教育では系統地理的テーマおよび地球的課題により構成されていた．

表2-15　RP州における初等および中等地誌学習

学校段階	目標	学習内容	地域縮尺／空間事例	学習プロセス
初等教育 (1-4)	空間的イメージ能力	空間の調査と形成（地域や場，公私）	身近と遠く	1-4：事象の記述的な扱い
前期中等教育 (5-10)	省察的で，責任（倫理的）に裏付けられ，空間に関連した行為能力	5/6：社会的機能（とくに生産）を中心に 7/8：自然地理的内容，生活基盤としてのジオ要素を中心に 9/10：地球的課題を中心に	5/6：RP/ドイツを中心とした空間事例 7/8：RP/ドイツを中心とした世界各地の空間事例 9/10：RP，ドイツを含む国家，大陸を中心とした空間事例	5/6：事象の記述的な扱い 7/8：事象の分析的，問題志向的な扱い 9/10：事象の問題解決志向，未来志向的な扱い
後期中等教育 (11-13)	複雑な地球システムにおける空間に関連した成熟および行為能力	系統地理＋地球的課題を中心に	1/12：RP/ドイツ，欧州中心＋世界の空間事例 13：欧州中心＋世界の空間事例	11-13：事象の問題解決志向，未来志向的な扱い

筆者作成．

以上のように，RP州の地誌学習は，一部を除き，世界の各空間（地域）を学習内容として直接扱っておらず，むしろRP州やドイツ全体ををはじめとしたさまざまな空間（地域）での事象，空間構造が中心となっている．これは，世界の多様な空間（地域）の事象，空間構造を知り，説明し，諸問題に関与する学習を初等から中等教育で繰り返すことで，空間（地域）構造や特色（地域像）を生涯にわたって自身で説明でき，地理的問題に関与できる力の育成を意図したものと考えられる．

阪上弘彬

本節は阪上（2024）をもとに加筆・修正したものである．

注
(1) 社会の視点とは「子ども達は多種多様な方法で，人間が共同生活で得られるさまざまな考えを経験する．可能性，利害を自覚し，自身の考えを支持することもまた，人々を互いに区別することになる．共同生活のために，人々は自身で自覚的になり，合意し，ルールや社会にならい，取り決めをし，遵守するべきである．事実教授はこの視点をもって，社会関係のますます自省的で自覚的な形成のためのコンピテンスの基礎を気づき，発展させるものである」(Ministerium für Bildung, Wissenschaft, Weiterbildung und Kultur RP, 2015,S.11)．

文献
阪上弘彬（2024）：一貫地理カリキュラムにおける地誌学習はいかにあるべきか－ドイツの地理教育の分析－．新地理, 72(2), pp.138-146.
Hemmer, I.（2013）: Geographische Bildung. D. Böhn, D. and Obermaier, G. eds. *Wörterbuch der Geographiedidaktik*. Westermann, pp.99-100.
Hoffmann, R.（2022）: Methoden der Regionalen Geographie – Didaktische Grundlagen. Brucker, A. and Flath, M. eds. *Geographiedidaktik in Übersichten*. Aulis Verlag, pp.38-39.
Ministerium für Bildung RP.（2021）: *Lehrplan für die Gesellschaftswissenschaftlichen Fächer: Erdkunde, Geschichte, Sozialkunde*. pfannebecker kommunikationsdesign.
Ministerium für Bildung RP.（2022）: *Lehrplan für die gesellschaftswissenschaftlichen Fächer: Mainzer Studienstufe-Erdkunde, Geschichte, Sozialkunde*. WORDWIDE Gesellschaft für Kommunikation mbH and PaCE Graphic GbR.
Ministerium für Bildung, Wissenschaft, Weiterbildung und Kultur RP.（2015）: *Teilrahmenplan Sachunterricht*. MF Drcukservice.

第3章 【内容】の構成領域を考える
― 地域の枠組みと地理学体系による構成 ―

第1節 地理的概念と地域の枠組み

1.地理教育カリキュラムにおける地理的概念
1）地理的概念となる持続可能性の概念

　アメリカの地理教育ガイドライン（1984）（以降，米国地理1984）の五大テーマと，IGU-CGEの地理教育国際憲章（1992）の5つ地理的概念にかかわる記述の意味より，持続可能性の概念は，導き出される．それは，環境保全，相互作用による社会変化，地域格差の是正，国際協力，人権やさまざまな地域的アイデンティティの尊重などに向き合う，価値や資質の意味から構成され，「地理的な環境や地域の持続可能な社会形成のためにかかわるものごとすべて」として，5つの地理的概念と切り離せない上位の概念として関係付けられる（吉田, 2016）．そして持続可能性は，5つの地理的概念に含まれる価値的な意味から見いだされた概念であるため，当然のことながら，5つの地理的概念と親和し，地理的概念の一つとしても扱われる．その構成要素は，「自然的・人文的環境」，「さまざまな地域における共存共生」，「さまざまな地域における人権や社会集団の主権やアイデンティティの尊重」として，持続可能な社会形成にかかわるものごととされる．

　このような持続可能性の概念は，文部科学省による「ESDの包括的な持続可能な社会実現のための教育」に含めてみることができる．他方で，イギリス中等地理（Qualifications and Curriculum Authority, 2007），香港中学校地理（The Curriculum Development Council Recommended for Use in Schools by The Education Bureau HKSAR, 2011），オーストラリアの幼小中高一貫地理（ACARA, 2013）などの諸外国の地理教育カリキュラムにおいて，持続可能性の概念は，おもな地理的概念とともに上位に明確に関係付けられている．また日本学術会議地域研究委員会・地球惑星科学委員会合同地理教育分科会（2017）の動きからも，地理教育から持続可能性の概念にかかわる方向が示されている．

管野（2018）は，文部科学省ウェブサイト PDF 資料の中学校学習指導要領解説社会編（2017）や高等学校学習指導要領地理歴史編（2018）における地理的な見方・考え方にかかわる説明に，地理教育国際憲章の 5 つの地理的概念がそのまま用いられていることに対して，日本独自の地理的概念の必要性を指摘した．この点は，欧米先進諸国の地理教育カリキュラムのすべてにおいてさまざまな地理的概念が用いられ，独自の構成がとられているからである．30 年ほども前に示された地理教育国際憲章の地理的概念に留まることなく，日本に見合う独自の地理的概念を見いだし，新たに構成する方向で見直す必要もある．
　なぜ，地理教育国際憲章の地理的概念が用いられたのか，欧米先進諸国と異なり，日本のみがそれを採用したのか，次の 3 つがうかがえる．
○地理教育憲章の地理的概念は，欧米先進諸国の地理教育カリキュラムに影響を与え，欧米先進諸国が自国の地理教育カリキュラムに独自の地理的概念を強調し始めた（吉田, 2016）．しかし日本では，地理的概念に着目する地理教育カリキュラムに関する研究の積み重ねが十分に進められていなかった．
○欧米先進諸国の動向（Butt and Lambert, 2014）とは異なり，日本では，東アジア型の学力観（佐藤, 2009）による伝達の地誌を重視し，コンピテンシー重視の世界的な教育潮流に見合う地理教育カリキュラムにおける地理的概念や，それに関係深い地理的な見方・考え方に関する議論に対しては，躊躇してきた．
○学習指導要領に登場した地理教育国際憲章による地理的概念の説明は，旧学習指導要領における地理的な見方・考え方の説明と構造的に大きく異なる．それは国際的な権威をもち，「資質・能力」に寄与する地理的概念として求められた．
　地理教育憲章の地理的概念は，元となる米地理 1984 からみると，既に 40 年ほどが経ち，日本の地理教育カリキュラムも新たな地理的概念の構成を模索するべきであろう．地理的概念の一つとして，新たに持続可能性の概念を見いだし，地理的概念の上位に位置付け，論理的に関係付けることは，進歩的な一歩となり，実践的な見通しも得られる．

2）地理的概念の階層性や順次性の特徴

　吉田（2016, 2017, 2023），吉田・管野（2016），管野（2018）などによる欧米先進諸国の地理教育カリキュラムや日本の学習指導要領解説などの地理的概念にかかわる意味を分析・考察によって，地理教育カリキュラムにおける地理的概念の

階層性や順次性の特徴は，明らかにされてきている．たとえば吉田（2023）によれば，中高の『学習指導要領解説』（文部科学省, 2018a, 2019）の地理的概念の意味は，目標部や内容部に示された「おもな地理的概念」「（地理的概念に）着目する視点」「考察・表現等する対象」などの記述にみられ，地理的概念の階層性や順次性の特徴が潜在的にみられる．また『小学校学習指導要領解説社会編』（文部科学省, 2018b）の「学年単元」「単元となる内容」「着目する視点」「考察・表現などする対象」の記述から解釈した地理的概念の意味には，順次性の特徴が見いだされる．

そこで一貫地理教育カリキュラムにおける地理的概念は，幼小中高，各学校種全体，各学年，各単元などのさまざまなカリキュラム・スパンにおいて，おおむねⅠ「基礎」（「位置や分布」「場所」），Ⅱ「発展」（「人間と自然環境との相互依存関係」「空間的相互依存作用」），Ⅲ「応用」（「地域」「持続可能性」）の階層性の特徴，あるいはおおむね「位置や分布」，「場所」，「人間と自然環境との相互依存関係」，「空間的相互依存作用」，「地域」，「持続可能性」の順にみられる順次性の特徴を伴いながら，一体化して意図されるものとして考える．

ただし階層性や順次性の特徴は，学習内容や単元構成などの個性によって，必ずしもそれらの特徴が確実に整ってみられるとは限らない．学習内容の取り上げ方による地域的特色などの地方的特殊性や地域の固有性の強度によって，それが部分的にしか見取れない場面も想定できるためである．また一時間内の授業レベルの小さなスパンの場合には，意味のまとまりが小さく，各地理的概念として特徴の見分けが不鮮明となり，混沌とならせざるを得ない場合も考えられる．

階層性の特徴は，カリキュラムの目標部などに理念的に地理的概念が説明された上で，単元構成の中で地理的概念が階層性をもって位置付けられる．順次性の特徴は，各々の地理的概念が強調されながら，学年間をまたぐ大きなカリキュラム・スパンから単元構成のレベルに至るまでに地理的概念がおおむね順次を伴って意図される．そして階層性と順次性の特徴は，一貫カリキュラム，年間指導計画，単元開発などに意図されるため，カリキュラムの開発・実施・評価などの改善や，新たな学習の際の手続き的な知識や知識を再構成する際のベンチマークとなって役立てられる．たとえば持続可能性の概念の場合は，他の地理的概念の理解と活用を一体化させた階層性の上位，順次性の末尾に位置付けられ，持続可能な社会のための価値付けを行うために，さまざまな大小のカリキュラム・スパンにおける終末の場面に用いられる．

3）地理教育カリキュラムの構成領域と持続可能性

　地理教育国際憲章は，地理教育目標と，「知識理解」「スキル」「態度形成」の構成領域からなる．また IGU-CGE は，持続可能な開発のための教育の促進をねらい，ルツェルン宣言（2007）を発し，人間－地球エコシステムを中心に持続可能な開発を自然・経済・社会の側面から見取り，実行のための戦略・地理的能力などから説明した．ただしルツェルン宣言は，ESD の人間形成の理念を優先し，それを地理的概念の要素から説明するかたちがとられた．

　吉田（2024a）は，地理教育国際憲章の地理的概念の取り扱いや構成領域より，地理教育カリキュラムにおいて地理的概念を主柱に据えた【内容】【方法】【価値】の構成領域を設定した．3 つの構成領域は，OECD『Education 2030』の「知識」「スキル」「態度および価値観」の構成領域に共通性がみられ，さらに学習指導要領「資質・能力」との対応を詳細に検討すると，双方は，地理的概念の扱い方の一部にやや違いがみられるが親和する（図 3-1）．

■学習指導要領の資質・能力の構成領域	○地理的概念は，「思考・判断・表現等」において視点として活用される．		
	知識・技能 *	思考・判断・表現等	学びに向かう力・人間性等
	↕	↕	↕
	【内容】	【方法】	【価値】
■カリキュラム構成領域	○地理的概念は，主柱として3つの構成領域すべてに関係付けられる． ○【価値】では，地理的価値態度の育成のために，地理的概念のうちの持続可能性が用いられる． ○持続可能性は，持続可能な社会の創り手からウェルビーイングの向上に関わる新たな資質・能力をもとにした近未来社会的市民性の育成に繋がる．		

図 3-1　カリキュラム構成領域と学習指導要領「資質・能力」の構成領域の対応
注：＊の技能は，手続き的知識とみると【内容】に応じるが，その活用とみると【方法】に応じる．カリキュラム構成領域は，吉田（2024a）に基づく．

　3 つの構成領域における地理的概念は，【内容】において学習内容のまとまりづくりの題材となる「地理的事象の三層」の背景に位置付く．【方法】において地理的な見方・考え方として思考のための視点や意味の関係付けに用いられる．【価値】においてとくに持続可能性の概念が地理的価値態度の育成に用いられる．3 つの構成領域の絡み合いの主柱には，地理教育カリキュラムの系統を担う地理的概念が位置付く．

　持続可能性の概念は，地理教育カリキュラムにおける地理的概念の包括的な役割も担い，地理的価値態度に繋がる【価値】の構成領域に重きを置き，【内容】【方

法】の構成領域に含まれる価値に関する理解と活用,評価,判断,意思決定,構想,行動などにおいて扱われる.そして持続可能性の概念も含めた一体化した地理的概念の規準は,「子どもは,地表面の位置関係や場所・地域の特徴,自然と社会の関わりなどによって,地域的特徴を生み出されていることについて理解し,地域的課題について解決し改善しようとすることができる」と規定される.

2. 地域の枠組みの系統
1) 地域の枠組みによる地誌学習

日本の学習指導要領にみる地理教育では,さまざまな「地域」の枠組みから諸事象を理解する.ただし必ずしも「地域」の枠組みを何らかの論理をもとに小中高を一貫して学習する方法が取られてきたわけでなく,おおむね学校種内の論理のもとに「地域」の枠組みの系統が図られている.そこでその効果的な手立てとして,小中高一貫地理教育カリキュラムにおける地誌学習のあり方を考える意義がある.地誌学習には,地域における地形・気候・水文・人口・農業・工業・商業・観光・都市などのさまざまな特徴から,他の地域との比較・関連などを通して,地域的特徴を理解するように内容のまとまりがつくられ,それを動態的,静態的に探究しようとする方法がとられる.

2) 環境拡大アプローチとは

小学校社会科の学習内容の基礎には,地域の枠組みが意図されている.それは,学習段階に沿って,学校などの場所,さまざまな場所の周辺,市区町村,都道府県,日本全体・国内と周辺国,世界の大陸や日本と関係する諸国などへ,学習者を中心に地理的規模が拡大していく,「同心円的拡大アプローチ」として知られている.このアプローチをもとに小学校社会科では,生活に必要な教養となる地域認識の形成を求められる.ただし教科書を詳細にみると,そこで取り上げられる地域には,それを構成する場所や小地域から説明される場合が多い.潜在的には,地域の地理的規模が大きくなればなるほど,地域を構成する場所などから説明される機会が増え,さまざまな地理的規模の地域を重層的に取り上げる学習となっている.また児童を取り巻く実際の生活環境は,学習の順に沿って,対象の地理的規模が拡大していくとは限らず,複雑である.児童は,さまざまな地域の直接的・間接的な情報に触れ,関連し合い,異なる地理的規模の地域の枠組みの中で地理的事象・意味を学習しているからである.

他方で山根（2024）は，小学校社会科「同心円的拡大アプローチ」への批判点を整理している（①身近なものが児童にわかりやすいとは限らない，②マスメディアなどの発達により，遠い事物にも児童は興味・関心がある，③小学生の時から世界についての認識をさせる必要がある，④内容が望来的，繰り返し的になり，質的に高まらない，⑤家族共同体的社会観によって，地域，国をとらえさせることになる，⑥児童の存在が欠落し，社会が児童自身から引き離されている）．

以上から小学校に限ることなく，吉田（2008）を参考にすると，児童生徒などの生活環境にかかわるさまざまな地理的規模の地域の枠組みにおける地理的事象・意味の関連性や重層性に着目して，地域の枠組みの系統の論理となる「環境拡大アプローチ」を考える．それは，「同心円的拡大アプローチ」とやや異なり，学習段階に沿って地域の枠組みの地理的規模を拡大させていくが，必ずしも子どもたちの生活環境を中心とした地域の枠組みを学習対象とするとは限らず，さまざまな地域の枠組みにおける地理的事象・意味がもつ派生的な場所や地域の関連性，大小の異なる地理的規模の重層性についても着目する．

吉田（2008）は，一貫カリキュラムを念頭に置いて，地理的な見方・考え方のスパイラル的な発達に配慮して，日常生活行動圏→非日常生活行動圏（国内）→非日常生活行動圏（国外）の3つの地域の枠組みのサイクルをもとでの学習内容の系統を論じた（図3-2）．おもな特徴は，早期から世界の諸地域を系統的に学習でき，地理的な見方・考え方を繰り返しながら，地理的事象・意味を系統的に学習できる点にある．そこでこの見解をもとに，地域の枠組みの地理的規模の拡大と複合化（関連性・重層性）に着目して発展させた，「環境拡大アプローチ」を用いることを考える（図3-3）．たとえば小学校第3学年の市区町村の学習を想定すると，身近な地域を基礎に構成する主要な場所にも着目し，また他の都道府県の市区町村規模の地域と比較・関連させ，単元末で世界の諸地域に直接的に関係させて学習する場面も任意に取り上げられる．

3）学習指導要領解説との対照

現行の小学校学習指導要領社会の学習内容のまとまりは，第3学年（1），第4学年（1）（5），第5学年（1）（5）のみが地理領域とされる（表3-1）．それらは，総合社会科の性格のもとで，冒頭部で空間的な広がりの中で位置や分布の把握，または終末部で単元の学習成果を空間的な広がりからまとめ上げる意図がうかがえる．しかし地理領域の系統の論理は，明確とならない．この課題に「環境拡大

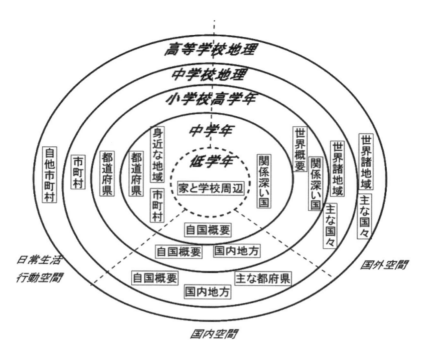

図 3-2 地域の枠組みの系統性
吉田（2008）より転載.

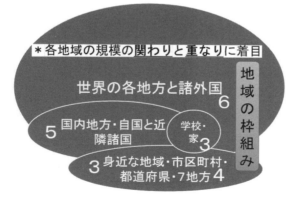

図 3-3 「環境拡大アプローチ」による小学校社会科の構図
吉田（2024b）より転載.

アプローチ」は，地域的特徴の理解や地理的認識の醸成などに資する，地誌カリキュラムとしての潜在的な役割を担う．授業設計を見据えると，表 3-1 の小学校学習指導要領社会が示す内容を踏まえ，「環境拡大アプローチ」を授業設計上の道標として背景に置きながら単元を設計する手続きがとられる．

表 3-1　平成 29 年版学習指導要領小学校社会科地理

学年	学習内容のまとまり	領域
3	(1) **身近な地域や市区町村の様子**	**地理**
	(2) 地域に見られる生産や販売の仕事	公民
	(3) 地域の安全を守る働き	公民
	(4) 市の様子の移り変わり	歴史
4	(1) **都道府県の様子**	**地理**
	(2) 人々の健康や生活環境を支える事業	公民
	(3) 自然災害から人々を守る活動	公民
	(4) 県内の伝統や文化，先人の働き	歴史
	(5) **県内の特色ある地域の様子**	**地理**
5	(1) **我が国の国土の様子と国民生活**	**地理**
	(2) 我が国の農業や水産業における食料生産	公民
	(3) 我が国の工業生産	公民
	(4) 我が国の産業と情報との関わり	公民
	(5) **我が国の国土の自然環境と国民生活の関わり**	**地理**
		公民
6	(1) 我が国の政治の働き	公民
	(2) 我が国の歴史上の主な事象	歴史
	(3) グローバル化する世界と日本の役割	公民

注：太字は地理領域の該当箇所．
文部科学省（2018b）より筆者作成．

4）地理的概念の主柱と地域の枠組みの系統

　吉田（2023）の分析によれば，『小学校学習指導要領解説社会編』（文部科学省，2018b）のほとんどの単元内容が地理的概念に関与するものとして解釈することができ，一貫性を伴う地理的概念の階層性・順次性が見いだせる．つまり地理的概念を主柱にしてみると，小学校社会科の地理学習に系統が得られ，地域の枠組みから地域的特徴の体系的な理解が図られる地誌学習が成立する．

　『中学校学習指導要領解説社会編』（文部科学省，2018a）の地理的分野をみると，大項目「世界と日本の地域構成」「世界の様々な地域」「日本の様々な地域」からなる．たとえば大項目「日本の様々な地域」の「(2) 日本の地域的特色と地域区分」では，①自然環境，②人口，③資源・エネルギーと産業，④交通の項目の取り上げが指示され，続く「(3) 日本の諸地域」において，中核とした考察の仕方の項目として，同様の 4 つが連動して指示されている．よって小学校から続く地域の枠組みの地理的規模は，日本国内の地域認識の深化のために，一端縮められる．ただし中学校地理的分野の単元には，地理的概念に関与する指示と階層性や順次性が明確に意図され，それらが『高等学校学習指導要領解説地理歴史編』（文

部科学省，2019）の地理の単元に繋げられている（吉田，2023）．つまり潜在的な小学校社会科から続く地理的概念に関する系統は，中高で顕在化し，論理的な説明をもって維持されている．

そこで地域の枠組みの地理的規模の系統を一層整えるためには，小中高一貫の大局的な視野のもとで「環境拡大アプローチ」を用いて，各学校種の大枠となる大単元間の「地域」の枠組みに関する意味付けを整理し，再構成する方向が考えられる．たとえば幼稚園（および保育園）・小学校生活科の段階では，「場所」や「位置や分布」に関する気づきを重視する．小学校社会科の中高学年では，「環境拡大アプローチ」による系統をとり，小学校社会科中学年ごろからも近隣国（韓国・中国など）や関係国（アメリカ・オーストラリア・EU・インド）について，単元後半部での関連や事例的扱いなどとして組み込む．中学校では，大局的な議論から小学校の地誌学習のスパイラルをとり，日本から世界への内容も重視する意図も加味する．高校の必修科目・地理総合を最終到達点とすると，地域の枠組みの地理的規模は，複合的な扱いとする．

以上の地理的概念の階層性と順次性および学習段階によって，地理的概念を主柱にする一貫地理教育カリキュラムのフレームワークに，「環境拡大アプローチ」となる地域の枠組みの地理規模の拡大と複合化（関連性・重層性）を対応させ，

段階	準備	基礎				
学年	幼稚園・小学校低学年	小学校中高学年				中学校地理前半
		第3学年	第4学年	第5学年	第6学年	
重視される地理的概念	○場所 ○位置や分布	○人間と自然環境との相互依存関係	○空間的相互作用	○地域	○持続可能性	地理的概念の順次性・階層性***
おもな地域の枠組みの取扱い*	園の庭と周辺/学校の中と周辺+α	身近な地域/市区町村+α	都道府県/国内7地方+α	日本と周辺国+α	世界の主な国々+α	世界の諸地域+α
		場所や地域の関連・重層化 →				
持続可能性に関わる内容 ●具体例	場所の大切さ ●公園の環境維持	地域改善 ●街づくり	地域開発 ●観光開発	産業振興 環境保全 ●防災	国際協力 ●途上国支援	SGDsと関連させた地球的課題
歴史・公民の領域との総合**	場所の変容や人々のつながり	地域の枠組みから取り上げる各地域の変容や社会のしくみ				世界の諸地域の変容や社会のしくみ

図 3-4　地理的概念を主柱にした地域の枠組みの系統の論理
　　　　　　ー「準備」「基礎」段階の場合

注：＊は地域の枠組みの地理的規模の拡大と複合化（＋α：関連性と重層性に応じた場所と地域），＊＊は社会系教科枠組との関連，＊＊＊は学習する単元順に応じて地理的概念の順次性・階層性が反映される．
吉田（2024b）より転載．

第 3 章 【内容】の構成領域を考える　69

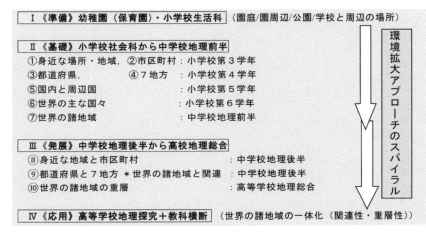

図 3-5　地誌学習の系統－「環境拡大アプローチ」によるスパイラルをもとに
吉田（2024b）を一部修正．

地域の枠組みから内容を取り上げる系統の論理を見いだせる（図 3-4・図 3-5）．その系統は，Ⅰ準備⇒Ⅱ基礎（①～⑦）⇒Ⅲ発展（⑧～⑩）⇒Ⅳ応用の段階から成り，基礎から発展へのスパイラルは，おもな学習段階となる．つまり「環境拡大アプローチ」は，小中高一貫地理教育カリキュラムにおける地誌学習の系統を方向付ける論理となる．

吉田　剛

本節は，おもに吉田（2008, 2023, 2024a, 2024b）をもとに加筆・修正したものである．

文献
菅野友佳（2018）：小中高一貫地理カリキュラムにおける地理的概念の原理－オーストラリア連邦ニューサウスウェールズ州地理シラバス 2015 年版の場合－．新地理, 66(3), pp.1-11.
佐藤　学（2009）：学ぶ意欲の時代から学ぶ意味の時代へ．佐藤　学・澤野由紀子・北村友人編『揺れる世界の学力マップ』，明石書店，pp.315-329.
日本学術振興会地域研究委員会・地球惑星科学委員会合同地理教育分科会（2017）：提言 持続可能な社会づくりに向けた地理教育の充実．https://www.scj.go.jp/ja/info/kohyo/pdf/kohyo-23-t247-6.pdf（2022 年 6 月 26 日）
文部科学省（2018a）：『中学校学習指導要領解説社会編』，東洋館出版社．
文部科学省（2018b）：『小学校学習指導要領解説社会編』，日本文教出版．
文部科学省（2019）：『高等学校学習指導要領地理歴史編』，東洋館出版社．
山根栄次（2024）：同心円的拡大主義．日本社会科教育学会編『社会科教育事典 第 3 版』，ぎょうせい，pp.6-7.

吉田　剛（2008）:地理的見方・考え方と一貫カリキュラム．山口幸男ほか編『地理教育カリキュラムの創造 小・中・高一貫カリキュラム』,古今書院，pp.103-108.
吉田　剛（2016）:諸外国地理カリキュラムにみる「持続性」に関する地理的概念．新地理，64(3), pp.82-92.
吉田　剛（2017）:地理的概念の機能に着目した日米地理カリキュラムの比較研究．社会科教育論叢, 50, pp.61-70.
吉田　剛（2023）:近未来社会型の幼小中高一貫地理教育カリキュラムのフレームワーク．宮城教育大学紀要, 57, pp.137-157.
吉田　剛（2024a）:幼小中高一貫地理教育カリキュラムにおける持続可能性の概念とウェルビーイング．宮城教育大学紀要, 58, pp.141-157.
吉田　剛（2024b）:一貫地理教育カリキュラムにおける地誌学習の方向－環境拡大アプローチによる地域の枠組みの系統－．新地理, 72(2), pp.124-129.
吉田　剛・管野友佳（2016）:オーストラリアにおける「ニューサウスウェールズ州」および「連邦」地理カリキュラムの地理的概念の機能に関する比較研究－コンピテンシー・ベースによる地理カリキュラムからの示唆－．社会系教科教育学研究, 28, pp.101-110.
ACARA（2013）: *Geography: The Australian Curriculum for Foundation to Year10*.（http://www.acara.edu.au/verve/_resources/Geography_%28 Foundation_to_Year_10%29.pdf）（2018年3月31日）
Butt G. and Lambert, D.（2014）: International perspectives on the future of geography e-ducation: an analysis of national curricula and standards. *International Research in Geographical and Environmental Education*, 23(1), pp.1-12.
Qualifications and Curriculum Authority（2007）: *Geography; Programme of study for key sta-ge3 and attainment target*, pp.101-109.（www.qca.org.uk/curriculum）（2011年6月1日）
The Curriculum Development Council Recommended for Use in Schools by The Education Bureau HKSAR（2011）: *Geography Curriculum Guide (Secondary1-3)*.（http://www.ed.gov.hk）（2011年6月1日）

第 2 節　地誌と系統地理からみるつながり

1．つながりをみる方法

　地理学は古典的に，地誌学と系統地理学（自然地理学と人文地理学）からなるとされることが多い．学校教育における地理教育は，地理学教育ではないが，とくに中学校と高等学校では，地誌と系統地理の異なるアプローチを組み合わせたカリキュラムが意識されてきた（井田，2016）．とはいえ，地誌と系統地理は，それぞれ独立して機能するわけではない．地誌では，特定の地域のさまざまなテーマ・事象を複眼的にみて地域の特性を理解する．系統地理は，各地の事例を参照しながら組み立てられる．

　本節では，地誌と系統地理の観点から小中高学習指導要領社会系教科の地理関連の内容のつながりについて考える．その際の着眼点は次の 3 つとする．
①中学校社会科地理的分野と高等学校地理歴史科地理総合のつながり．
②小中のつながりにおいて鍵となる小学校社会科第 6 学年．
③学びの基礎となる小学校生活科における取り上げ．

　②については，中学校社会科地理的分野の授業が，「暗記型」「詰め込み型」になりがちで地理を嫌う生徒が多いとの報告があることから（真田・河本，2024），小学校社会科第 6 学年で地域の学習を深化させ（田部，1992），中学校社会科地理的分野とのつながりを考える意義がある．

　方法は，以下の 3 つである．
①表 3-2 の教科・分野・科目について，それぞれ採択率第 1 位（2023 年度）の教科書の記述を対象にして，地誌と系統地理の項目に該当する事項を取り出し，マトリックスを作成した上で分析・考察する．その際，地誌の項目として，中学校指導要領にある世界の諸地域（6 大州）および日本の 8 地方に，「地球・世界」，「日本（全体）」，学校周辺の地域などを意味する「身近な地域」を加えた区分から，該当する事項を取り上げる．また系統地理の事項は，『地理学事典』（日本地理学会編，2023）の「部」「章」の表記を参照して設定した項目から該当する事項を捉える（図 3-6 〜 8 の左側項目参照）．
②教科書記述の内容の取り出しには，教科書の頁ごとにタイトルや重要語句，コラム，大きな写真などで示されている語句が，どこの地域のもので，『地理学事典』の「部」「章」のどの内容で扱われているかをみる．その際，取り上げる事項の頁の分量も把握する．また『地理学事典』の複数頁が記された事項は，

表 3-2 小中高社会系教科の学習指導要領における地理関連の学習内容

教科科目学年等			内容
小学校	生活	1・2	○学校，家庭及び地域の生活に関する内容 　(1) 学校生活に関わる活動 　(3) 地域に関わる活動 ○身近な人々，社会及び自然と関わる活動に関する内容 　(4) 公共物や公共施設を利用する活動 　(5) 身近な自然を観察したり，季節や地域の行事に（以後省略） 　(8) 自分たちの生活や地域の出来事を身近な人々と伝え合う活動
小学校	社会	3	(1) 身近な地域や市区町村の様子 (2) 地域に見られる生産や販売の仕事 (3) 地域の安全を守る働き (4) 市の様子の移り変わり
小学校	社会	4	(1) 都道府県の様子 (2) 人々の健康や生活環境を支える事業 (3) 自然災害から人々を守る活動 (4) 県内の伝統や文化，先人の働き (5) 県内の特色ある地域の様子
小学校	社会	5	(1) 我が国の国土の様子と国民生活 (2) 我が国の農業や水産業における食料生産 (3) 我が国の工業生産 (4) 我が国の産業と情報との関わり (5) 我が国の国土の自然環境と国民生活との関連
小学校	社会	6	(3) グローバル化する世界と日本の役割
中学校	社会	地理的分野	A 世界と日本の地域構成 (1) 地域構成 B 世界の様々な地域 (1) 世界各地の人々の生活と環境 (2) 世界の諸地域 C 日本の様々な地域 (1) 地域調査の手法 (2) 日本の地域的特色と地域区分 (3) 日本の諸地域 (4) 地域の在り方
高等学校	地理歴史	地理総合	A 地図や地理情報システムで捉える現代世界 (1) 地図や地理情報システムと現代世界 B 国際理解と国際協力 (1) 生活文化の多様性と国際理解 (2) 地球的課題と国際協力 C 持続可能な地域づくりと私たち (1) 自然環境と防災 (2) 生活圏の調査と地域の展望

高等学校 （続き）	地理歴史 （続き）	地理探究	A 現代世界の系統地理的考察 (1) 自然環境から (5) 生活文化，民族・宗教までの全項目 B 現代世界の地誌的考察 (1) 現代世界の地域区分 (2) 現代世界の諸地域 C 現代世界におけるこれからの日本の国土像 (1) 持続可能な国土像の探究

より詳しくは河本（2024）の表を参照されたい．

ゴシック体で索引表記された頁の該当内容を採用する．なお口絵，使い方，目次，各章の振り返りの頁は，対象から除外する．

③小学校生活科・社会科の教科書は，どの部分が「地理」なのかを把握することが難しい側面もあるため，広範に捉え，地図（位置表示だけのものは除く）や景観写真・風景画がある頁は，すべて対象にする．また中高の地理学習と深くかかわる内容も対象にする．ただし屋内・校内の様子や，特定の建造物の写真・絵，前学年の振り返り，各単元の扉・まとめの頁は，対象外とする．

2．教科書分析の結果
1）中高のつながり
（1）中学校社会科地理的分野

図3-6で，中学校社会科地理的分野（以降，地理的分野）における系統地理と地誌の事項をみる．系統地理の内容としては，「経済関連」が最多で63頁分（22.0％）を占め，「地圏」「気圏」「文化関連」が続く．地域別では，「日本」の37頁分（12.9％），「地球・世界」「アジア州」「身近な地域」の順となる．

とくに「経済関連」は，地域別では中部地方が最多の10頁分を占める．自動車工業，越後平野の水田地帯，中京工業地帯，東海工業地域，園芸農業・抑制栽培・施設園芸農業・遠洋漁業，養蚕・製糸業・高原野菜，精密機械工業・電気機械工業，銘柄米・単作・地場産業，新産業創出などが取り上げられている．

世界の大州別では，アジア州が最多の6頁分を占める．買い物をめぐる生活の変化（アラビア半島），かんがい・稲作・畑作，都市化，経済特区・世界の工場（中国），一極集中（韓国），華人・二期作・プランテーション・工業団地（東南アジア），ICT関連産業（南アジア）などが取り上げられ，多様な産業分野や産業動向が扱われている．他方で特定の大州・地方を扱わない「地球・世界」および「日本」においても，「経済関連」が最多の頁数を占めている．

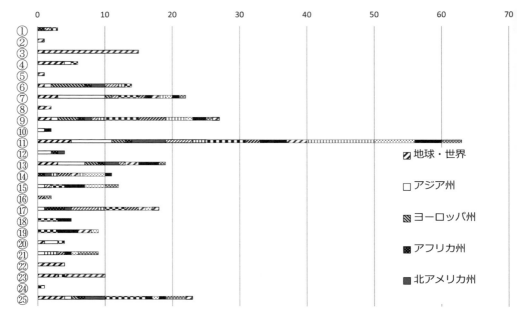

凡例:
①地理学の基礎概念と歴史　②地域の概念と理論　③研究手法・方法論　④地図と地図学　⑤フィールドワーク　⑥地誌学と地域研究　⑦気圏　⑧水圏　⑨地圏　⑩生物圏　⑪経済関連　⑫社会関連　⑬文化関連　⑭人口関連　⑮都市・農村関連　⑯歴史関連　⑰地理学のフロンティアと環境システム　⑱災害・防災・復興　⑲政策・計画・行政　⑳地政学・政治・国際関係　㉑観光・ツーリズム・余暇活動　㉒GIS・リモートセンシングと社会　㉓地理教育　㉔関係組織と啓発活動　㉕その他

図 3-6　教科書における各地域の記述割合（中学校社会科地理的分野）
各社教科書より，記述頁の比率を筆者調査.

（2）高等学校地理歴史科地理総合

　図 3-7 より，地理総合における系統地理と地誌の事項をみる．系統地理の内容は，地理的分野と同様に「経済関連」が最多の 38 頁分（15.6%）を占めるが，中学校を下回る．また「気圏」が「地圏」よりも多く，次いで「災害・防災・復興」となる．災害などが多く扱われている要因は，大項目「持続可能な地域づくりと私たち」のうちの小項目「自然環境と防災」による．地域別にみると，「地球・世界」に 105 頁分（43.0%）が割かれ，「日本」が続く．世界の大州は，「アジア州」「ヨーロッパ州」が際立ち，日本の各地方は，ほとんど扱いがない．これは，大項目「国際理解と国際協力」が置かれている一方で，日本地誌の扱いの少なさによる．

（3）中学校社会科地理的分野と高等学校地理歴史科地理総合の比較

　地理的分野と地理総合には，系統地理の事項として扱われている量と地域に大

第 3 章 【内容】の構成領域を考える　75

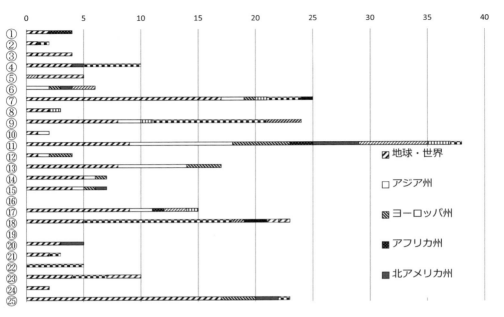

凡例：
①地理学の基礎概念と歴史　②地域の概念と理論　③研究手法・方法論　④地図と地図学　⑤フィールドワーク　⑥地誌学と地域研究　⑦気圏　⑧水圏　⑨地圏　⑩生物圏　⑪経済関連　⑫社会関連　⑬文化関連　⑭人口関連　⑮都市・農村関連　⑯歴史関連　⑰地理学のフロンティアと環境システム　⑱災害・防災・復興　⑲政策・計画・行政　⑳地政学・政治・国際関係　㉑観光・ツーリズム・余暇活動　㉒GIS・リモートセンシングと社会　㉓地理教育　㉔関係組織と啓発活動　㉕その他

図 3-7　教科書における各地域の記述割合（高等学校地理総合）
各社教科書より，記述頁の比率を筆者調査．

きな違いがみられる．地理的分野では，「身近な地域」を例にすると，「研究手法・方法論」（仮説・調査方法，聞き取り調査，文献調査・分析，考察，地域の実態，構想など）や「地理教育」（ルートマップ，地図記号，新旧地形図の比較，地理院地図，野外観察，地域の在り方など）などの地理的探究や地理的ツールに関する地域調査の事項が多く扱われている．しかし「地図と地図学」についてみると，地理的分野よりも地理総合の方が多く扱われ，特定の地域ではなく，「地球・世界」や「日本」全国を対象にした事項が多い．

　自然地理学的な内容は，両者ともに「気圏」と「地圏」が多く，「水圏」「生物圏」の扱いが乏しい．ただし地理的分野では，「気圏」の扱いが「地圏」よりも多く，世界や日本の諸地域の学習を通じたものとなっている．地理総合では，世界や日本における一般化したシステムに関する説明になる．また人文地理学的な内容は，

地理的分野と地理総合ともに扱われる量の傾向が似ている．とくに両者ともに「経済関連」の事項が多く，地理的分野では突出している．地理総合では，日本の各地方に該当する部分がないため，世界に偏っている．

「地理学の応用と現代的課題」に該当する項目をみると，地理的分野では，「地理学のフロンティアと環境システム」が突出する．地域別にみると，南アメリカ州は，4頁分で熱帯林，焼畑農業，地球温暖化，バイオ燃料など，アフリカ州は，3頁分で熱帯林・サバナや，人口の増加と食料不足，サヘルの緑化などが，「日本」は，3頁分で津波・高潮，発電，地球温暖化・再生可能エネルギー・省エネルギー・リサイクル・持続可能な社会などが説明されている．一方，地理総合では，「地球・世界全体」について，森林破壊・砂漠化・大気汚染・水質汚濁・酸性雨，地球温暖化・気候変動枠組み条約，海洋汚染，省エネルギー・再生可能エネルギーなどが扱われ，特定の地域の事例に焦点が充てられていない．

「災害・防災・復興」は地理総合で重視される．「日本」に13頁分が割かれ，地震，噴石，地すべり，都市型水害，外水氾濫などが説明されている．「地球・世界」を対象とした事項は，感染症，自然災害，台風，防災教育などを扱った5頁分にとどまる．この事項は，中学校での扱いが乏しく，日本全体を対象に減災・南海トラフ・自助・共助・公助・ハザードマップなどを3頁分で説明している．東北地方では，やませ・冷害，東日本大震災などからの復興と生活の場の再生を扱っている．なお「政策・計画・行政」は，地理総合ではあまり扱われず，地理的分野では，日本全体を対象に三大都市圏や交通網，中国・四国地方の本州四国連絡橋や交通網の整備，近畿地方の環境に配慮した林業と漁業，関東地方の政令指定都市などが扱われている．これらと地理的分野と地理総合のつながりは明示的でない．

2）小学校第6学年社会科

図3-8より，小学校社会科第6学年では，「歴史関連」が多く，49頁分（47.1%）を占め，「災害・防災・復興」「経済関連」「文化関連」「社会関係」「地誌学と地域研究」が各4〜8%で続く．第6学年の内容が，「我が国の政治の働き」，「我が国の歴史上の主な事象」，そして「グローバル化する世界と日本の役割」の3つからなるためである．この点は，本分析に地図や景観写真・風景画がある頁を地理関連の対象として含めたことも関係している．

「歴史関連」で抽出した内容を地域別にみると，「日本」は最も多く，15頁分

第3章 【内容】の構成領域を考える　77

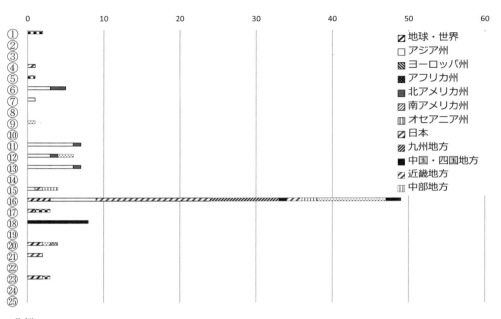

凡例：
①地理学の基礎概念と歴史　②地域の概念と理論　③研究手法・方法論　④地図と地図学　⑤フィールドワーク　⑥地誌学と地域研究　⑦気圏　⑧水圏　⑨地圏　⑩生物圏　⑪経済関連　⑫社会関連　⑬文化関連　⑭人口関連　⑮都市・農村関連　⑯歴史関連　⑰地理学のフロンティアと環境システム　⑱災害・防災・復興　⑲政策・計画・行政　⑳地政学・政治・国際関係　㉑観光・ツーリズム・余暇活動　㉒GIS・リモートセンシングと社会　㉓地理教育　㉔関係組織と啓発活動　㉕その他

図 3-8　教科書における各地域の記述割合（小学校社会科第 6 学年）
各社教科書より，記述頁の比率を筆者調査．

を占める．いずれも地図や景観写真・風景画であり，古墳の分布，国分寺の分布，大仏づくりで全国から集められた人や物資，武士の館の様子，元軍の進路，源氏の軍の進路，1570 年頃のおもな戦国大名，フランシスコザビエルの足取り，信長の勢力拡大の様子，安土城の城下町（想像図），検地の様子，おもな大名の分布，参勤交代にかかった日数，各地のおもな藩校，廃藩置県後の日本，国会開設を要望する署名に参加した人数などが該当する．続いて，九州地方と関東地方が多く，各 9 頁分で地図や景観写真・風景画が多くを占める．九州地方は，吉野ケ里遺跡，板付遺跡と米づくり，肥前名護屋城図屏風，出島，原子爆弾投下後の長崎のまちなどが，関東地方は，日本遺産を調べよう（鎌倉），鎌倉と幕府の位置（復元図），鎌倉への道と有力御家人の領地，江戸図屏風，熙代勝覧（江戸日本橋の絵図），江戸の領国の様子，焼け野原の東京などが該当する．

第6学年の教科書には，歴史にかかわる地図（分布図，道路網の地図，地形描写のある絵図，戦国大名の領地など）が多数掲載され，地図学習との親和性が高い．地理を狭義に捉えると，これらは対象外となる．しかし中学校での生徒の地理嫌いに対処するために，第6学年の教科書上の地図を意欲的に取り上げるのも1つのアイディアである．また第6学年の「歴史博物館へ行こう」や「身近な歴史を調べる」の内容は，フィールドワークなどを通じて地域の理解を育む．他方で，教科書会社は，第6学年の「日本とつながりの深い国々」において，中国・韓国・アメリカ・サウジアラビア，あるいはアメリカ・中国・ブラジル・サウジアラビアを取り上げている．この単元は，世界地誌といえる内容でもあり，中学校地理とのつながりが見込まれる．中学校の社会科担当教員には，第6学年の教科書を参照し，子どもたちの既習内容を積極的に活用することが望まれる．

3）小学校生活科

　小学校生活科では，すべての対象が「身近な地域」にあり，体験活動が重視される．たとえば「みんなでつうがくろをあるこう」や「みんなのこうえんであそぼう」の単元において，通学路は，見守る人々，施設，交通安全，避難などの理解が意図される．「まちの人に聞きに行こう」の場面では，和菓子屋が季節によって，作るどら焼きの種類を変えていることなどを聞き出す．このことは，人文地理のフィールドワークの基礎となる．「春のまちを歩こう」では，学校周辺の白地図にまち探検での気づきを記す「2年1組　春マップ」のワークがあり，「地図と地図学」の基礎となる．「もっと　なかよし　まちたんけん」の「たんけんの計画を立てよう」も同様である．「ふゆのこうえんにいこう」では，公園に何が植えられているかを確認することが「生物圏」に該当し，避難場所・防災倉庫・多機能トイレなどを確認することは「災害・防災・復興」に該当する．

　学習指導要領の小学校生活科の目標は，「具体的な活動や体験を通して，身近な生活に関わる見方・考え方を生かし，自立し生活を豊かにしていくための資質・能力を次のとおり育成すること」である．教科書分析においても，学習対象のすべてが身近な地域や自然環境にあり，体験を通じた学びが展開される．さらに生きものの観察や農作物の収穫なども含め，総合的に季節や生活文化とのつながりも重視されている．生活科は，一貫する地理教育の基礎として重要な意味をもつが，地図学習や空間認識形成の視点が乏しい（吉田，2022）との指摘もある．

4. 一貫カリキュラムづくりへ

　地理的分野と地理総合の共通性は，「経済関連」と「地圏・気圏」に関する事項が多くを占める点にある．とくに地理的分野では，日本地誌，地域調査，各地の環境問題，政策・計画・行政にかかわる事項が多く扱われる．地理総合では，「地球・世界」や「日本」で一般化された説明が地図学習で求められる．小学校社会科第6学年では，「歴史関連」の地図を多数みられ，その知見が中学校地理で活用されることが期待される．小学校生活科では，身近な地域でのフィールドワークや白地図を用いた整理などにかかわる事項がみられ，一貫地理教育の基礎としての重要性が確かめられる．

　以上を踏まえて一貫地理教育を考えると，空間認識のための同心円的拡大論には無理があることがわかる．小中高を通じて「身近な地域」に対する理解を深め，他地域との比較の基盤にしたり社会参画の実践の場としたりすることは，もっと意識されてよい．小学校での身近な地域，中学校の地域調査の手法や地域の在り方に関する学習，高等学校地理での生活圏の調査などにおける学習の内容と方法の積み上げに整合性をもたせ，到達目標を具体的に明示していく必要がある．また，世界・地球理解やマルチスケールの地域把握に関しても，低学年次から可能な面もあろう．こうした点の議論を深め，理論をもとにした一貫地理教育カリキュラムを構築したい．

河本大地

　本稿は，河本（2024）を改稿したものである．そちらのほうが詳しいのであわせて参照いただきたい．

文献
井田仁康（2016）：高等学校「地理」の動向と今後の地理教育の展望．人文地理, 68, pp.66-78.
河本大地（2024）：「地誌」と「系統地理」の関係からみる小中高一貫の地理教育カリキュラム．新地理, 72(2), pp.130-137.
真田　樹・河本大地（2024）：高校生が抱く地理学習への関心と期待－地理総合履修前の高校生を対象としたアンケート分析を通して－．奈良教育大学ESD・SDGsセンター研究紀要, 2, pp.27-35.
田部俊充（1992）：小学校6学年社会科における地域史素材の教材化への試み．新地理, 39(3), pp.26-32.
日本地理学会編（2023）：『地理学事典』，丸善出版．
吉田和義（2022）：小学校生活科における地図の活用に関する研究．教育学論集, 74, pp.131-143.

第3節　内容の構成を考える－人口の扱いを事例に－

1. 深刻な日本の人口問題

　平成29年および30年告示の『学習指導要領』の総説「改訂の経緯」では，その冒頭で「今の子供たちやこれから誕生する子供たちが，成人して社会で活躍する頃には，我が国は厳しい挑戦の時代を迎えていると予想される．生産年齢人口の減少，グローバル化の進展や絶え間ない技術革新等により，社会構造や雇用環境は大きく，また急速に変化しており，予測が困難な時代となっている」と記され，社会科の改訂の趣旨でも「…持続的な社会づくりの観点から，人口減少や地域の活性化，国土や防災安全に関する内容の充実を図るとともに，情報化による生活や産業の変化，産業における技術の向上などに関する内容についても充実する方向で改善を図る」と記している．唐木（2015）も，少子高齢化と結びつく人口減少は，国家の存亡にかかわる喫緊の課題と指摘する．

　地理教育分野における人口の扱いとしては，これが他の系統地理的分野を結びつける止金としての役割を果たすべきである（大関，1998）ことや，さまざまな社会変化とのかかわりを意識した学習が求められる（鈴木，2017）ことが指摘されている．人口は文字通り「人」に対する直接的な指標であるだけに，他のさまざまな事象とかかわる重要な要素といえる．

　このように，少子高齢化などの日本の人口問題は，持続的な社会づくりの観点で重要課題である点や，他の事象・要素とも関りが強く社会状況や地理的事実を認識する上で重要な事象である点から，本節は，小学校社会科および中高の地理における人口や人口問題の扱いについて，いくつかの教科書と学習指導要領を中心に整理し，その特徴と課題を考察する．なお本節の内容はすべて本節の執筆者の個人的な見解である．

2. 社会科および地理における人口の扱いの要点

　人口は，小学校第3学年は市区町村，第4学年は都道府県という身近な地域として，中学校では過疎過密や少子高齢化問題を中心に日本の問題として，高校の地理総合では地球的課題として扱われるなど，おもに同心円的カリキュラムに対応した，子どもたちの発達段階や経験に即した形で学習内容がすみ分けられている．

　また中学校では動態地誌学習の中核事項の1つとして，高校の地理総合では他

の地球的課題とかかわる事象として，さまざまな事象・要素との関係性を理解することが求められている．

ただし，人口の扱いについては，教科書会社によって内容的にも分量的にも違いが大きい．そのため，小中高の各段階において，どの会社の教科書を使用するかによって，人口問題に関する知識や人口を通した事象の見方・考え方の習得が十分でないか，逆に学びが重複する可能性もある．

3. 小学校社会科における人口の扱い

小学校第3学年では，学習指導要領において公共施設や交通，土地利用と並んで人口を扱うことが示されているため，いずれの教科書でもある地域の人口の推移について触れている．ただし，たとえば人口減少によって，税収減で十分な市民サービスが提供できないことや，店舗がない地域では移動販売などの対策が取られるといった，人口減少に伴う社会的課題や影響について記す場合もあれば，人口の増加・減少といった事実のみを記す場合もある．

また人口の取り上げ方やまとめ方としても，人口，公共施設，交通，土地利用を中心に事象相互の関連性を記述・整理する場合と，項目ごとに記述し事象間の関連性は意識されていない場合がある．

小学校社会科の副読本では，たとえば人口や児童数が急増しているような地域でも，人口増加といった事象そのものや，駅の混雑，保育園の待機児童，高層マンションによる日照権やビル風などといった地域的課題に対する記述がない場合もある．したがって，そのような副読本を扱って地域学習を受けた場合，人口に関する身近な地域の問題をしっかりと学ぶ機会が得られないこととなる．これを埋め合わせるのが中学校の社会科地理的分野における「身近な地域の調査」とも考えられるが，これは生徒を学校外へ連れることの安全性や授業時間数の問題など，さまざまな事情により実施されない場合が多いといわれる．そうなると，人口問題に限らず，高校までの学習において自身が居住する地域の特徴や問題についてしっかりと学ぶ機会が得られないこととなる．実際に著者がかかわる大学生の中には，自身の住む地域のことを知らないと話す学生も多い．

4. 中学校社会科地理における人口の扱い

中学校社会科地理的分野の「日本の地域的特色」における「日本の人口」の単元では，おもに「過密・過疎」と「少子高齢化」について学ぶ．ここでの学びの

中心は，これらの諸問題が「どのような地域で生じているか」であり，解決策は主ではない．これらの人口問題は，さまざまな事象が複雑に絡み合って生じている．それを踏まえて解決策を考えるのは豊富な知識と高度な思考力を要するため，これについては高校で扱うとすみ分けされているようにみえる．なお，「どのような地域で生じているか」といった，地域的特徴，地域差，地域的差異が生じた背景を探究する活動は，後述の通り地理的思考力を働かせる地理ならではの学習になりやすいとも考えられる．

次に「日本の諸地域」学習では，いわゆる動態地誌学習の中核事項として「人口，村落・都市」が位置付けられているが，教科書によって，中核事項が「人口」の場合も「村落・都市」の場合もある．「人口」を中核とした場合，これと他の事象・要素とのかかわりが記されるため，人口が他の事象に影響することを学ぶ機会があるが（牛垣，2024），「村落・都市」が中核となる場合はその機会が少なくなる．その分，都市−村落の観点からの学びはあるが，空間を意味する「村落・都市」が動態地誌の中核事項として適切か否かについては検討の余地がある．

図3-9は，2013年春の日本地理学会のシンポジウムにおいて，国立教育政策研究所・教育課程調査官（当時）の濱野清氏が示した動態地誌のイメージ図である．ある地域を捉える際に，その地域のさまざまな事象・要素とかかわるものを中核

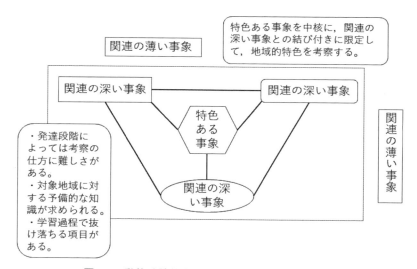

図3-9　動態地誌的な地域の捉え方のイメージ図
2013年日本地理学会春季学術大会シンポジウム「地誌学と地誌教育（諸地域学習）」における濱野清氏資料による．

とし，それとの関係性で地域の特徴や構造を理解するという地域の捉え方である．これが示すように近年は，静態的・網羅的に行っていた従来の地誌学習が暗記に偏り地理嫌いを生んだ反省から，事象・要素の関連性の理解を重視した地誌学習になっている．これが反映された平成20年告示の旧学習指導要領の中核事項には，「歴史的背景」「環境問題・環境保全」「他地域との結び付き」が含まれていたが，松田（2012）が指摘するようにこれらは地域の事象や要素というよりは地域の見方であり，平成29年告示の学習指導要領においては中核事項からなくなっている．「村落・都市」も地域と同じ空間の性質を表す用語であり，これを中核事項とした場合，他の事象や要素との関連性は見えづらく，動態地誌としての地域の捉え方が難しいかもしれない．

5. 高等学校・地理歴史科地理総合における人口の扱い

　地理総合の「地球的課題と国際協力」の単元では，人口問題が食料問題，都市・居住問題，地球環境問題，資源・エネルギー問題など他の地球的課題とかかわること，それらの発生源になり得ることが記述されることがある．

　ただし，人口問題は国内のさまざまな問題とかかわる事象であるにもかかわらず，これについては学ぶ機会が少ない．たとえば少子化と他の国内問題とのかかわりを考えると，まず労働力の不足によって税金が不足し，公共投資や社会保障が弱体化する．また経済活力が減退することで更なる税収減となる．加えて現在の年金制度を前提とすると，少子化によってひとりの高齢者を少数の人で支えることになるため，若い世代の経済的負担が増加する．これが結婚や子どもをもつこと，増やすことをためらうことにつながり，少子化が加速し，負のスパイラルとなる．また若い世代の経済的負担増は，子育て以外の消費支出の減少も招き，小売・サービス業が衰退する．サービス需要の減退によって消費文化の魅力度が低下すれば，たとえば日本のサブカルチャーに魅力を感じる外国人観光客などの来訪が減少することもあり得る．将来に対する経済的な不安によって普段から支出を控えることとなり，経済活力の減退に拍車をかける．このように，人口や子どもの減少はそれ自体の問題のみならず，さまざまな事象にかかわる重要課題であるため，学校教育のいずれかの機会で学ぶ必要がある．

　次に，この単元では発展途上国と先進国の人口問題が扱われる．地理総合では人口問題を地球的課題として扱うため，先進国では日本の問題よりもフランスやスウェーデンといった少子化対策に先進的な国が取り上げられる場合が多い．教

科書によっては，日本の人口問題の記述はほとんどない場合もあり，これについてしっかりと学ぶ機会が得られないこともあり得る．ただしその場合でも，教科書で学ぶフランスなどの先進的な国との比較により，日本の人口問題を理解する学習などは可能であろう．

　なお地球的課題の単元であれば，その改善や解決の方法を検討することが求められるが，そのこと自体は地理ならではの学習になりにくいとも考えられる．たとえば少子化問題の場合，先進的な国の例として教科書で触れている子育て世帯への現金給付，税制上の優遇，保育所・保育の整備，父母の出産育児休暇制度，妊娠・出産費用無料，鉄道・公共施設の割引，外国人労働力の受け入れなどが対策として考えられるが，これらの解答を導くために子どもたちが思考する際には，必ずしも地理的な見方・考え方を働かせることにはならないかもしれない．

　著者としては，すべての地理の授業において地理的な見方・考え方を働かせる必要はなく，地理学習でもこのような問題解決型の授業を行うことも重要と考えるが，地理的な見方・考え方を働かせて少子化対策を考えることができればなおよい．たとえば出生率など何らかの指標の地域差をみて，その原因と対策を検討する学習はどうであろうか．図3-10の通り合計特殊出生率は，東京などの大都市では低く，地方では比較的高い傾向にある．その東京へ地方から多くの若者が転出することで，日本全体として出生率が低い状況にあることは，日本が抱える構造上の課題である．人口戦略会議は，人口流入に頼り出生率が低い地域を「ブラックホール型自治体」とし，合計特殊出生率が1を切った東京都はその代表的な地域とされる．東京では仕事が忙し過ぎることで婚期が遅れ，地方では就職の機会が少なくて転出する．また東京では物価や地価が高く生活費や住宅ローンなども高額で，教育費を確保することが難しい．そうであれば，オフィスの地方移転を促す政策や，より抜本的な改革として首都機能を移転し，国内の過密・過疎対策の是正を図るといった考え方もあり得る．これらの事柄は，いずれも地理の学習で学ぶ内容であり，そこで得られた知識や見方・考え方を働かせて対策を検討することは，地理ならではの学習といえよう．また図3-10をみると，北日本と西日本とで地域差があるため，その背景を検討するのもよい．

6. 高等学校・地理歴史科地理探究における人口の扱い

　地理探究では，「現代世界の系統地理的考察」における「人口，村落・都市」に「人口問題」の単元がある．ここでは日本の人口問題が扱われるが，教科書によって

第 3 章 【内容】の構成領域を考える　　85

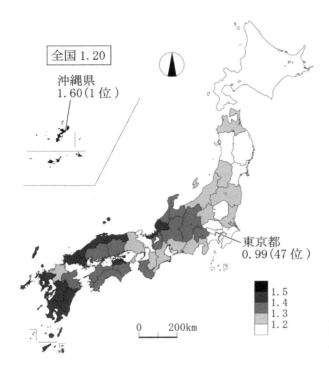

図 3-10　都道府県別の合計特殊出生率（2023 年）
厚生労働省の資料による．

1 頁程度から 4 頁程度と差がある．地理総合で頁を割いた出版社では地理探究の頁は少なく，逆に地理総合での扱いが少ない場合は地理探究で厚く扱われる傾向にある．これは地理総合と地理探究ですみ分けができているとも解釈できるが，選択科目である地理探究は履修しない生徒も多く，これを学ばず社会に出る生徒の存在も留意する必要があろう．

　次に，人口というよりは都市問題に含まれるが，スラムの扱いについて少し触れたい．スラムは「現代世界の系統地理的考察」の「人口，村落・都市」における「発展途上国の都市・居住問題」や，「現代世界の地誌的考察」の「現代世界の諸地域」でも複数の地域で扱われる．前者の系統地理的考察では，スラム形成の背景について詳細に記述し，後者の地誌的考察では，地域によって異なるスラムの特徴やその背景を記述することが期待される．しかし実際は，地誌的考察で取り扱う厚みは教科書ごとに差があり，厚みがある場合でもこれについては明示されていないようにみえる．地理総合でのスラムの扱いは，発展途上国の都市問題として一般化されているため，学びの発展段階として，地理探究の「現代世界

の地誌的考察」の部分では，地域によって異なるスラムの特徴とその背景を学ぶことが求められる．これはスラムに限らず他の事象についてもいえるであろう．

7. 日本の少子化問題にかかわる事象の関連性から対策を考える

上記 5 では，出生率などの地域差を扱うことで地理ならではの少子化問題と対策の学習になり得るのではないかと言及した．このように，ある特定の指標を日本全国といった広域で地域差をみる方法（図 3-10）は系統地理的な見方といえる．ここでは，もう 1 つの地理的な見方ともいえる，特定の地域においてさまざまな事象の関連性をみる地誌的な見方より，少子化問題を検討する．図 3-11 は，日本の少子化にかかわる諸事象の関係構造を示したものである．このように事象間の関係を線でつなぐと，因果関係を把握しやすくなるとともに，少子化問題の全体像を理解しやすくなり，解決策も検討しやすい．図中の「少子化」に近い対策は，少子化問題として直接的で即効性のある政策であり，たとえば近年に政府が行っている「教育への支出の多さ」や「労働時間の長さ」への対策などがこれにあたる．一方，図中の「少子化」から離れた事象，たとえば「企業の東京一極集中」や「女性国会議員の少なさ」などは，他の国内問題にも影響を及ぼす，日本が抱える根本的な課題といえる．大都市と地方とを一緒くたにできない事象については両者を分けて地域的差異を考慮するのもよい．さらに，もしこのような構

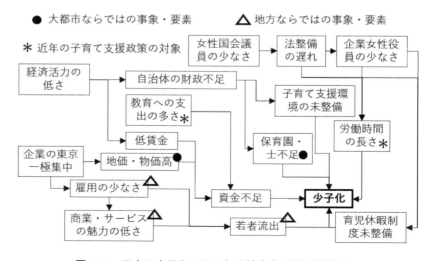

図 3-11 日本の少子化にかかわる諸事象の関係構造図
牛垣（2023）を一部修正．

造図をフランスなど他の国でも作成し日本のそれと比較することができれば，日本の少子化問題への対策として足りない点や，対策の効果があらわれていない根本的な課題を見出すことができるかもしれない．少子高齢化のような重要課題について考える際には，全体像を理解しないことには解決策を導き出すことはできない．事象や要素が複雑に絡むからこそ，このような構造図で理解することが有効なのである．

牛垣雄矢

本節は，牛垣（2023）をもとに一部を加筆・修正したものである．

文献

牛垣雄矢（2023）：小学校社会科および中学高等学校地理における人口の扱いに関する一考察．新地理, 71(3), pp.53-57.

牛垣雄矢（2024）：地理授業にそのママ使える地誌学－見方・考え方×地理的技能の視点から．動態地誌で作る関東と身近な地域の構造図－．社会科教育, 787, pp.22-25.

大関泰宏（1998）：地理教育における人口学習の連続性．新地理, 46(3), pp.1-11.

唐木清志（2015）：人口減少社会における社会科の役割－「社会的課題」「見方や考え方」「協同学習」の可能性－．社会科教育研究, 125, pp.21-32.

鈴木　允（2017）：日本の人口問題を扱う動態地誌的学習の方法と意義－愛知県藤岡町を事例とした高校地理B学習指導案作成と授業実践から－．新地理, 65(1), pp.1-23.

松田隆典（2012）：動態地誌による「日本の諸地域」の授業開発とその地理教育上の意義．滋賀大学教育学部紀要人文科学・社会科学・自然科学, 62, pp.23-30.

第4章 【方法】の構成領域を考える

— 地理的探究，フィールドワーク，GIS・地図 —

第1節 地理的技能としての地理的探究と地理的ツール

1. 地理的探究に地理的ツールを含めた地理的技能として

　世界的にみると地理的技能は，地理的事象・意味から課題を見いだし，地理情報として処理し表現するための探究の技能（以後,地理的探究）に,地図やフィールドワークなどの道具（ツール）の操作や作業の技能（地理的ツール）を含めて示される場合と，地理的探究と地理的ツールを独立させて示される場合がある．

　日本の場合，地理的ツールを含めた地理的探究を地理的技能として位置付け，平成10年版の『中学校学習指導要領社会編』の地理的分野（以降,平成10年版）（文部省, 1999）に初めて，「地理情報の活用に関する技能」と「地図の活用に関する技能」とに大別して示された．前者は，「選別・把握」「収集の手段」「地理情報化」「処理や活用」，後者は，「日常的な活用技能」「探究における地図化や活用の技能」「略地図の描図技能」の内容となった．

　平成10年版の目標（4）の解説には，「資料の収集，選択，処理，活用に関する能力の育成」や「資料を適切に収集，選択，処理，活用し，資料に基づいて考察する態度」の記述が，また「内容（2）地域の規模に応じた調査」の解説には，調査の段階，①資料の収集，整理（各種資料の収集，観察，聞き取りによる情報の収集,資料の選択,比較・分類,そして課題の発見など），②課題の設定と考察（予想・仮説，分析，総合など），③調べた結果の整理・伝達（記述・説明，図化，報告・発表など）の記述がみられる．

　平成29年版と平成30年版の小中高社会系教科（以降，現行版小中高学習指導要領社会系教科）は，「内容の枠組み」「社会的な見方・考え方」「社会的事象等について調べまとめる技能」の小中高の一貫性の具体的な手立てにつながる3つの構成領域を示すことになった（唐木, 2019）．そこで地理的技能にかかわる「社会的事象等について調べまとめる技能」について，平成29年版の『中学校学習指導要領解説社会編』（文部科学省, 2018c）「参考資料3」よりみると，小中高を

一括する共通の内容で示されたが,「収集する」「読み取る」「まとめる」の探究と,地図,年表,情報機器,調査活動,基本統計などの作業の地理的ツールに関するわずかな例示に止まる．しかし平成29年版の『中学校学習指導要領解説社会編』の地理的分野の「内容の取扱い」の解説をみると,地理的技能は,地理情報を,①収集する技能（a.調査活動を通して, b.諸資料を通して, c.情報手段の特性や情報の正しさに留意して）,②読み取る技能（a.情報全体の傾向性を踏まえて, b.必要な情報を選んで, c.複数の情報を見比べたり結び付けたりして, d.資料の特性に留意して）,③まとめる技能（a.基礎資料として, b.分類・整理して, c.情報を受け手に向けた分かりやすさに留意して）の3つからやや細かく示されている．

2. 先行研究にみる地理的探究と地理的ツール

　日本の先行研究をみると,地理的探究には,地理的概念（テーマ）をもとにした1980・1990年代のアメリカの地理教育カリキュラムの影響を受け,地理的ツールを含む,地理的な問い,地理情報の獲得,地理情報の組織化,地理情報の分析,地理的な問いの答え,などの過程に目が向けられている．

　吉田（2001, 2003a）は,地理的概念との対応を図り,3つの過程：①地理情報の収集／整理／把握→②地理情報の分析／解釈／表現／活用→③地理情報の考察結果のまとめ／発表／意見交換,8つの過程：1.地理的疑問・研究計画→2.調査／収集→3.整理／把握→4.地図・図表などの活用→5.分析／考察→6.まとめ／発表→7.意見交換→8.価値形成（問題解決／価値判断／意思決定を含む）を論じた（表4-1）．

　さらに吉田（2011）は,地理的な見方・考え方と地理的技能の基礎的な関係を「地理的な見方・考え方は,地理的技能の活用を通じた,公民的資質の育成に繋がる学習活動によって養われる」と捉え,地理的技能の基本構造を地理的探究と地理的ツールに分け,地理的探究を「地理的疑問から地理情報を処理し,問題を解決していくことを通して,公民的資質の育成に繋がる価値判断や意思決定を行っていくこと」と規定し,その過程を次の10項目から説明した．

①地理的疑問：地理的事象・意味から疑問点を明確にし,課題を設定する．
②仮説・計画：既存の知識を活かして,課題に対する仮説の設定や推論を行い,課題解決のための手立てを検討する．それにしたがって追究過程や調査計画などを作成する．

③調査・収集：地図を活用しながらフィールドワークや文献・統計資料などの情報収集を行う．
　④整理・把握：収集した地理情報を整理し，課題に必要な地理的事象・意味の内容を把握する．
　⑤地図表現：整理・把握された地理的事象・意味を分析・考察の視点を持って多様に地図化・図表化する．
　⑥分析・考察：地図化・図表化された地理的事象・意味と，その他の地理情報も重ね合わせながら分析・考察し，地理的事象・意味の因果関係を追究する．さらに必要に応じて模式図化・図表化する．
　⑦まとめ・発表・意見交換・評価：分析・考察した地理的事象・意味の因果関係を総合的に検討・考察し，課題に対する答えを出してまとめる．そして適切な機材や方法によって発表し説明する．発表の際に意見交換し，まとめに対する検討や補充・修正などを行い，学習成果の客観性を高める．最後に今後の課題や新たな疑問などを見出す．
　⑧問題解決：⑦までの学習段階で得られた地理的認識となる地理的事象・意味の中から地理的意義に関わる社会的意義・課題を見出し学習の課題として設定する．そして課題解決や目的実現のための手段を選択し計画を立てる．
　⑨価値判断：広く社会的事象も視野に入れ，③〜⑥と同様の段階を踏み，その結果を総合的に検討・考察し，課題に対する答えを出してまとめ，適切な機器を用いて発表し説明する．発表時に意見交換し，まとめに対する検討や補充・修正などを行い，学習成果の客観性を高めた上で社会的な価値判断を下す．
　⑩意思決定：自己の実際の生活に繋げるための判断を下す．

　①から⑦は，学習指導要領にみる地理的ツールを含む地理的探究となり，地理情報の処理過程となる．⑧から⑩は，問題解決をもとに社会的価値判断を行い，個々が意思決定を行うことを通じて，社会系教科目標の公民的資質を育成する特色のある教育方法の過程となる．そして10項目の過程に伴う地理的ツールは，地理的探究の各段階の必要に応じて多様に求められ，その内容は，「地表面や空間を意識できる描写的な地図（メンタルマップも含む）・地図帳・地球儀などの活用」，「地表面や空間を意識できる地理（景観）写真の活用」，「模式図やグラフ・表などの図表統計の活用」，「フィールドワーク」ほかとなる．

3．香港中学校地理教育カリキュラム2011年版の地理的探究と地理的ツール

　香港中学校地理教育カリキュラム2011年版（以降，香港中学地理2011）の地理的技能の体系について示す（吉田，2014）．香港中学地理2011は，地理的概念を中心に編成され，知識，技能，価値態度の内容構成が明確な構造をもち，単元

表 4-1　地理的技能を育成する学習内容の構造化－野外調査の場合

	地理的技能の3と8過程の内容	丸数字は題目＜対応する主な地理的概念＞
テーマ・調査	Ⅰ．**地理情報の収集/整理/把握** 1.地理的疑問・研究計画 ■テーマ設定，対象地域選定，研究計画，調査計画（調査時期と項目・依頼・調査票の郵送・聞取り選定・マナー・記録など）． 2.調査／収集 ■2万5千分の1地形図の調査．統計などの資料調査，町史や電子工業の文献調査，ウェブサイト調査，役場や商工会への聞き取り調査，現地確認と工場周辺現地調査，工場への見学と聞き取り調査． 3.整理／把握 ■資料整理，PC活用，分布図と基礎統計の作成．	①津南町の位置と電子工場＜位置や分布＞ ●津南町の位置・方位・面積． ●津南町電子工場の位置． ●県境，中魚沼地方，周辺町村との関係． ②津南町の地域的特色＜場所＞ ●豪雪地帯，河岸段丘地形など． ●農業や土木業中心の産業構成（魚沼産稲作・除雪），観光産業（温泉・スキー） ●過疎化と高齢化，農村社会． ③津南町の電子工業＜場所＞ ●津南町の電子工場の製造品・経年変化・経営的特徴・労働者の特徴． ●家内副業の歴史と既婚女性の働き場． ●労働力指向型工業の特徴，親会社との関係，国際的分業体制での製造，海外競争での製造． ●電子工業と町行政・住民意識との関係．
調査結果の分析・考察	Ⅱ．**地理情報の分析／解釈／表現／活用** 4.地図／図表などの表現／活用 5.分析・考察 ■グラフ作成：繊維業を中心とした零細企業の減少と電子工業の進出を理解し，工業がバブル崩壊の影響をうまく乗り越えていることを理解する． ■主題図作成：電子工業の多くが役場周辺に立地．中心部と交通上好都合な場所への立地を理解する． ■表を作成：すべての会社は繊維・織物不況後に開業し，おおむね下請会社．従業員は女性社員が多く，労働力指向型工業の特徴となり兼業農家の既婚女性の働き場としての意味合いも理解する． ■表を作成：複数の会社の経営状況を比較する．従業員数・資本金・製品納入先・材料仕入れ先・生産体制・内職者・年齢構成など．また会社経営者の考え，開業の動機・現在の問題点・雇用状況・経営方針・海外との関係や製造工程や従業員の作業を理解する．	④津南町の電子工業の立地＜人間と自然環境＞ ●役場周辺の立地要因は，交通の利便性や人口集中地区で労働力を確保しやすい点にある．自然的・社会的条件から立地要因をみると地形的・気候的な閉鎖性，ホコリが少なく，空気がきれいで乾燥しないことから電子製造に有利． ●労働力指向型の特徴，低賃金労働と安価な地代，町在住の既婚女性中心の労働力．事業主の人間的つながりによる立地として親会社経営者との親戚関係があり，採算がとれる範囲で立地． ⑤電子工業をとりまく環境＜空間的相互依存＞ ●交通の整備や除雪の充実によって，製品輸送に雪害がほとんど関係なくなっている． ●地域的閉鎖性から既存の労働力が他地域に逃げにくく，低賃金労働が可能となりやすい． ●豪雪地帯の人々の気質との関係から長時間の細やかな単純作業が電子工業に適する． ●機械化が進むが労働者の手で組み立て，検査する作業現場がある．一方で数億円の精密機械からICを自動的に製造する作業現場もあり，人間と機械の分業がみられる． ●町住民は農業や観光，情報産業に強く期待．津南町には電子工場が数社だけで，関わる従業者数も少ないため，電子工業への意識が注がれにくい．町の土地利用や景観のほとんどが農業．

調査結果の分析・考察（続き）	■グラフ作成：住民の多くは農業中心であり、一方にある津南町の電子工業への意識を理解する． ■内陸下請工業などの特徴から津南町の電子工業が労働力指向型工業であることを理解する．また十日町織物の出機が盛んであった津南町は下請織物工場が多く立地し，それと電子工業との関係や，繊維・織物不況の克服のための若者の定着化・製造業誘致・農村地域の工業用地化・知的産業の誘致を理解し，繊維・織物業から電子工業に移ってきたことを理解する．	⑥電子工業と津南町＜地域＞ ●出機・家内副業→繊維工業→電子・情報産業に変容．1980年代の町の繊維工業は不況解決策を計画．1990年代に若者の定住化・製造業誘致・農村地域の工業用地化・知的産業の誘致に乗り出して繊維から電子工業へ変化．1995年にバブル経済崩壊の対策として企業誘致・異業種交流を進め，労働環境の整備，勤労者の福利厚生を重視．町の電子工業は国内安定成長から出荷額は急増し主要な産業へ．多くが下請工場で外注子会社を持ち，親会社が周辺市や東京にある． ●海外競争が激化．部品調達や出荷は国際分業体制が一般的．流動製品や高付加価値商品に国内生産の利点を生かした生産体制へ．
分析考察結果のまとめ・発展	Ⅲ．地理情報の考察結果のまとめ／発表／意見交換 6．まとめ／発表 ■まとめ作成． ■報告書や発表資料作成． ■発表． 7．意見交換 ■意見交換・再検討・再調査考察． ■社会人への聞き取りや意見交換（町長・商工会・地域住民）． ■再度，意見交換・再検討． ■最終まとめとしての報告書「活性化計画」を追加し公表する． 8．価値形成 ■活性化計画への自らの意思決定を生活や他の学習から検討する．新たな地理的疑問を生み出す．	⑦津南町の電子工業の展開（問題解決の過程） ●労働力指向型工業としての歴史的展開． ●津南町の電子工業の地域的展開． ●津南町住民意識での電子工業→課題設定． ⑧津南町電子工業の活性化（価値判断場面へ） ●高度な知識・技術力の修得． ●高付加価値製品やブランドの開発． ●国内生産の利点による迅速確実な生産． ●情報関連産業への参入（携帯電話）． ●従業員の質的向上および地域教育の充実． ●大企業の工場誘致． ●環境保全や農業のバランスを図る． ●農業や観光中心の住民意識との共存． ⑨活性化計画の作成（意思決定場面へ） ●報告書を作成し町役場や各電子工場へ提言．

吉田（2003a）より一部改変．

構成に反映されている点で優れている．とくに地理的技能は，地理的探究と地理的ツールに関する詳細な内容を伴った体系とその運用が明確になっている．

そこで香港中学地理2011の地理的技能に関する体系は，表4-2より確かめられる．表上段の「基本目標」は，(a) 項目が知識・理解，(b) 項目が地理的探究，(c) 項目が地理的ツール，(d) 項目が価値態度の4つから端的に示す．そのうちの (b) および (c) は，「技能目標」の (a) の探究のための一般的な発問と (b) の地理的探究，および (c) の地図やフィールドワークなどの地理的ツールと (d) の一般的思考・コミュニケーションなども含む価値判断や意思決定にかかわる技能に対応している．

表 4-2　香港中学校地理教育カリキュラム 2011 年版における「基本目標」「技能目標」「本質的な学習要素（技能）」の対応

基本目標
(a) 空間，場所そして環境，とくに場所の空間的配列や人間と環境の相互作用に関する知識と理解を発達させる．
(b) 地理的方法によって考え，探究させる．
(c) 発展的な学習や生活のために地理的技能や一般的な技能を発達させる．
(d) 自分たちの都市・国・世界の改善に向けた行動や，人間社会や自然環境の持続発展に貢献することをいとわず，知識を持ち，責任感のある市民になるようにさせる．

	技能目標		本質的な学習要素（技能）
(a)	次の質問によるガイドにしたがって地理的に考えなさい．	1	地理的課題（疑問）を確認し，地理的疑問を尋ね，述べる．
i	どこですか？どのようなところですか？	2	小中学校の資料・教材等（フィールドデータ，文書，地図，図，写真，GIS データ，ウェブサイト）から地理的データを選び，抽出する．
ii	なぜそれはそこにあるのですか？どうしてそれは起こったのですか？		
iii	どのようになぜ変化しているのですか？	3	要約するための技法を正しく使いながら適切な形式（文書：報告書・表・要約や，道具：地図・ダイヤグラム・モデル・スケッチ・グラフ）で地理的データを体系付け，発表する．
iv	それはどのように影響を及ぼしますか？		
v	それはどのように扱われるべきですか？		
(b)	次の技能を含み，基本的な地理的探究を習得しなさい．		
i	地理的な質問を尋ねる．	4	観察し処理された地理的データから配列，傾向そして因果関係を解釈する．
ii	様々な情報の源から探究のために関連のある情報やデータを探し集める．	5	推測させ，分析された地理情報・データから一般化や結論を導き出す．
iii	適切な形式に情報やデータを整理し口頭発表する．	6	異なる種類や異なるスケールの地図を読む．
iv	結論引き出しのために情報やデータを分析し解釈する．	7	索引や目次を使いながら地図帳における特別な情報を見つける．
(c)	次の技能を含み，基本的な地理的技能を習得しなさい．	8	索引や座標を使いながら地図上の特別な特徴や場所を突き止める．
		9	物差しを使い，地図上の距離や範囲を測る．
i	様々なスケールで異なるタイプの地図帳・地図・図面を読み，解釈する．	10	地図上の空間的配置の特徴を説明する．
		11	コンターマップに注解の格子枠を作図する．
ii	記号・注釈・凡例・縮尺を使いながら地図や図面を作図する．	12	スロープの勾配を計算する．
		13	ある範囲の起伏を描くコンターマップを解釈し地図上で示された地形の特徴を確かめる．
iii	フィールドワーク技法（例：観察，測定，聞き取り，記録，撮影，スケッチ）や機器（例えばカメラ，データ記録装置，GIS）を選び，利用する．	14	地理的データを体系化し，簡易な地図に作図するために，GIS ソフトウェアを利用する．

iv	異なるタイプの写真や人工衛星イメージ画像を読み,解釈する.	15	フィールドワークで地図上の道を歩いて示された情報から疑わしい特徴を確認できる.
v	地図やダイヤグラム(例えば円グラフやGIS)データを表す際に地理的に適切なIT技法を選び,利用する.	16	フィールドワークにて地理データを計測,地図化,記録するために様々な技能(観察,スケッチと注解付,聞き取り,野外調査,土地利用調査,交通量歩行者調査,写真ビデオ撮影,GISやGPSのデータ記録などを含む)を使う.
(d)	次の能力を含み,地理的課題の探究を通して,たとえばコミュニケーションスキル,批判的思考技能や創造性などの基本的な能力を習得しなさい.		
i	IT特有の正しい利用法において伝達・意見交換する(例えばパワーポイント発表,電子メールを通じたフィールドワークデータの共有)	17	フィールドで地理的データを計測,収集,記録するために様々な道具(16ポイントのコンパス,クリノメーター,測量テープ,デジタル気象メーター,データ記録装置等を含む)を使う.
		18	地理情報を記録し解釈するために,注解付きのフィールドスケッチを描く.
ii	選んだ情報を評価し信頼性を判断する.	19	フィールドにてサンプリング調査を企てる.
iii	空間的・生態学的以外の,例えば文化的,経済的,政治的,社会的に責任のある見方から自然の危険に直面する異なる場所で暮らす人々の多様な対応について調査でき,異なる見方から状況を眺められる.	20	合計,平均,頻度,範囲(最大最小),密度,比率,パーセントを確かめ,算出する.
		21	円,棒,円柱,折線,気候,比例などのグラフを作図し,解釈する.
		22	流入,流出,要素,フィードバック他,地理システムの観点を説明する流線図を作図する.
*おもな対応 基本目標 (b)(c) → 技能目標 (a)(b) / (c)(d) 技能目標 (a) → 学習要素1 技能目標 (b) → 学習要素2〜5 技能目標 (c) → 学習要素6〜25		23	斜めや空中の標高,人工衛星画像イメージを読み,解釈する.
		24	ある範域の写真で示されている特徴や配列を正しく認識し,同じ範域の地図上で確かめる.
		25	簡易な天気図を読む.

吉田(2014)より一部改変.

 表4-2中の「本質的な学習要素(技能)」は,1項目:地理的課題と発問,2〜5項目:地理的探究,6〜25項目:地理的ツールの3つからなる.「本質的な学習要素(技能)」は,表左下の「おもな対応」のように,「技能目標」に対応し,「基本目標」へとつながることになるが,「技能目標」(d)項目は,新時代のICTやメディア・リテラシーなどの新しいテクノロジーなどの内容となるため,「本質的な学習要素(技能)」と直接的に対応関係を読み取ることが難しい.

 「アプローチと方略」の説明は,①探究を通じた学習,②地図を通じた学習(読図,位置・方位・定位等の構成,スケール・距離・区域などの広さ,地図記号),

表 4-3　香港中学校地理教育カリキュラム 2011 年版の地理的探究の学習指導

過程	要となる発問の例	詳細
(1) 観察と知覚	"What?"	●問題の気付き／人間と自然の相互作用から生じる課題.
(2) 規定と記述	"What?" and "Where?"	●人間と自然の相互作用から生じる問題／課題に気付く. ●知識の存在の繋がりを見つけ出す. ●地理的問いを求める（Five "W"s）*. ●探究／調査の繋がりの正しい認識を示唆する. ●野外調査の探究のために収集されたデータや根拠を決める. ●探究に適切なデータや情報を収集する. ●データ，情報または根拠を説明する／表現する.
(3) 分析と説明	"How?" "Why?"	●適切なそして不適切なデータの間を見分ける. ●データや証拠を分類，分析する. ●説明を与える. ●追加または異なるデータ／情報が根拠として不可欠か決める.
(4) 評価，予想と意思決定	"What might?", "What will?" "What decision?"	●探究結果を評価する. ●概括化するか予想を立てる. ●選択すべき行動を提示する. ●収集された根拠や情報に基づき意思決定する. ●結論を見出し判断する.
(5) 個人的評価と判断	"What do I think?", "Why?" and "What shall I do?"	●自身にとって重要な価値を見出す. ●価値を含む，問題への個人的判断を下す. ●個人の生活様式を変化させるための行動かどうか決める.

注：*の The Five "W"s of Geography は What, Where, How, Why, and What if. の意.
吉田（2014）より一部改変.

③フィールド学習，④学習におけるインターネット・テクノロジー（IT）活用（GIS や GPS など）からなる．②〜④は，「技能目標」の（c）項目に対応し，地理的ツールとみられる．①は，「技能目標」の（a）（b）項目の発問と探究に対応するものとなり，疑問詞とともに，表 4-3 を用いて「課題の発見」「地理的事象の把握」「原因などの分析・考察」「結果への評価と意思決定（社会的価値判断）」「個人的評価・意思決定」の過程が詳細に説明されている．

4．NSW 州地理教育カリキュラム 2015 年版の地理的探究と地理的ツール

　ニューサウスウェールズ州地理シラバス 2015 年版（NSW 地理 2015）について示す．NSW 地理 2015 は，幼小中高を一貫する「地理的概念」「地理的探究ス

表 4-4　NSW 地理 2015 における地理的探究スキルの内容と意味

過程	内容	要素
地理情報の獲得	○問題点や疑問点に気付く． ○問題点や疑問点を調べて地理的な課題に発展させる．	○課題の発見／設定
	○地理的な一次データを収集する ○二次的な情報源から地理情報を集める． ○情報を記録する．	●情報の収集／選択
地理情報の処理	○バイアスを取り除き，信頼性を高めるためにデータと情報を評価する． ○適切な形でデータと情報を表現する．	□情報の取り扱い
	○集めたデータを解釈する． ○知見と結果を分析する． ○結論を導き出す．	■情報の分析／解釈
地理情報の伝達	○様々な戦略を使って内容・目的を聞き手に適切に結論を伝える．	◇適切な手法
	○調査で学んだことや探究の過程や有効である知見を反映する． ○行動を提案し，成果を予測する． ○行動を起こす適切な場所を考える．	◆学習成果の反映

吉田・菅野（2023）より転載．

キル」「地理的ツール」の構成領域による明確な体系と豊富な内容をもち，世界的に稀少な公式の幼小中高一貫地理教育カリキュラムである（吉田・管野，2016）．その中の「地理的概念」は，日本の学習指導要領にみる地理的な見方・考え方の視点としての意図をもちながら，学習内容の構成する中心としての役割を担っている．

「地理的探究スキル」と「地理的ツール」は，学習指導要領にみる地理的技能におおむね相当するが，各々が独立した領域となる．「地理的探究スキル」は，「地理情報の獲得，処理，伝達を伴う」「地理的な問いを立て，探究を計画し，情報を評価・処理・分析・解釈し，根拠と筋道立った推論のもとに結論に辿り着き，その知見を評価・伝達する．探究を熟考し学んだ成果を行動に移す」と明確に説明され，『獲得』『処理』『伝達』の3つの学習過程が定位されている（表4-4）．それは，『獲得』に○課題設定と●情報の収集・選択，『処理』に□情報の取り扱いと■情報の分析・解釈，『伝達』に◇適切な手法と◆学習成果の反映，の6つの要素からなり，幼小中高を一貫する系統表において読み取ることができる（吉田・管野，2023）．「地理的ツール」は，地図，フィールドワーク，グラフと統計，空間テクノロジー，視覚的な表現の5項目から個別的に説明されている．

NSW地理2015と，日本の学習指導要領にみる地理的技能としての地理的探究

を比べると，学習指導要領の場合，一貫性を意図する系統の内容は，具体的に十分にみられず，その中で「情報の分析・処理」の意味も十分とはいえず，おおむね理念的な指示に止まる．そのため，学習指導要領においても地理的探究に地理的ツールも含めた地理的技能としての一貫性にかかわる系統表などを，学年段階や単元ごとにより具体的な内容を伴って示す意義がある．その点，幼小中高を一貫する NSW 地理 2015 における地理的探究スキルの系統は，詳細な内容をもつため，参考になるが，その系統表は，紙面の関係上，省略する．

5．地理的ツールとなる認知地図と地理的概念の理解
1）認知地図の特徴と幼児・児童

認知地図は，外的環境などとの関係に着目し，認知の主体が個人・世帯・組織となり，地図を見立てた認知表象の隠喩の表現となり，必ずしも地図学的な地図と類似する表象を前提としていない（若林，1999）．たとえば幼児・児童が主体となる幼稚園教育や小学校生活科では，絵地図にどこまで地図学的な地図に類似する表象を求めるのか，求めないかの問いが生まれる．

認知地図の形成には，①主体の接触→②主体の認知（符号化，貯蔵）→③主体の行動（復号化，再生・利用）の段階がある．①と②には，物理空間に対する主体の直接的経験（移動，日常生活など）と，視覚・言語媒体を通した間接的経験（読図，会話など）がかかわる（若林，1999）．そして幼児・児童には，直接的経験による宣言的知識（各事象そのものの色・かたち・名前などの特徴に関する知識）および手続的知識（各事象の図像的な連なりに関する知識，ルート・マップ的な知識）を，さらに間接的経験による配置的知識（各事象の空間的な配置や位置関係などに関する知識，サーベイ・マップ的な知識）を貯蔵・発展させ，命題ネットワークなどを創り出させ，次の思考にかかわる検索や推論に活用させたい．③においては，手続的知識が空間的行動（目的地・選択など）へ，配置的知識が空間情報の伝達（道案内，地図作成）などへとつながる．

幼稚園教育や小学校生活科などでは，絵地図による隠喩的な意味による図像を尊重しながらも，その図像にルート・マップやサーベイ・マップのようなつながりや配置などの位置の関係性を持たせる指導の工夫が求められる．ただし「位置や分布」「場所」などの地理的概念の理解を基底に置く配慮が必要である．また絵地図を他の教育活動に活用して，地図学的な地図に類似する認知地図に結び付けるように指導しながら，幼児・児童が生み出した地理的ツールとして，それら

の認知地図を略地図や地理的な考察に利用し，場所や地域などの地理的認識の形成に役立てる意図も必要であろう（吉田, 2020）．

2）初期の地理的概念の理解と認知地図の発達

『幼稚園教育要領解説』（文部科学省, 2018a）の「環境」領域をみると，身のまわりの「場所」や「人間と自然環境との相互依存関係」に関する意味として，たとえば次の箇所がみられ，幼稚園教育に活動と体験，遊びと表現などが重視されることも考えると，「場所」の基礎的な理解が大前提にある．

○ねらい（p.14）：
「(1) 身近な環境に親しみ，自然と触れ合う中で様々な事象に興味や関心をもつ」
「(2) 身近な環境に自分から関わり，発見を楽しんだり，考えたりし，それを生活に取り入れようとする」
○内容（pp.14-15）：
「(1) 自然に触れて生活し，その大きさ，美しさ，不思議さなどに気付く」
「(3) 季節により自然や人間の生活に変化のあることに気付く」
「(6) 日常生活の中で，我が国や地域社会における様々な文化や伝統に親しむ」

次に『小学校学習指導要領解説生活編』（文部科学省, 2018b）をみると，身のまわりの「場所」や「人間と自然環境との相互依存関係」，そして地理的価値態度にかかわる「持続可能性」の意味として，たとえば次の箇所がみられる．

○目標（p.8）：
「(1) 活動や体験の過程において，自分自身，身近な人々，社会および自然の特徴やよさ，それらの関わり等に気付くとともに，生活上必要な習慣や技能を身に付けるようにする．」
「(2) 身近な人々，社会および自然を自分との関わりで捉え，自分自身や自分の生活について考え，表現することができるようにする．」「(3) 身近な人々，社会および自然に自ら働きかけ，意欲や自信をもって学んだり生活を豊かにしたりしようとする態度を養う．」
○学年の目標の趣旨（p.19）：
「(1) 学校，家庭および地域の生活に関わることを通して，自分と身近な人々，社会および自然との関わりについて考えることができ，それらのよさやすばらしさ，自分との関わりに気付き，地域に愛着をもち自然を大切にしたり，集団や社会の一員として安全で適切な行動をしたりするようにする．」

「場所」は，地理的事象として自然的・社会的特徴を捉え（主観，間主観の意

味も含む),「人間と自然環境との相互依存関係」は，人々と環境とのかかわりなどの地理的事象の関係性などの意味から考え，「持続可能性」は，「人間と自然環境との相互依存関係」から地理的価値態度への意味としてみられる．ただし「位置や分布」は，「場所」に相対的な位置・距離・広がり・方位・分布・距離などの意味が含まれていると考え，「場所」に付随する潜在的な意味として捉えられる．そして小学校社会科第3学年以降は，「空間的相互依存作用」や「地域」の意味もかかわり，順次性や階層性を伴う地理的概念が一体化していく．

　幼児・児童による初期の地理的概念の理解には，認知地図の利用が役立てられる．認知地図において，①絵地図，②ルート・マップ，③サーベイ・マップなどの地理的思考の様式がみられるが，知識の形態や地理的概念の理解がかかわり合う．①は，おもに宣言的知識と「場所」の理解，②・③は，おもに手続き的知識や配置的知識と「位置や分布」「人間と自然環境との相互依存関係」などの理解が関与するであろう．これらの思考の様式の認知地図を地理的ツールとして利用し，地理的概念の理解，地理的思考の発達を促す指導が求められる（吉田，2019）．

　幼稚園教育と小学校生活科では，地理的ツールとして認知地図を活用することによって，地理的概念の基礎的な理解と活用を発達させる役割を担う．たとえば幼稚園では，遊びながら園庭の各所を場所の特徴を絵地図に描く活動，目的をもって地理写真を並べて話す活動，ICTを用いて身近な場所の位置と特徴を確認する活動などから認知地図を見いだし，地理的ツールとして次の活動に利用することが見込まれる．

6. 一貫地理教育カリキュラムにおける地理的探究と地理的ツール

　本研究において，一貫地理教育カリキュラムにおける地理的技能としては，学習指導要領にみる地理的探究や地理的ツールの意図を踏まえ，地理的探究と地理的ツールからなるものとする．そして幼小中高を一貫する豊かな内容をもつNSW地理2015の内容を用いて，地理的探究は，『獲得』（課題の発見・設定，地理情報の収集・選択），『処理』（地理情報の取扱，分析・解釈），『伝達』（地理情報の適切な伝達法，成果の反映）による地理情報の処理過程を通して，探究することとし，地理的ツールは，地図／GIS，フィールドワーク，テクノロジー（タブレット型PCなどの情報機器端末の操作，デジタル教科書教材，ICTアプリケーションの操作，AI，VRなど）に大括りにして捉える．

香港中学地理 2011 の地理的技能の体系は，各学校種の教科体系が異なり，一貫カリキュラムの系統が意図されていないが，詳細に整理された「技能目標」と「本質的な要素（技能）」の内容をもつ．この点は，一貫カリキュラムの実践研究においても十分に役立てられる．日本の先行研究では，表 4-1 の学習内容の構造化が参考になる．それは，地理的ツールを含み，地理的探究の過程は細分化され，地理的価値態度の形成，市民性育成にまで関与する点にある．また表 4-1 の右列に，地理的探究の過程に則して，対応する地理的概念を具体的な内容をもって示すことによって，学習内容の配列および地理的な見方・考え方の育成が定まり，授業設計の論理が明確にされている．つまり表 4-1 左列の地理的技能を軸にして，【内容】【方法】【価値】の構成領域が示されている点が特徴的となる．さらに 10 項目による地理的探究の過程の詳細な説明も含め，実践研究における単元開発あるいは授業設計や分析の観点などに役立てられる．

　認知地図については，絵地図，ルート・マップ，サーベイ・マップの思考の形態があり，宣言的知識，手続き的知識，配置的知識などとともに地理的概念がかかわる．幼児・児童の幼稚園教育や小学校生活科では，地理的ツールとして認知地図を利用して，地理的概念の基礎的な理解と活用を促す指導の工夫が求められる．その際に，認知空間上，自宅・通勤先・買物先が第 1 次の結節点となり，それらを結び付ける交通路へと拡大し，第 2 次，第 3 次と結節点と経路が分岐しながら，結果的に点－線－面という順序で広がっていく，「アンカーポイント」理論の援用も考えられる（吉田, 2003b）．さらに学習段階が進むと，中学校や高等学校においては，「メンタルマップ」や「都市のイメージ」などの認知地図そのものが学習対象となる場合もあり，またそれらによる略地図やモデル・スケッチなどが地理的ツールとして利用される場面も想定される．

　AI が進化している現在，近未来社会において地理的探究や地理的ツールの利用は，著しく変化していく可能性があり，地理的技能として新しいテクノロジーの活用力やメディア情報リテラシーの育成に重きが置かれていく．

吉田　剛

文献

唐木清志（2019）：新学習指導要領は教科教育学の発展にどのように寄与できるか．日本教科教育学会誌, 41(4), pp.57-61.
文部省（1999）：『中学校学習指導要領解説 社会編』，大阪書籍．

文部科学省（2018a）:『幼稚園教育要領解説』, フレーベル館.
文部科学省（2018b）:『小学校学習指導要領（平成29年告示）解説生活編』, 東洋館出版社.
文部科学省（2018c）:『中学校学習指導要領（平成29年告示）解説 社会編』, 東洋館出版社.
吉田　剛（2001）: 地理的見方・考え方を育成する社会科地理授業の改善－単元「アメリカ五大湖南岸工業地域」の場合－. 社会科研究, 54, pp.31-40.
吉田　剛（2003a）: 地理的技能を育成する高校地理授業の設計－「野外調査」の授業づくりを通して－. 新地理, 50(4), pp.1-12.
吉田　剛（2003b）: 高校生の大陸・国家に対するイメージの空間性と空間認識について. 社会科教育研究, 90, pp.1-14.
吉田　剛（2011）: 社会科地理的分野における地理的見方・考え方と地理的技能の枠組み－内容知と方法知の視点から－. 新地理, 59(2), pp.13-32.
吉田　剛（2014）: 香港中学校地理カリキュラムにおける地理的技能の体系. 地理教育研究, 14, pp.1-9.
吉田　剛（2019）: 幼稚園教育「環境」領域と小学校生活科の一貫性－学校教育初期におけるSDGs/ESDカリキュラム開発に向けて－. 宮城教育大学教員キャリア研究機構, 研究紀要, 1, pp.67-76.
吉田　剛（2020）: 初期の地図リテラシーの理論化－認知地図形成と地理的概念による一試論－. 日本地理教育学会『入門期の地図活用研究グループ研究報告』, pp.17-22.
吉田　剛・管野友佳（2016）: オーストラリアにおける「ニューサウスウェールズ州」および「連邦」地理カリキュラムの地理的概念の機能に関する比較研究－コンピテンシー・ベースによる地理カリキュラムからの示唆－. 社会系教科教育学研究, 28, pp.101-110.
吉田　剛・管野友佳（2023）: オーストラリア連邦ニューサウスウェールズ州幼小中高一貫地理シラバス2015年版の地理的探究スキルの分析－我が国の「社会的事象等について調べるまとめる技能」の改善に向けて－. 宮城教育大学教職大学院紀要, 4, pp.51-63.
若林芳樹（1999）:『認知地図の空間分析』, 地人書房.

第 2 節　フィールドワーク

1. フィールドワーク学習の現状

　フィールドワーク（以降，FW）は，野外調査，地域調査などとも呼ばれ，初等・中等の地理教育では，郷土学習が盛んであった戦前，戦後を含めて重要な学習の1つを構成する．自明ではあるが，地理学研究では，フィールドでの実地調査の結果を基盤にして，空間的な事象を考察していく方法が一般的である．中学校社会科の教員向けの書籍（井田，2018）には，「地域調査は地理の醍醐味」であり，野外観察から地域の特徴を見いだすおもしろさが説明されている．これは，野外調査が地域の特徴を見いだすおもしろさがあることを端的に示している．しかし大学の地理学専門課程では考えづらいが，初等・中等教育の地理教育ではFWが十分に行われておらず，岩本（2021）によれば，中等教育でのFWの実施率は一割程度ではないかという．一方，初等教育では小学校3年生の「まちたんけん」の学習においてFWの実施率が高いが，地域を理解するための地理的なFWが行われていないともいわれ，この要因には，教員のFWスキルの不足が指摘されている（池，2022）．

2. 教育の変化とフィールドワーク学習の小中高接続の必要性

　2017年の小学校と中学校，2018年の高等学校の学習指導要領改訂によって，現在の初等・中等教育では，探究的な学習が求められるようになった．その背景には，知識詰め込み型の教育から，主体的，創造的，協働的に問題解決に取り組む態度を育てる教育に移行してきたことがあげられる．とくに2000年代になり，ESDが地理教育の現場でも重要視されるようになった．ESDでは，市民の育成を念頭に，多面的，批判的に分析したり，解決案を提案させたりと，学習者に意思決定をさせることを目指している（阪上，2018）．

　さらに小中高の授業においても，アクティブ・ラーニングの必要性から，「主体的で対話的な深い学び」が学習指導要領に明記され，教師が教え込む教育から，学習者が主体的に，あるいは学習者間で相互に学習し合いながら，知識・技能の習得だけでなく，問題解決的に学んでいくようになっている．近年では，PBLとして，課題に対して学習者が問いを設定して解決していく，あるいは学習者自らが課題を設定して，調査などを通じて解決していく教育方法が提案されている（吉水，2018; 2023）．

探究的な学習の手順は，自ら問いを立て課題解決のために情報収集するというプロセスを経ることになる．問題解決能力を育む地理学習を行うならば，何らかの問いに対して実地調査をともなうFWは，現代的な教育課題に適合した学習プログラムであろう[1]．野外調査をチームで，あるいは調査結果の発表を学習者相互に，と考えるならば，FW学習は「主体的で対話的な深い学び」にも調和する．しかしFW学習について，学習者が積み上げる技能など，校種間の役割の調整がなければ，FWに関する学びの成長の機会が失われてしまう．

　FWは重要な学習であるにもかかわらず，小中高のいずれか（あるいはすべてで）で地理的な見方・考え方を反映したFWが実施されていない場合もある．このような状況は小中高のFW学習の不連続性を示し，改善のためには，教員養成課程の中で教職志望学生に向けたFWの充実とともに，小中高のFW学習のプログラムで，段階的な技能習得の重要性を提示する必要がある．しかし篠原（2001），秋本（2003），犬井（2009）のような一部の研究では，小中高の校種ごとの段階性が示されているものの，小学校から高校までのFW学習を見据えた校種間の接続については述べられていない．また教師は各学校種とも多くの時間を割くことができない授業時数でFW学習を組み立てなければならないという，教育現場の現実もふまえなければならない．

3．各学校種の現行学習指導要領とフィールドワーク

　現行の学習指導要領とそれに対応する教科書の事例を参考にすると，各学校種のFW学習の主な特徴は図4-1のようにまとめることができる．

1）小学校生活科・社会科

　小学校では，おもに第1・2学年の生活科と第3・4学年の社会科地域学習でFWに相当する単元が設定されている．生活科では「学校たんけん」や「通学路たんけん」，「まちたんけん」などの単元がある．

　子どもが実際に身近な地域に出かけ，諸感覚を働かせながら地域の人々や社会的・自然的事象とかかわる体験重視のFWが行われている．こうした活動を通して，自分と身近な人々や社会，自然とのかかわりに気付きながら，地域への愛着や地域の一員としての意識を育むことが目指されている（文部科学省，2018）．

　社会科では「身近な地域・市区町村」，「市（町村）の様子の移り変わり」などの単元がある．身近な地域の地域的特色を明らかにする学習や地域の農業・工業・

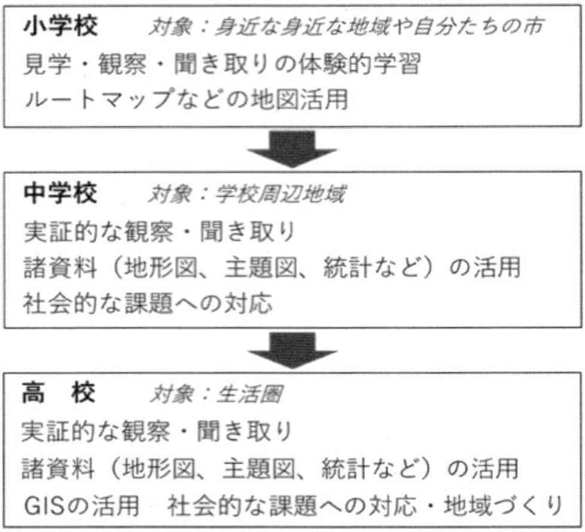

```
┌─────────────────────────────────────────┐
│ 小学校   対象：身近な身近な地域や自分たちの市 │
│ 見学・観察・聞き取りの体験的学習           │
│ ルートマップなどの地図活用                │
└─────────────────────────────────────────┘
                   ↓
┌─────────────────────────────────────────┐
│ 中学校   対象：学校周辺地域              │
│ 実証的な観察・聞き取り                   │
│ 諸資料（地形図、主題図、統計など）の活用   │
│ 社会的な課題への対応                     │
└─────────────────────────────────────────┘
                   ↓
┌─────────────────────────────────────────┐
│ 高 校   対象：生活圏                    │
│ 実証的な観察・聞き取り                   │
│ 諸資料（地形図、主題図、統計など）の活用   │
│ GISの活用　社会的な課題への対応・地域づくり │
└─────────────────────────────────────────┘
```

図 4-1　現在想定されている小中高における FW 学習の系統性
筆者作成.

商業を対象にした初歩的な実地調査が行われている．K 社の第 3 学年の教科書では,「わたしたちのまちは, どのような様子なのか」という単元を貫く問いのもと, 身近なまちの土地利用, 建物, 交通の状況に疑問を持たせるところから始まる. 学習者は, 地図を持ちながら歩いて現地を観察し, 気がついたことを地図に記入して, 要所で聞き取りをすることを想定している. たとえば調査する過程で, 駅の周りに集まる官公署や, 工場や倉庫が集積する場所を確認し, 坂の上下の地形も確認している. なお小学校では, 副読本（たとえば『わたしたちの新宿区』のような各市区町村の教育委員会が作成する副教材）にも, 身近な地域を事例としたFWが紹介されている.

第 4 学年になると, 水道局やごみ処理場などの「人々の健康や生活環境を支える事業」と, 地域の過去の「自然災害」や「県内の伝統, 文化, 先人の働き」の学習の中で, 見学や聞き取りを含んでいる. ただし第 4 学年では, 地理的内容だけでなく, 身近な地域のインフラ施設の取り組みや遺跡, 文化財の存在など, 公民的, 歴史的内容についての調査活動を含んでいることに留意したい.

小学校社会科段階の技能として, 調査前に疑問をもたせ, 見学, 観察や聞き取りの調査活動を体験させること, 地図を活用して調査位置やルートをまとめさせることがあげられる.

2）中学校社会科地理的分野

　地理的分野では一般的に，第2学年でFWに関連する学習が行われる．2017年告示の学習指導要領では，日本の諸地域の学習の最初に，学校周辺地域の「地域調査の手法」が設定された．そして日本の諸地域を動態地誌的に学習した後，地理的分野の学習内容の最後に「地域の在り方」としてFWに関連する学習が新設された．後者の単元では，地域の課題解決を目指して，事象を説明して自分の解釈を加えて考察し，他者と意見交換することが想定される．

　学習指導要領には知識および技能に関する目標として，「調査や諸資料から地理に関する様々な情報を効果的に調べ，まとめる技能を身につける」とあることからも，学習者は小学校よりも「様々な情報」を駆使して地域を考察することになる．具体的には，観察などの野外調査とともに，地形図，主題図，統計を活用し，また文献調査を行い，地理的なまとめ方として地図を活用することが盛り込まれている．なお学校が所在する地域によって地理的事象は異なるため，学習指導要領では，防災，人口の偏在，産業の変容，交通の発達などの観点からFWを設定するように述べられている．

　N社の教科書では「地域調査の手法」の単元で，空中写真と地形図の基本的な学習をした後，「自然と防災班」と「交通と観光班」に分け，小グループによるFWを想定している．自然と防災班では，地域の水路網と水害への対策に着目する設定になっている．水路や水門を野外で観察したことを写真やメモで記録して，最終的に災害の歴史と洪水ハザードマップとを対応させたまとめ作業の事例を紹介している．交通と観光班では，観光客の増加とその影響に着目する設定になっている．野外で外国人観光客と商店街の店主に聞き取りをして，駅の利用者数と外国人観光客数の統計資料から経年変化のグラフを作成する．そして，外国人観光客数の増加と聞き取りの結果とを対応させながら，地域の変容を考察する事例を紹介している．いずれも調査結果と考察については，ポスター発表の形式がとられている．「地域の在り方」の単元では，京都市を事例に地域の課題を整理したうえで，例の1つは観光客の増加と交通の利便性の課題を考察する設定になっている．課題に対しては，まちづくり会議を模した形式で，他地域の課題解決の事例をもとに提案，議論する内容となっている．

　中学校の段階では，現地での観察や聞き取りについての技能を充実させ，その実地調査と地形図や諸資料を結びつけ，地域の社会的な課題とその解決に踏み込むことが求められている．

3）高等学校地理歴史科地理総合

　高等学校の地理歴史科地理総合では，1年間の最後に設定されている，「生活圏の調査と地域の展望」でFW学習が行われる．中学校での「学校周辺地域」に対し，高校では「生活圏」となって調査の範囲が広がったといえる．生活圏は，身近な地域だけでなく，通学する道のりや買い物などででかける隣まちと捉えることもできるだろう．ただし，求められる知識・技能は，中学校の内容と大きな変化はないが，GISの活用に加え，より地域づくりに着目することが求められている．

　N社の教科書では，生活圏の調査として，RESASから市町村ごとの人口増加率を表示させる手法を紹介し，地理院地図や今昔マップといったWeb GISの活用が取り上げられている．地域の特徴や変容を資料から読み取り，その結果をFWと対応させようとする意図である．また，地域がかかえる課題を認識するために，ブレーンストーミングとKJ法を用いて捉える手法が紹介されている．教科書の説明では，軽井沢の観光客の集中と混雑を事例として，次の①から⑤の構成にしたがって記載されている．①地域情報の入手，②仮説の設定，③観察・アンケート・聞き取り，④地図化などの調査結果の分析，⑤発表に向けた準備とともに課題の解決の提案．GISの導入が高校地理総合の教科書の特徴ではあるが，その他の高校地理総合の教科書でも，①から⑤の流れは，中学校教科書の構成と大きくは変わらない．

4. 各学校種のフィールドワーク学習の課題

　小学校の課題は次の2点があげられる．①身近な地域を対象としたFWの学習機会が以前と比べて減少したことである．3年生の社会科の入門単元では，学習指導要領の改訂に伴い，「自分たちの市区町村」の学習に重点が置かれ，教科書では「身近な地域」の学習に充てる時数が縮減された．そのため，広い地域を扱い，かつ身近な地域や学習者が住む市区町村の特徴を考察する際に，実地観察ではなく，写真や土地利用図などの間接資料を用いた学習が増え，体験に基づくFW技能の習得に支障をきたす恐れがある．②高学年（5・6学年）におけるFWの扱いが明確ではないことである．地域学習を主とする中学年および中学校のFWの間に位置付く高学年において，社会科見学などでの見学・観察の重要性は指摘されているものの，生活科や中学年で学んだFWの技能がどのように活用され，どの段階にまで深められるべきかについては具体的に示されていない．

中学校の課題は，小学校と中学校との間で，FW の内容とともに，習得させようとする技能の開きが大きいことがあげられる．前述の小学校 3 年生の身近なまちの学習は FW の入門的，体験的な学習であった．中学校の FW 学習では，地域における社会的な実際の問題に焦点を当て，観察や聞き取りなどの調査結果を図化して実証的に示すことが求められている．分析的な FW を実現するためには，焦点を当てるべき地域の事象に気づかせて問いを立てさせ，調査，分析の過程で仮説を立てさせたり，説明に必要な図化手法を学ばせたりする必要がある．小学校と中学校の間のその技能的な隔たりを埋めていくためには，小学校高学年の社会科の学習との接続も検討でき，高度な技能は高校での学習に委ねられるものもあるだろう．

　高校の課題は大きく 2 点ある．1 点目は，大項目 C の中に中項目の「生活圏の調査と地域の展望」が設定されているが，FW は学習指導要領において明確に実施を義務付けられているものではないことである．また，「実践例」として紹介される FW は「一日がかりのもの」「地域の方々へのインタビューなどの多岐にわたる活動を含むもの」など，気軽に行えないようなものもあるため，FW 自体に「壁」を感じる教員は多いのではないだろうか．大項目 C 以外でも FW と関連付けられる内容（例えば，大項目 A の地図関連や大項目 B の国際協力）があるため，今後は大項目 C 以外と関連させる実施の在り方を探る必要がある．2 点目は，卒業後の進路選択には高校ごとに大きな差異があるため，これを踏まえた実践事例の充実・発信が求められることである．2023 年度の大学進学率は，57.7％と過去最高を記録した（文部科学省，2023）．しかし残り約 4 割の生徒は，大学以外の進路を選択している．高校での地理学習が最後の地理の学びの場となる生徒も多数存在する．「これまでの地理学習の集大成であること」，「学習者は実社会に一番近い場にいる学び手であること」を意識した実践を行ううえで，実際に地域の中を歩く FW は欠かせない（写真 4-1）．

　前節で指摘したように，中学校と高校地理総合の教科書においては，FW 学習の内容の違いは，高校で GIS の活用はあるものの，その他の内容の差異は少ないようにみえる．地域の課題とその解決については，中学校の「地域の在り方」と高校地理総合の地域づくりへの提案についても違いが鮮明ではない．とくに，高校卒業後に社会人となる場合もあることをふまえると，高校ではより当事者性のある課題を追究させたり，地域の課題をグローバルなスケールの中で考察させたりすることも考えられる．中学校と高校で扱う FW 学習の差異を明らかにする

写真 4-1　高校における近隣の公園を観察する FW
2021 年 9 月椿実土里撮影.

ことは，他科目を専門とする教師へも指標となり，校種間の接続を検討するうえでも重要な課題である．

　また校種間共通の課題も指摘できる．それが FW を指導する教員にかかわる課題である．たとえば教育現場において FW を行う余裕がない教員が多いことである．勤務時間，諸活動，保護者対応など，授業以外の業務が多岐にわたる状況があり，高校教員を対象に野外調査の実施状況を調査した池・福元（2014）においても阻害要因として上述の点が指摘されている．池・福元（2014）の調査は高校教員を対象としたものであるが，小学校および中学校教員も同様の課題を抱えていると考えられる．また FW の経験が少ない地理を専門としない教員への支援も喫緊の課題である．とりわけ必履修である地理総合が歴史や公民を専門とする教員が担当している実情からも，このような教員に対する教師の専門的能力としての FW 技能の獲得・向上を支援することは今後ますます必要である．

5．各校種間の接続を目指して―フィールドワークの目的の検討

　FW 学習は小中高の地理学習で欠かせないものだが，前述から各学校種における FW 学習の位置付けやそこで育成・活用される技能は異なる（図 4-1）．これには各学校種での FW 学習の目的の違いが影響する．小学校では身近な地域の理解，中学校では身近な地域の調査方法の獲得および地域課題の把握と解決，高校では生活圏の課題の解決が中心的な目的となる．もちろんこれらに付して FW 自体をすることの楽しさを知る，経験することも目的に含まれるだろう．そして目的に連動する形で関連する技能の育成・活用が学習目標として設定される．それ

ゆえに，小中高で一貫してあげられる観察・聞き取りという技能に関して，FWの目的を何とするかでその技能が育成・活用される過程で扱われる学習内容は異なるし，観察・聞き取りから何を収集し，その結果をどのように活用するのかにも違いが生じる．

これまでのFW学習の小中高一貫にかかわる研究では，調査地域の範囲や分析視点・方法，地図能力を含むFW技能といった点から盛んに議論されてきたが，今後はFW学習の目的という視点からも検討が必要である．

中村洋介（第1，2，3，4項）・大矢幸久（第3，4項）・
椿実土里（第3，4項）・林　靖子（第3，4項）・阪上弘彬（第5項）

本節は，中村ほか（2024）に加筆・修正したものである．

注
(1) 大野（2023）は，高校における1年間の総合学習での探究的な学習ではあるが，学習者が問いを立て，レポートにまとめるまでの探究的なFWの事例を説明している．

文献
秋本弘章（2003）：野外観察と調査．村山祐司編『21世紀の地理－新しい地理教育－』，古今書院．pp.117-122.
池　俊介編（2022）：『地理教育フィールドワーク実践論』，学文社．
池　俊介・福元雄二郎（2014）：高校地理教育における野外調査の実施状況と課題－神奈川県内の高校を対象としたアンケート調査結果から－．新地理, 62(1), pp.17-28.
井田仁康（2018）『授業をもっと面白くする！中学校地理の雑談ネタ40』，明治図書出版．
犬井　正（2009）：野外調査のあり方と課題．中村和郎・高橋伸夫・谷内　達・犬井　正編『地理教育の方法』，古今書院，pp.319-330.
岩本廣美（2021）第二次世界大戦後の日本の地理教育における地域学習の展開と課題－中学校社会科地理的分野の単元「身近な地域」の扱いを中心に－．人文地理, 73(2), pp.181-201.
大野　新（2023）：探究学習を深めるフィールドワークの経験．地理教育, 52, pp.24-29.
阪上弘彬（2018）：『ドイツ地理教育改革とESDの展開』，古今書院．
篠原重則（2001）：『地理野外調査のすすめ－小・中・高・大学の実践を通して－』，古今書院．
中村洋介・大矢幸久・椿実土里・林　靖子・阪上弘彬（2024）：フィールドワーク学習の小中高一貫地理教育を目指して．地理, 69(1), pp.110-115.
文部科学省編（2018）：『小学校学習指導要領解説生活編』，東洋館出版社．
文部科学省（2023）：令和5年度学校基本調査調査結果のポイント．https://www.mext.go.jp/content/20230823-mxt_chousa01-000031377_001.pdf（2024年6月29日）
吉水裕也編（2018）：『本当は地理が苦手な先生のための中学社会地理的分野の授業デザイン＆実践モデル』，明治図書．
吉水裕也編（2023）：『PBL的社会科単元構成による中学地理の授業デザイン』，明治図書．

第3節　GISと地図からみた指導の一貫性

1. 現在の学習指導要領からみる地図・GISの系統的指導

　現在の日本の地理教育は，「見方・考え方」を働かせた探究志向が強まった．探究では連続的でスパイラルな深い学びが求められる．しかし現行の学習指導要領や教科書をみる限り，地図や地理情報の活用技能を系統的に育成する方法は示されていない（國原・伊藤，2023）．

　小中高の学習指導要領の目標をもとに，地理的技能の育成にかかわる部分を抽出すると，課題を追究・解決する（全学校種），地理的な見方・考え方を働かせる（中高），地理的環境（小）・地域的特色（中）を理解する，特色・関連・意味を多角的に考える（小），地理的概念の五大テーマに着目して多面的・多角的に考察する（中），概念を活用して多面的・多角的に考察する（高），情報を効果的に調べまとめる（中高，高等学校ではGISの使用が追加）ことが示されている．

　小・中学校では地理的技能を用いて，地域の様子，場所による違い，人々の生活と自然環境，他地域や諸外国との関係性を理解させる．とくに中学校では，地球的課題の要因や影響に着目させ，地域調査では，調査の視点と方法，地理的なまとめ方の基礎を重視するとともに，地形図や主題図の読図，目的や用途に適した地図作成を求めている．高等学校では義務教育で養われてきた地理的技能や地理的な見方・考え方の活用に重点が置かれ，習得段階から活用段階へと移っていく．

　高等学校の地理総合では，「地図や地理情報システムと現代世界」「自然環境と防災」で地図やGISの学習が集中的に行われるが，高等学校「地理探究」では地図を扱う項目はない．GISについては，その役割と有用性の理解，GISを利用した情報収集・読み取り・まとめができ，目的や用途にあった地図などの適切な利用ができる技能を求めている．高等学校の地理探究で地域区分の方法と意義，地域の捉え方を学習するが，そこで地図やGISの利用が促されてもよい．

　次に，学習指導要領における内容の取り扱いをみると，小学校では第3学年から第5学年まで，地図などを用いて調べて白地図にまとめさせ，主題図理解の基礎を養う．都道府県の名称と位置，主な国名とその位置，方位と地図記号，緯度・経度の理解を求めている．中学校でも，都道府県名と県庁所在地名，主な国名とその位置を理解させる．それとともに，世界地図や日本地図の描画，縮尺の大きな地図や統計資料に親しみ，活用技能を高めることや，地図を使った事象の説明，解釈を加えた論述，意見交換（高等学校では討論）を求めている．ただし都道府

県や県庁所在地などの地名の暗記と，描画の意味を明確にしないと，系統的・継続的な指導には至らない．

地形図などの活用技能の育成においても，各学校種における重点指導内容を設定することが必要で，主題図を用いる場合では，何を読み取らせ，どう解釈させるか，学習問題・学習課題とどう結びつけて，問題・課題解決に向かわせるかが問われる（國原，2023）．高等学校では，地図やGISに関する基礎的・基本的な知識や技能と適切な利用の仕方の習得，持続可能な社会づくりのために地図やGISが果たす役割の理解が求められるようになった．

すべての学校種で，地理的な見方・考え方を身に付け，地理的技能の育成を系統的・計画的に行い，地図帳を活用すること，高等学校ではGISや情報通信ネットワークの活用が求められているが，学習内容と関連付けながら重点的に育成したい技能を具体的に示し，検証していく必要がある．

2．教科書からみる地図とGISの利用

教科書に掲載された地図やグラフ，GISについての記述をみると，小学校第3・4学年では，位置や分布，地域間の結び付きを捉えるために地図が，値の大小に着目して比較させるために絵グラフや棒グラフが多く用いられている．高学年になると，地球規模の視野で考えさせ，グラフで変化を捉えさせる．とくに第5学年で学習内容と取り扱う地理資料数と種類が急増している．第6学年は政治・歴史・国際の内容に分かれるが，歴史の内容ではルートや範囲を示した地図や表の掲載数が多く，国際の内容では位置図が多く，地図やグラフの掲載数は少ない．中学校社会科地理的分野の教科書をみると，世界や日本の諸地域のイメージをもたせるための写真や地図，帯グラフ，地形図の掲載数が増加し，さまざまな地理資料が用いられている．高等学校「地理総合」の教科書をみると，デジタル地図，模式図，階級区分図，折れ線グラフの掲載数が増加し，統計地図について説明した教科書も見られる．地形図学習では「地理院地図」，さまざまな自然災害のハザードマップを掲載した教科書もみられるが，内容的に中学校との違いが明瞭でない（表4-5）．デジタル地図とGISは，地図化という面から高等学校で取り扱われるが，中学校でも「何が読み取れるか」に重点を置き，「地理院地図」以外のデジタル地図やGISにも慣れ親しませる必要があろう．

次に，学校種別の地図とGISにかかわる視点をみると，相違→関連→変化→特色，位置・範囲→分布→地域区分といったプロセスを経て，高等学校「地理総

表 4-5 教科書にみる地形図とデジタル地図の学習内容

	地形図							デジタル地図			技術
	方位	縮尺	地図記号 土地利用 等高線 地形断面	新旧地図比較	地理院地図	空中写真	ルートマップ	デジタル地図	ハザードマップ	GIS	基準
小学校	○	○	○	○		○	○		伝える情報 役立つ情報 対策と取組み		
中学校		○	○	○	比較	○			浸水区域 浸水想定深 避難方法 避難ルート 避難場所		
高等学校		○	地理院地図	今昔マップ on the Web 地理院地図	技術変化 地形 面積測定 重ね合わせ			散歩地図 RESASで地図化 e-STATで地図化	地図化でわかること 被害想定 浸水深・浸水区域と地形 避難ルート 避難場所 活断層の位置	普及理由 WebGISの事例と長所	○

注：○は各項目の意味と説明程度.

合」で再度全体的に確認して「地理探究」に結び付けようとしていることが読み取れる（表 4-6）. 第 5 学年の学習内容の多さと，第 6 学年における地図や図表の利用の偏り，中学校と高等学校「地理総合」，「地理探究」の接続が十分でない.

小中高の教科書では，地球儀を使った学習が掲載され，学習問題・課題と児童生徒の問い，学習活動が例示されている．小学校では，日本を中心とした学習問題が多く，日本と対比させながら外国を捉える学習活動がみられる．中学校では，グローバルな視野で学習課題を設定し，地球儀と世界地図の長所と短所を考えさせる．高等学校になると学習活動は示されていないが，日常生活とのかかわりや位置の基準に着目させている．球面上の世界の捉え方に習熟させることを求めているが，その学習方法は示されていない．デジタル地図の基礎理解と作成，技術的内容については，教科書により記述にばらつきがある．

表 4-6 学校種別にみた地図と GIS にかかわる視点からみた学習内容

	相違	関係	変化	特色	位置・範囲	分布	地域区分
小学校 第3学年 (市町村)	場所	生活や自然環境	市の様子				
第4学年 (都道府県)		地域		地理的概要	都道府県		
第5学年 (産業)		産業と自然 貿易と生活 産業 外国	生産量 輸入量	産業 地形と気候 自然災害 生産, 貿易 生活	大陸と海洋 国 緯度・経度 領土	工業地域 交通網 生産物	
中学校 第1学年 (世界) 第2学年 (日本)				地球と自然 視点 捉える方法	大陸と海洋 国土 緯度・経度 時差 領域 都道府県	宗教	方法
高等学校 地理総合	共通点 相違点	国内と国家間 自然と社会的 条件			方位 時差 日本 領域		
地理探究		空間的規則性, 傾向性, 現状と動向, 要因					方法 意義 地域

3. 外国の地図と GIS に関するスタンダード・カリキュラムとの比較

1) アメリカの『地理ナショナルスタンダード』(2012 年版; Heffron and Downs, 2012)

スタンダード1では, 地理的表現 (特色・機能), 地理的可視化 (方法), 地理空間技術 (技術), 地理的表現 (表現) より, 第4学年, 第8学年, 第12学年で到達すべき目標が示されている (國原, 2019). 事例の認識からデータ取得・地図作成・分析, 第12学年になるとデータの認識と適切な利用, 評価, 意見交流へと進み, GIS については, 地理空間情報の表示の理解から, 地図作成・分析, 適切な利用と評価へと進んでいく.

2) ナショナル・ジオグラフィック社が発行する教科書

教科書『World Cultures and Geography』の地図に関する学習では, 課題や仮説の設定, 推論と結論, 比較対照, 読図に重点を置いている. さまざまな方法で地理情報を収集, 分類し, GIS で体系化して表示する. 各テーマの学習目標の中で,

日本に見られないものは，地理的パターン分析，地理情報の体系化，地域の形成過程の理解である．

3）イギリスの『ナショナルカリキュラム地理』（2014年）

GCSE（義務教育終了段階）と AS/A（大学受験用コース）における地理的スキルと GIS についてみる．

（1）GCSE レベル（Department for Education, 2014b）

地図や GIS の利用スキルとともに，地理的な問いや仮説を立てる能力を高めることがあげられている（國原, 2018）．そこで地理的スキルは，地図スキルとグラフィカルスキルに分けられているが，取り扱われる内容は日本と似ている．GIS を通して，さまざまな地理情報源があることを説明できることを求め，準拠する教科書では，データをいかに地図上で示すか，GIS の利用目的とその重要性を理解させることを学習目標としている．GIS の学習で求められるスキルとして，説明，結論の導出，用語の説明，地図の解釈があげられている．

（2）AS/A レベル（Department for Education, 2014a）

定量的・定性的データを収集・利用・評価する技能が学習に不可欠なものとなり，地理的スキルを，地理情報の特色の理解と捉え，地理情報の利用に習熟するだけでなく，他者と議論でき，理論に基づいて結論付けられる段階まで求めている．なお，日本では，地理情報の利用に習熟させることを目標にした学習展開について，現行の学習指導要領で強調されるようになってきた．AS/A レベルでは，GIS 技術の理解も求めているが，日本では「地理総合」で取り扱われている．しかし「データの認識，技術を踏まえた地図や GIS の適切な利用と評価」に関しては，現行の学習指導要領に記載はなく，これを地理教育で取り扱うのかは，今後議論されるべきであろう．

4. 高等学校地理歴史科地理総合の授業からみる「地理院地図」の活用

地理総合では，地図と GIS の内容を早期に取り扱う．従来の紙の地形図を用いた読図などの指導よりもデジタル地図を用いる指導の方が，多種多様な資料から得られるデータを重ね合わせられ，問題点の洗い出しや新たな問題点の発見，それらの解決の手立てを思考し易く，その後の学習にも役立てられる．ただし図表などの地理情報を重ね合わせるという思考は，デジタル地図だけで取り扱われるものではないが，デジタル地図を用いる指導の学習環境は，急速に進んできている．

高等学校第1学年で地理総合を履修する場合，地図とGISを授業で取り扱うのが5月末から6月初めになる場合が多く，タブレット機器などを本格的に授業で扱う時期と重なる．この時期には，機器の操作などでトラブルが発生し易く，授業経営上の課題となる．しかし高等学校で情報機器が整備されてきたことによって，できるだけ「地理院地図」や「Google Maps」「今昔マップ」「MANDARA」などのアプリケーションに触れさせ，その教育効果に期待したい．また「地理探究」では，地理総合でどの程度，地図やGISについて学んできたのかによって，学習指導に差が生じてしまうが，小・中学校でもどのような地理的な学びがあったのかについても意識する必要がある．

　地理総合では，デジタル地図の提示比率が年々高まり，デジタル地図に関する知識や活用技能を習得させながら，論理的な思考をより多く経験させ，その後の学習に活かしていくことが求められる．そこで生徒に「地理院地図のようなデジタル地図を見たり操作したりした経験はあるか」と聞くと，8～9割の生徒は利用したことがあると答え，中学校の授業でも「Google Earth」や「Google Maps」を使用した経験のある生徒が大半を占めた．ただし「地理院地図」の操作については，ほとんどの生徒が未経験であった．さらに生徒に操作方法を教えた上で，「どの各操作項目を使用して課題に取り組み，どの表示機能を使用して地図を扱ったのか」とたずねると，図4-2のように1種類の操作で取り組む傾向が強いが，2種類以上の操作で資料を作成する場合もみられた．

　次に，「地理院地図」にCSVデータを反映させて地図を加工し，別の思考要素となる人口ピラミッドを利用して，地図と統計データを関連付けて考えさせる経験をさせた．このような地図の操作から自分の経験や知識などを応用する学びは，地理を学ぶことの意義につながり，さらに位置情報や図表による数値データがデジタル地図によって空間認識として生徒に理解されることは，共通テストなどの公的な試験問題で求められている地理的な見方・考え方の基礎になる．

　高校生が「地図の情報にどのようなイメージを持っているか」「地図の活用をどのように考えているか」を把握するとともに，これまでの地理的な学びの経緯や，上級学校での地理的な学びの連続性について意識していく必要がある．

5. 実践者からの提案—「コア・アプリケーション」の利用

　筆者は，地理総合において学習する単元にちなんだ実習を行っている．利用頻度が高く，さまざまな単元で使うアプリケーションを「コア・アプリケーション」，

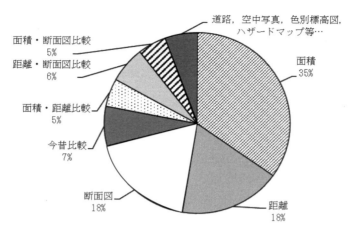

図 4-2　地理院地図で生徒が使用した操作と機能
2024 年 5 〜 6 月「地理総合」の授業課題をもとに筆者作成．

特定の単元で紹介するアプリケーション（たとえば航空路線図など）を「サブ・アプリケーション」と位置付けている．汎用性の高い「コア・アプリケーション」を使って実践を蓄積することは，高等学校に限らず，地理教育において GIS を日常化させるうえで欠かすことのできない活動であると考えている．いくつかのコア・アプリケーションと利用事例を提示する．

1）「全国 Q 地図」

「全国 Q 地図」は，国土地理院の「地理院地図」を基盤に，他機関が提供する地図タイルを総合的に表示できる Web GIS である．図 4-3 は，「地理院地図」の地図タイル上でチェーン店の分布図（コメダ珈琲店，タリーズコーヒー，スターバックス）を表示した生徒の作品である．一般的な GIS ソフトでは，店舗の住所録などのリストを一度緯度経度情報に変換する必要があるが，「地理院地図」では住所の入った CSV ファイルをアップロードするだけで簡単に分布図を描くことができる．

図 4-4 と 4-5 は，静岡県富士市における新旧の地形図の比較である．「今昔マップ」を Web ブラウザで閲覧する場合は，地図上に書き込みや着色をすることはできないが，「全国 Q 地図」で開けば，「地理院地図」と同じ要領で線や面を描くことができ，描いた図形をレイヤとして他の地図上で表すことが可能である．

第 4 章 【方法】の構成領域を考える　117

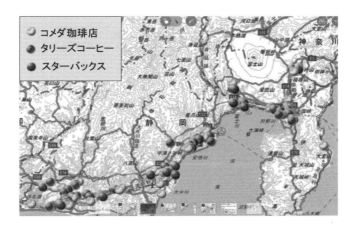

図 4-3　静岡県内のコーヒーショップの分布
地理院地図を基図に「全国 Q 地図」で生徒作成.

図 4-4　静岡県富士市付近の旧地形図（1894 年）
今昔マップで表示した図に河道を着色.

図 4-5　静岡県富士市付近の地形図（2024 年現在）
地理院地図に 1894 年当時の河道を着色.

旧河道や低湿地を塗りつぶした上で，現代の地図上に反映させることで，防災学習をスムーズに進めることができる．

2)「白地図ぬりぬり」と「ロイロノート for School」

図 4-6 に示す「白地図ぬりぬり」は，白地図を表示して国や県をタップすると色を塗ることができるアプリである．図 4-7 は，「ロイロノート for School」で提示した地図帳作業の事例で，デジタル地図帳の画像書き込みをして提出させたものである．

図 4-6 「白地図ぬりぬり」の利用例
生徒が知っている国を塗りつぶし，ロイロノート for School に貼り付けて作成．

図 4-7 「ロイロノート for School」の利用例
二宮書店「新デジタル地図帳」を基図にして作成．

3) MANDARA JS

　インターネットから入手できる各種統計資料を地図にする際に，最も手軽なアプリである．Windows版GISソフト「MANDARA」の機能をWeb GISに対応させたもので，Windowsパソコン以外でも使うことができる．ただしあらかじめ用意した統計データを地図で提示することは容易であるが，統計データを分析することや，一定の尺度で分析を加えるような作業は，Windows版に比べると作業が繁雑になる．

　図4-8と4-9は，「世界の農業」のイントロダクションに用いた実習の一部で

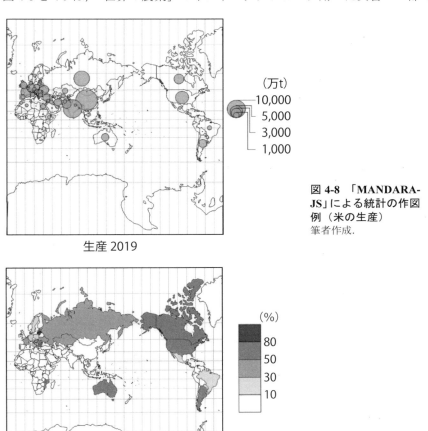

図4-8 「MANDARA-JS」による統計の作図例（米の生産）
筆者作成．

図4-9 「MANDARA-JS」による統計の作図例（米の輸出割合）
筆者作成．

ある．図 4-8 は米の生産量，図 4-9 は米の生産量のうち，輸出に回される割合（輸出量を生産量で割ったもの）である．簡単な割り算を行うだけではあるが，表計算も Web 上で行う必要がある携帯端末では指導に工夫が必要となる．

4）展望

　小学生から情報端末が与えられ，使いこなしている現在，「地理院地図」も「白地図ぬりぬり」も，児童生徒らはすぐにマスターするだろう．地理総合において GIS の仕組みを知り，より高度な分析や提言ができるようになるのが理想である．
　高校生が，小中学生を教えることによって地域の課題について理解を深める場面も出てくるだろう．直接出向かなくてもリモートでつながり，資料を共有できる時代である．「地域に学ぶ」「地図で学ぶ」という一貫性を保ちながら，実効性の高いカリキュラムを構築していきたいものである．

國原幸一朗（第 1，2，3 項）・三浦　徹（第 4 項）・伊藤智章（第 5 項）

本節は，國原・伊藤（2023）をもとに加筆・修正したものである．

文献
國原幸一朗（2018）:「ナショナルカリキュラム地理」と教科書の記述－ GIS に着目して－．名古屋学院大学論集（社会科学篇），55(2), pp.271-286.
國原幸一朗（2019）:アメリカの社会科と地理における地理的技能の育成方法－スタンダード・教科書・指導書の記述の関連性を通して－．名古屋学院大学論集（人文・自然科学篇），55(2), pp.129-143.
國原幸一朗（2023）:小学校から高等学校までの地理的技能育成における一貫性－地図と GIS（地理情報システム）を中心に－．名古屋学院大学論集（社会科学篇），60(1・2), pp.181-203.
國原幸一朗・伊藤智章（2023）:地図・GIS 学習を一貫して実践するためにはどうすればいいのか？．地理，68(9), pp.86-91.
Department for Education（2014a）: *Geography GCE AS and A Level subject content*, pp.3-15.
Department for Education（2014b）: *Geography GCSE Level subject content*, pp.3-11.
Heffron, G. S. and Downs, M. R. eds.（2012）: *Geography for Life: National Geography Standards second edition*.

WebGIS のアプリケーション
全国 Q 地図（https://info.qchizu.xyz/）
白地図ぬりぬり（https://n.freemap.jp/）
ロイロノート for School（https://n.loilo.tv/ja/）

第5章 【価値】の構成領域を考える
― 地理的価値態度と近未来社会的市民性の育成 ―

第1節 小中高一貫地理教育カリキュラムを見据えた SDGsを活用したESD授業

1. ESD と SDGs

　持続可能な開発のための教育（ESD）は，2005年から国連持続可能な開発のための教育の10年（DESD）が始まり，日本においても2006年にESD実施計画が示された．ESDは「環境，経済，社会の面において持続可能な将来が実現できるために行動の変革をもたらすこと」が目標である[1]．具体的な目的として，世代間の公平，地域間の公平，男女間の平等，社会的寛容，貧困削減，環境の保全と回復，天然資源の保全，公正で平和な社会など，単に知識を網羅的に得ることだけでなく，「地球的視野で考え，様々な課題を自らの問題として捉え，身近なところから取り組み，持続可能な社会づくりの担い手となる」よう個々人を育成し，意識と行動を変革すると示されている．このように，ESDの概念や重視する力や目標などが示されたが，従来の教科等の授業とESD授業との違いが明確ではなかった．

　持続可能な開発目標（SDGs）は，2015年の国連サミットの「持続可能な開発のための2030アジェンダ」で掲げられ，2030年までに全世界で解決すべき課題について，17の目標がロゴで示されている．SDGsは解決するために必要な行動をイメージしやすいため，学校教育を含む社会全体で取り上げられている．SDGsの教育の発展にESDが寄与できるという考え方もあるが，これはSDGsの目標4「質の高い教育をみんなに」をESDと捉える立場である．

　2017・2018年の現行学習指導要領では，小・中・高の地理教育において，ESDとして「持続可能な地域づくり」の実現に向けて考察・構想することが重視されている．また，第74回の国連総会において，ESDはSDGsの17の全ての目標に寄与するものであることが確認されている．これは広義のESDの捉え方である．

本節では，広義の ESD の捉え方から，「持続可能な地域づくり」に向けた行動を具体的にイメージさせるために SDGs を活用し，小中高一貫地理教育カリキュラムを見据えながら，学習者の行動の変革を促す地理教育における ESD 授業（以降，地理 ESD 授業）について提案していきたい．

2. 日本の地理教育における ESD と SDGs の教育の動向

2008 年の教育振興基本計画において，当時は持続発展教育と呼ばれた ESD が学校教育において重要施策として示された．2008・2009 年の社会系教科教育の学習指導要領では，持続可能な社会の実現を目指すなど，公共的な事柄に自ら参画していく資質や能力の育成が示された．中山（2011, p.1）は，小・中・高等学校の学習指導要領は「持続可能な社会」の用語で ESD の学習を盛り込んだとした[2]．

2017・2018 年の小・中・高等学校の社会系教科教育の目標の柱書は，共通して「グローバル化する国際社会に主体的に生きる平和で民主的な国家及び社会の形成者に必要な公民としての資質・能力を育成する」と示された．公民としての資質・能力の育成には，持続可能な社会づくりの観点から地球規模の諸課題や地域の課題を解決しようとする態度の育成が含まれている．公民としての資質・能力の育成を重視する地理教育は ESD の理念や方法と合致する．高等学校の必履修科目として，「持続可能な社会づくり」を目指す「地理総合」が設定され，地理教育では ESD 授業がより重視されているといえる．

日本の地理教育における ESD と SDGs の教育の動向をみるために，CiNii Research において，検索ターム（ESD or 持続発展教育 or SDGs or 持続可能な開発 or 持続可能性）and（初等 or 中等 or 一貫 or 小中高）をかけてヒットした著書を調べた．その結果，特色ある学校づくりのために，総合学習や特別活動で SDGs の教育を導入する事例が多かった．カリキュラムの考え方として，社会事象と SDGs の 17 目標からマトリクスが示されている事例もみられたが，小中高一貫カリキュラムの意識は弱かった．

地理教育における ESD の視点を導入した小中高一貫カリキュラムを意識した代表的な著書として，中山ほか編（2011, 2012），泉ほか編（2012）がある．それぞれ重視する ESD の視点と発達段階は意識されているが，それらの関連付けが弱い．また，これらの著書は 2010 年代前半の著書のため，SDGs には触れられていない．

表 5-1　ESD と SDGs との対応関係

ESD の 3 領域 15 重点分野に対応する SDGs17 目標
◆社会・文化領域④
1．人権⑩　　　　　　　　　　　2．平和と人間の安全保障⑯
3．男女平等⑤　　　　　　　　　4．文化の多様性と異文化理解※
5．健康（保健衛生意識向上）③⑥
6．エイズ予防③　　　　　　　　7．統治能力※
◆環境領域④
8．自然資源（水，エネルギー，農業，生物多様性）⑥⑦⑭⑮
9．気候変動⑬　　　　　　　　　10．農村構造改革①⑨
11．持続可能な都市化⑪　　　　　12．災害防止と被害軽減⑪
◆経済領域④
13．貧困削減①②　　　　　　　　14．企業責任と説明義務⑫
15．市場経済再考⑧⑨

注：丸文字は SDGs17 目標，※は SDGs と対応なしを示す．

2004 年の DESD の国際実施計画フレームワークでは，ESD の 3 領域と 15 の重点分野が示された（UNESCO, 2004）．これに SDGs の 17 目標を対応させたものが表 5-1 である．ESD の重点分野のほとんどは，地理教育において現代世界の諸課題として取り上げられてきた．とくに SDGs の目標 4 は ESD の 3 領域の全てにかかわる．「文化の多様性と異文化理解」と「統治能力」の重点分野は ESD 独自の内容であり，前者は地理教育で重視されている．

ESD の 15 重点分野は 17 の SDGs のほとんどの行動目標とかかわり，ESD と SDGs が対応しているテーマについて，SDGs を ESD の行動の変革を促すゴールとして位置付ければ地理 ESD 授業を構想しやすくなる．

また 2030 年を展望する OECD の『Education 2030』で示されているウェルビーイングには，仕事，所得，住居，ワークライフバランス，生活の安全，主観的幸福，健康状態，市民参加，環境の質，教育，コミュニティの 11 指標が示されている．ESD はワークライフバランスや主観的幸福の視点がやや弱いが，ESD としての地理授業を構想すれば，SDGs とウェルビーイングの視点をほぼカバーできる．

3．ESD としての地理教育の概念と地理的価値態度

ESD としての地理教育のカリキュラムを考える際に，持続可能な未来を見据えた地理的な見方・考え方を働かせることにかかわる概念や価値態度形成を検討していく必要がある．2016 年の中央教育審議会は，「地理的な見方・考え方」を含めた「社会的な見方・考え方」は，課題解決的な学習において，社会的事象な

どの意味や意義，特色や相互の関連を考察したり，社会にみられる課題を把握して解決に向けて構想する際の「視点や方法」と示した．この視点にあたるものが，「位置や分布」，「場所」，「人間と自然環境との相互依存関係」，「空間的相互依存作用」，「地域」の5つの地理的概念である．未来にわたり機能を失わずに継続していく考え方である「持続可能性」は，持続可能な未来を見据えることに関連している．永田（2020, p.3）は，「持続可能性」は，地域の人間環境システムの在り方を考え，ESDの価値態度形成とつながる最も重要な概念とした．

「持続可能性」の概念は，地理ESD授業として取り上げる現代世界の諸課題について，地理的な見方・考え方を働かせて，課題を発見し，解決に向けて考察・構想することにより学習者に身に付く地理的価値態度とかかわっている．「持続可能性」の地理的概念としての考え方とともに，「持続可能性」と地理的事象を考察・構想する際の視点となる5つの地理的概念との関係を再確認していく必要がある．

吉田（2023a, pp.152-153）は，近未来社会型の幼小中高一貫地理教育カリキュラムのフレームワークを示した．5つの地理的概念に「持続可能性」を加えた地理的概念が【内容】【方法】【価値】の3つの構成領域とかかわっており，【価値】の構成領域における地理的概念は，ESDに関わる持続可能な社会づくりに向けられた「持続可能性」を通じて得られる地理的価値態度に寄与するとした．ESDとしての地理教育は，とくに【価値】の構成領域にかかわる．

表5-2は，吉田（2023b, p.93）に示された発達段階に応じた地理的概念の系統表から，「持続可能性」を通じた地理的価値態度に関わる記述を抜粋したものである．系統表は，K：幼稚園，1：小学校低学年，2：小学校中学年，3：小学校

表5-2 「持続可能性」を通じた地理的価値態度

◆段階2　小学校中学年
　地域の自然と社会の関わりなどをよりよくしようとすることができる．
◆段階3　小学校高学年
　場所や地域をよりよくしようとすることができる．
◆段階4・5　中学校社会科地理的分野
　様々な地域的課題について解決し改善しようとすることができる．
◆段階6・7　高等学校地歴科地理総合
　様々な地域的課題について解決し具体的に改善しようとすることができる．
◆段階8　高等学校地歴科地理探究
　複雑で重層的な地域的課題について解決し具体的に改善しようとすることができる．

吉田（2023b, p.93）の第1表より作成．

高学年，4～5：中学校，6～7：高等学校地理総合，8：高等学校地理探究の段階が示されている．公民としての資質・能力の育成とかかわり，小学校ではよりよい社会の形成に向けた態度を，中学校では地域でみられる課題の解決・改善による持続可能な社会の形成に向けた態度を，高等学校では多面的・多角的な視点から地域の課題の解決・具体的改善による持続可能な社会の形成に向けた態度を育成するようになっている．

　地理ESD授業では，持続可能な社会づくりの創り手の育成が目指される．学習者である児童生徒には，環境・経済・社会の統合的な発展を将来世代へ引き継ぎ，先進国・途上国にかかわらず発展の恩恵を享受できるように，時空間のスケールにおいて俯瞰して物事を捉える地理的な見方・考え方を涵養させたい．

　「持続可能性」を視点として，地理的な見方・考え方を働かせた思考・判断により，小・中・高等学校において段階的に地理的価値態度を育成していく必要がある．

4. 小・中・高の地理教育における ESD としての学習活動

　小・中・高の社会科および地理におけるESD授業で何をどのように学び，どのような資質能力の育成をそれぞれの学校段階に配当していくべきなのか．

　小学校社会科では身近な地域から国土，中学校および高等学校の地理では日本と世界をマルチスケールに捉えるように，おもに同心円的拡大によって学習内容が配当されている．ESDに関わる地球的課題の取扱いに着目をしてみると，対象となる地域スケールは異なるものの，取扱い内容に大きな違いはなく，各学校種において問題の解決や持続可能な社会づくりへの参画や行動化が意図されたものとなっている．小・中・高の大きな違いは，考察する際の材料（資料，観点，分析手法など）が増えることである．内容の重複を避けるというよりも，たとえば高等学校では小学校や中学よりも学習方法や求める到達点の設定を高めるなど，ブルーナーの螺旋型カリキュラムのごとく，既習事項としてさらに高次の展開に発展させることが肝要である．

　ESDにかかわる地球的課題に即して課題の存在や原因・背景などを知り，課題がもたらす影響や解決策などを考え，解決のために行動するという学習プロセスを，学校段階が上がるにつれて「知る→考える→行動する」のように行動化に向けた比重を高めていく．またブルームのタキソノミー（改訂版）による知識次元や認知プロセス次元も高度化させていく（図5-1）．各学校段階の学習活動の概略は以下の通りである．

小学校　SDGs などを手がかりに課題の存在を知る．解決のための動向を知る．身近なところから自分にできることを実践する．
中学校　課題の原因と影響の広がりを考える．SDGs などを手がかりに解決のための動向を知る．自分たちにできることを考え，行動する．
高等学校　課題の原因と影響，課題同士の関係性を複眼的に考える．SDGs などを手がかりに解決のための動きを知る．よりよい社会のあり方を構想し，身近なところから行動する．

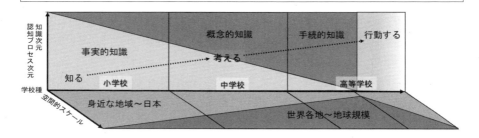

図 5-1　小・中・高における地理 ESD の学習プロセスの配分（概念図）
筆者作成．

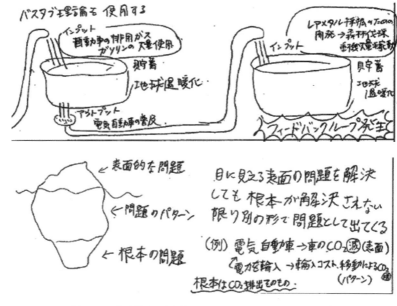

図 5-2　地球的課題を複眼的に考察した生徒の解答例
上：バスタブ理論，下：氷山モデル．

高等学校地理歴史科の地理総合において，システム思考を用いて地球的課題を複眼的に捉えさせた一例を紹介する．地球温暖化の解決策が必ずしも地球温暖化対策とはなっていない事例を，ストック&フロー図（バスタブ理論）や氷山モデルを用いて説明させたものである（図5-2）．

　解決策やよりよい社会のあり方を構想するうえでは，特定の課題のみを考察させるのではなく，エネルギー問題や森林破壊など課題相互の関連性にも目を向けて複眼的に俯瞰して課題を捉える見方・考え方を涵養させたい．行動化については，個人の行動変容もESDの到達点としては大切なことであるが，社会のあり方を変革する視点をもたせ，そのために個人ができることを構想することがより重要である．

5. 小学校低学年におけるESDの学習設計

　小学校のESDは，しばしば高学年を中心に実践が提案・実践されているが，小学校はもちろん，他の学校種との連続性を視野に入れると，学習の入口にあたる低学年に関する学習の在り方を考えることは，避けては通れない．

　ここでは，マハトマ・ガンジー平和と持続可能な開発研究所（UNESCO MGIEP, 2017）が作成した *Textbooks for Sustainable Development: A Guide to Embedding*（『持続可能な開発のための教科書－組み込みのための指針－』，以降『SDの教科書』）に掲載の事例「Daily Geographies（日常の地理）」を例に，小学校低学年のESDの学習設計の考え方を紹介する．なお『SDの教科書』の概要については，梅村・阪上（2021）で説明されている．

1)「日常の地理」―学習対象の意義と学習の問い

　「日常の地理」は，学習者が通う学校を学習対象にした低学年向けESD実践モデルで，「私たちの学校は人々と自然に優しいのか，あるいは私たちは学校をそのようにできているのか」という主となる問いで学習が構成される．学習の展開に際しては補助的な問いとして「私たちの学校には誰がいて，これがどのように空間に反映されているのか」と「私たちの学校は誰をも歓迎しているのか．私たちの学校は自然に優しいのか」が設定される．これらの問いにもとづき学校の中の多様な人々に焦点を当てた学習と学校の在り方を評価する学習が展開する．

　「日常の地理」の特徴は，学習で「学校」を扱う点にある．この理由として，ⅰ）学校はさまざまな人々により共有・構築される空間で，場所の機能や人々の

相互関係を理解できること，ⅱ）学校の建物は人間と自然的環境による相乗効果と相互関係によって機能する社会的空間であることを理解できる，と説明される（UNESCO MGIEP, 2017, p.134）．どちらもつながりや相互関係，場所・空間の機能を理解することが意識され，かつ身近な場所である「学校」を扱うことで子どもたちが実感をもってこれらを理解できるようになっている．

2）ESDの導入に向けた地理的内容選択と学習課題の作成方法

『SDの教科書』では，地理教科書の単元にESDを導入するための相互補完的な2つのアプローチ「地理的内容の選択」と「学習課題の作成方法」が示され（図5-3），「日常の地理」もこれに従って設計される．単元の中にESDを導入する際には，地理的内容の選択には5点，学習課題の作成方法には8点の基準がある．

① 地理的内容選択

地理的内容選択に関わる5点の基準は，持続可能な開発に対する地理の貢献（地理固有の思考）から導出されたものである．5つの基準およびその選択の際の視点は以下である．

- 場所性と位置：ローカリゼーション―どこで，なぜそこか；地域における学校の位置，地域における学校の立地理由
- 空間における人間－自然環境の相互関係：どのような人間－環境相互関係か；学校（周辺）の自然要素
- 当事者（空間における視点，権力問題，転換）：どのような人間間の相互関係か，どのような当事者か；空間の形成・維持，共同体の活動に影響を与える人間間の関係
- 身近な地域から地球規模までの空間スケール：どのスケールで；机のある空間の多層的な捉え（教室の中にある机―学校の中にある机―ある地区の中にある机：私的空間―親しみのある公共空間―より広大な公共空間）
- 地理的パターンとプロセス：どんな動態（パターンとプロセス）か；学校の建物の空間的組織（各教室の配置，各学校で共通する部屋，都市部と農村部での学校の建物の大きさの違い）

いずれの基準も，日本の（社会的）地理的な見方・考え方に近いものであり，学習内容の選択時点から，学習過程ではどのような地理的思考を学習者にさせた

第 5 章　【価値】の構成領域を考える　129

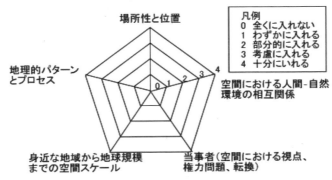

スパイダーウェブ 1：ESD のための地理的内容の選択方法

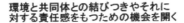

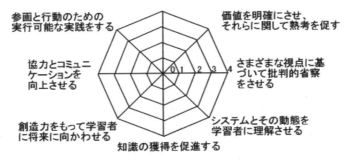

スパイダーウェブ 2：ESD の教授原理を活用した地理の学習課題の作成方法

図 5-3　スパイダーウェブ
UNESCO MGIEP, 2017 より筆者訳.

いかが明確となる.
②学習課題の作成方法
　8 つの学習課題の作成方法に関する基準は，ESD の指導原理などがもとになっている．基準に基づく学習課題の作成の方向として以下のよう事例が提示されている．

● 環境と共同体との結びつきやそれに対する責任感をもつための機会を開く：新たな視点から場所を発見すること，および当事者意識と親しみやすさの感覚を強化するために，実行できる空間の再構成を考える．

- システムとその動態を学習者に理解させる：学習者は，学校が人間の相互関係をもった社会的空間であり，また自然的要素をもった環境の中で建てられたことを自覚するようになる．
- 創造力をもって学習者に未来に向かわせる：学習者は，学校をより包摂的でより自然的要素に適合するような解決策を創造しなければならない．
- 協力とコミュニケーションを向上させる：学習者から構成される各グループは，ある当事者および当事者に関連する空間活用を解明しなければならないため，最終的な学習成果は学習者全員の活動に左右される．
- 参画と行動のための実行可能な実践をする：学校における当事者の役割を知ろうとすることで，計画を変更する際に誰が対処するべきかを学習者はたやすく想像できる．学習者が提案した解決策によって，実際に変化を引き起こす可能性があるかもしれない．
- 知識の獲得：探究によって，学習者は調査ツールと結果を表現するやり方に慣れ始める．私たちが使うツール，私たちが作る問い，そして私たちの身近な場所で実施する活動は，身近な地域，公園，村あるいは都市地域で取組む際に必要なことである．

　上記の課題は，いずれも補助となる問いに基づくものであり，また活動の内容が明確に示される．このように「日常の地理」では学習者の年齢に合わせた身近な空間「学校」を社会的に構築されたものとして取り扱う中で，ESDで重要となる地理的思考や資質・能力を獲得させるものとなっている．

3）低学年におけるESDの学習設計のポイント

　ESDではしばしば，問題を中心に学習内容が組織され，問題解決をめざす学習過程が意図される．しかしこのような学習は，子どもの発達状態や教育内容の高度さから低学年ではなかなか実施が難しい．そこで「日常の地理」のように，学習の入り口となる低学年では，人々のつながりや利害関係，人間と自然の相互関係といった地理とESDの双方で鍵となる考えを獲得し，それを用いて身近な場所・空間である「学校」を理解し，かかわるような学習が適すると考えられる．そしてこのような学習が低学年にあることで，上位の学年・学校種で展開されるESDの実践をより高次のものにすることができるのではないだろうか．

6. 持続可能な地域づくり―中・高の接続性

　地理学はフィールド科学であり，その魅力は「現場」にあることに疑いの余地はない．2022年から実施されている高等学校の地理総合において「持続可能な社会づくり」という科目の理念を実現するために地域調査が大きな柱として組み込まれた．中学校社会科地理的分野においても，カリキュラムの最後に，身近な地域の調査を行い，地域の課題の解決について考察・構想していく「地域の在り方」が設置されているが，これらはどのような関係にあるのだろうか．ここでは，ESD・SDGsを軸とした「持続可能な地域づくり」に焦点を当て，中・高における接続性について検討する．

1) 中学校社会科地理的分野

　小学校社会科における地域学習では，井田（2019）が論じるように，基礎的な人間―自然環境の空間的相関関係から「持続可能性」についての初歩的な理解を目指すが，アウトプットは「夢物語」となる．子どもたちの創造力や想像力を重視し，ビジョンを語ることが関心をもつことの第一歩になり得るため，安易に否定してはいけない．他方，中学校社会科地理的分野においては単に現実をみせる…ということではなく，ビジョンを具体化するためにはどのような条件が必要かを考えさせたい．中学校では諸地域学習をベースに授業が展開され，それぞれを通じて動態的・系統的な地理的な見方・考え方を学んでいく．これらの集大成として，地域調査に役立たせたい．具体的には，人間と自然環境の相互関係の中から空間を理解し，課題を分析することに主眼が置かれることになる．

2) 高等学校地理歴史科地理総合

　地理総合では，そもそも「持続可能性とは？」と前提から洞察させたい．単に地域を盛り上げることが正しいのか，盛り上げるとは何か，副作用は生じないのか．批判的思考力を働かせながら，人間と自然を構造的に捉えるシステムアプローチがいっそう重要となる．その際，ESDのコアにある「多様性」「相互性」「有限性」「公平性」「連携性」「責任性」の6つの視点を意識し[3]，複数のスケール概念，つまり「グローカル」な視点を取り入れることで，立体的な理解を促す．その際，ルーブリックなどを用いて評価軸を構成することで，アメリカの教育心理学者ベンジャミン・ブルームが示した「分析」「評価」「創造」といった高次な思考力の学習機会となる．

3）持続可能な地域づくりの実践例

上記を踏まえた勤務校での実践例を紹介する．中学2年生の社会科地理的分野では，日本の諸地域について学んだ上で身近な地域における課題解決型学習を実施した．「交通」「人口」「防災」をテーマとしてGISツールを用いながら知識構成型ジグソー学習とフィールドワークを行い，人間と自然の相互関係を捉えるよう工夫した．以上のように定量的・定性的に課題設定をした上で，解決アイデアを発表するプレゼンテーションを行った．

高等部1年の「地理総合」では，人と地域と社会のウェルビーイングを目指したソーシャルアントレプレナーシップ（社会起業家精神）の涵養を踏まえたプロジェクト学習を実施した．任意の地域に対する生徒の疑問や違和感を学習動機の起点として，ロジックツリーやGISツール，個人でのフィールドワークによる聞き取り調査や観察調査によって定量的・定性的に分析した．課題をマクロスケールで捉えるために関係構造図を描いた上で，事業開発や研究開発を行う際に活用される問い詰め型発想トリガー（SCAMPER）法で課題解決アイデアを創出した．生成AIツールも紹介しながらプロトタイプ作成を行い，地域で活躍している有識者を招聘して授業内でピッチイベントを行った．

4）持続可能な地域づくりへの貢献

現状では中・高の授業における地理フィールドワークの実施率は極めて低くなっている．生成AIツールの出現により，紋切型の答えを出す学びの重要性は下がる一方で，フィールドワークなど身体性を活かして好奇心や批判的思考力，洞察力を駆り立てる学びはいっそう重要となるだろう．地域における創発的なプロジェクト学習では，アクションによるリアクションが可視化されやすく，社会に対する自己効力感を涵養する上でも貴重な学習機会となる．

高等学校の「総合的な探究の時間」では，とくに地方において持続可能な地域づくりの担い手として高校生が地元の活性化に寄与する事例は枚挙に暇がない．既に地理教育ではFieldwork in Japanや日本地理学会高校生ポスターセッション，国際地理オリンピックなどが全国規模で行われている．これらを地理以外の教育関係者にも働きかけ，協働していくことが認知を広めることにもなる．総合科学，そして実学としての性格も有する地理教育は，今まで以上に持続可能な地域づくりに貢献できる．

7. ESDとしての小・中・高一貫地理教育カリキュラムに向けて

2020年の日本学術会議の地理教育分科会から発表された「『地理総合』で変わる新しい地理教育の充実に向けて－持続可能な社会づくりに貢献する地理的資質能力の育成－」では，必履修科目の地理総合や選択科目の地理探究を「持続可能な社会づくりに必須となる地球規模の諸課題や地域課題を解決する力を育む科目」と位置付け，地理総合を核として「ESDを通してSDGsの達成を目指す人間の育成」を目指す地理教育の改革を強調している．

地理教育におけるESD授業の小・中・高一貫カリキュラムのアイデアとして，現行学習指導要領の小・中・高等学校の地理領域や地理的分野や地理科目において，地理総合を核として，ESDとして持続可能な社会づくりについて考察・構想する単元を抜き出し，高次の展開に発展させるような一貫軸のアウトラインを可視化したい．

次に，それらの単元とESDの15重点分野との対応を考え，行動の変革を促すために，解決に向けた取り組みをSDGsと関連付けていきたい．とくに地図やGISを活用し，地理独特の手法である地域調査を行う単元では，持続可能な地域づくりに向けて考察・構想する高次の展開を考えたい．

2020年にUNESCOが発表した『ESD for 2030』において，新しく「変容的行動」というキーワードが強調された．この「変容的行動」につながる地理ESD授業を実践すれば，ウェルビーイングにつながると考える．今後，ESDとウェルビーイングの関係を踏まえた上で，ESDとしての小・中・高一貫地理教育カリキュラムを提案していく必要がある．

永田成文（第1, 2, 3, 7項）・今野良祐（第4項）・阪上弘彬（第5項）・齋藤亮次（第6項）

本節は，永田・阪上・今野・齋藤（2023）に加筆・修正したものである．

注
(1) 2006年の「国連持続可能な開発のための教育の10年」関係省庁連絡会議による『わが国における「国連持続可能な開発のための教育の10年」実施計画』に示されている．
(2) 中山修一・和田文雄・湯浅清治編（2011, pp.1-9）の「新学習指導要領に入ったESD－『持続可能な社会』の学習－」の項目で示されている．
(3) 公益財団法人ユネスコ・アジア文化センター（2020）：『変容につながる16のアプローチ－SDGsを活かした学校教員の取組－』を参考にした．

文献

泉　貴久・梅村松秀・福島義和・池下　誠編（2012）:『社会参画の授業づくり－持続可能な社会にむけて－』, 古今書院.

井田仁康（2019）:『地理総合』とは何か. 学術の動向, 24(11), pp.10-14.

梅村松秀・阪上弘彬（2021）: 国際地理学連合・地理教育委員会とユネスコの指針にみるシステムの考え方. 地理教育システムアプローチ研究会編『システム思考で地理を学ぶ－持続可能な社会づくりのための授業プラン－』, 古今書院, pp.107-113.

永田成文（2020）: 持続可能性に基づいた ESD としての地理的探究による中等地理授業－オーストラリア NSW 州の環境単元を手がかりに－. 社会系教科教育学研究, 32, pp.1-10.

永田成文・阪上弘彬・今野良祐・斎藤亮次（2023）: SDGs を活用した地理教育における ESD 授業－小・中・高一貫カリキュラムのアイディア. 地理, 68(10), pp.90-95.

中山修一・和田文雄・湯浅清治編（2011）:『持続可能な社会と地理教育実践』, 古今書院.

中山修一・和田文雄・湯浅清治編（2012）:『持続可能な社会をめざす地理 ESD 授業ガイド』, 啓文社.

吉田　剛（2023a）: 近未来社会型の幼小中高一貫地理教育カリキュラムのフレームワーク. 宮城教育大学紀要, 57, pp.137-155.

吉田　剛（2023b）: 近未来社会型の幼小中高一貫地理教育カリキュラムの理論【後編】. 地理, 78(8), pp.92-97.

UNESCO（2004）:*United Nations Decade of Education for Sustainable Development (2005-2014):Draft International Implementation Scheme*. UNESCO.

UNESCO MGIEP（2017）: *Textbooks for Sustainable Development: A Guide to Embedding*. UNESCO MGIEP.

第2節　ウェルビーイング，近未来社会的市民性

1. ウェルビーイングと持続可能性

　OECDの『国際学習到達度調査（15歳対象）2015年』や2020年のユニセフ（UNICEF）のウェルビーイング（Well-being）に関する調査結果から，日本の児童生徒の主観的な生活満足度あるいは精神的ウェルビーイングの低さや，「教育再生実行会議2021年」による児童生徒の幸福度・自己肯定感や当事者意識の低さからウェルビーイングの理念の実現の重要性と学習者主体の視点に転換する必要性が指摘されている（鄭, 2023）．これらによって新たな教育振興基本計画の総括目標の中にウェルビーイングの実現が求められてきた．

　「ウェルビーイング」の言葉の登場が，1946年の世界保健機関（WHO）憲章であり，訳語が「健康」「幸福」「福祉」などとされ，最近，「満たされた状態」と説明されている（前野・前野, 2022）．内田（2020）は，主観的な幸福感（happiness, subjective well-being）を，「喜びや満足などを含んだ，ポジティブな感情・感覚」とし，一時的な感情状況だけでなく，自分の状態や人生に対する評価や心理的安寧も主観的幸福感に含まれているものとしている．「CiNii Research」を対象とした文献検索の結果をみると，多様な分野でウェルビーイングの見解があり，様々な規定がなされている．ただし地理教育分野に関わる主立った研究は，みられない．

　ここでは，OECDの『Education 2030』によるウェルビーイングの11項目の内容にもとづき（図5-4），吉田（2023）より，ウェルビーイング実現の規準を次のように規定する．

> 　環境の質，コミュニティ，生活の安全，主観的幸福，市民参加などの個人のウェルビーイングの実現に向けて，社会の動きの理解を深め，他者との協調とともに自らが求めて獲得し，社会にも貢献しようとする．さらに再び個人のウェルビーイングを充実させようとするもの

　ウェルビーイングの11項目は，SDGsとも重なり合い，どのような人にとっても一定の重要性と普遍的な性格をもつ（白井, 2020）．そこでSDGsと関係の深い持続可能性の概念との対応関係の点から詳細に検討する．

　エコシステムの中にいる個人のウェルビーイング実現は，「物質条件」から「生活の質」へ，そして社会レベルのウェルビーイング資本へとつながり，さらに個

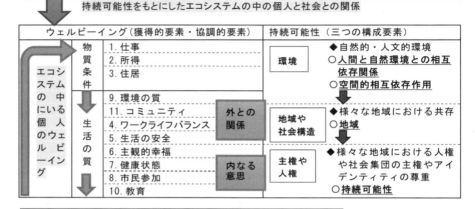

図 5-4　地理教育における持続可能性とウェルビーイングの原理
注：○はおもに対応する地理的概念．基礎には，「位置や分布」「場所」が備わる．矢印は持続可能性への深まりを示す．吉田（2024）より転載．

人のウェルビーイングに還元される（白井, 2020）．このことから「生活の質」を，「物質条件」を基盤とした地理学習者と取り巻く社会との関係（「外との関係」），そして地理学習者が主体的に担うべき意思（「内なる意思」）に分けて考えてみる（図 5-4）．この区分の理由については，内田（2020）が，「幸福を支える要件と幸福を感じる力は別物である」とする見解に依拠する．「物質条件」から，「生活の質」における「外との関係」までを主に「幸福を支える要件」に関わるものとして考え，「生活の質」における「内なる意思」を主に「幸福を感じる力」に関わるものとして考えたからである．

さらにウェルビーイングの 11 項目の内容は，「外との関係」や「内なる意思」などの見立てとともに，持続可能性の 3 つの要素の理解と活用の深まりに応じるように関係付けて考えてみる（図 5-4）．3 つの要素は，11 項目の内容に見合うように，「環境」「地域や社会構造」「主権や人権」によってラベル付けられる．つまり「物質条件」（「生活の質」の「9. 環境の質」も含む）は，持続可能性（◆自然的・人文的環境）の「環境」の点から，「生活の質」における「外との関係」は，

持続可能性（◆様々な地域における共存共生）の「地域や社会構造」の点から，「生活の質」における「内なる意思」は，持続可能性（◆様々な地域における人権や社会集団の主権やアイデンティティの尊重）の「主権や人権」の点から，各々関係付けられる．

また3要素からみると，地理的概念のうち，基礎・基本の前提には，<u>位置や分布</u>と<u>場所</u>があり，「環境」は，<u>人間と自然環境との相互依存関係</u>と<u>空間的相互作用</u>に，「地域や社会構造」は，<u>地域</u>に，「主権や人権」は，<u>持続可能性</u>に深くかかわり，これらの地理的概念の理解と活用が積み重なり，一体化して深まっていくものとして考える．このような持続可能性にかかわる学びの深まりは，エコシステムの中にいる個人のウェルビーイングの「物質条件」から「生活の質」へのつながりに連動し，社会レベルのウェルビーイング資本へのつながりを経て，再び個人のウェルビーイングに循環されるシステムに組み込まれる．そしてこの学びの深まりは，一貫地理教育カリキュラムのねらいへと結び付けられる．

エコシステムの中にいる個人のウェルビーイングと持続可能性の概念の関係には，次の内田（2020）による次の2つの見解が寄与する．
○持続可能な社会を実現するためには，世代を超えてどのように幸福を受け継ぐのか．
○自分さえよければよいという考えだけでなく，他の地域に暮らす人々との横のつながりや影響を視野に入れる必要がある．

持続可能な社会を維持するためには，社会レベルのウェルビーイング資本と循環するエコシステム（人間および生物全体とのかかわり合い）の中で個人のウェルビーイングの実現が必要になる．

以上によって，地理教育カリキュラムにおける持続可能性の概念とウェルビーイングは，持続可能性に関する学びがエコシステムの中にいる個人のウェルビーイングに連動しながら深まり，それが社会資本のウェルビーイングにつながって，再び個人のウェルビーイングに循環されるシステムによって関係付けられる．そして一貫地理教育カリキュラムのねらいに結び付けられる．つまり循環されるシステムは，一貫地理教育カリキュラムの心臓部となり，2007年のIGU-CGEによるルツェルン宣言を踏まえ，人間と地球エコシステムによる持続可能な開発を自然・経済・社会の側面との関係から考えることを前提に，民主主義の進展と国民統合性の向上などが関係付けられる．

一貫地理教育カリキュラムのねらいとなる近未来社会的市民性は，【価値】に

おいて，新たなメディア・リテラシーやデジタル技術活用の行動規範，個人の主観的な幸福などや社会に資するウェルビーイングの実現に向けて行う，個人の選択や判断，ふるまいや行動に影響を与える主義や信条を備え，民主主義社会や国民統合の進展を担う資質・能力となる．

2. 【価値】構成領域における近未来社会的市民性の位置付け

【価値】構成領域における近未来社会的市民性の位置付けを論理的に整理する．

1) 地理的概念としての持続可能性

【価値】における地理的概念は，持続可能な社会の創り手の育成に向け，持続可能性の概念を通じて得られる地理的価値態度に寄与し，ウェルビーイングの実現に関連付けられる．持続可能性の概念は，他の鍵となる5つの地理的概念との一体化を前提に，【内容】と【方法】に含まれる価値に関する理解と活用，およびそれらへの評価，社会的価値判断力や意思決定力，社会貢献につながる構想力や行動力の発達が求められる．

2) 近未来社会的市民性の位置付け

【価値】における近未来社会的市民性は，近未来社会の教育に必要となる新たなメディア・リテラシーやデジタル技術の活用に伴う行動規範，そして個人の主観的な幸福感や社会に資するウェルビーイングの実現に向けて，個人の選択や判断，ふるまいや行動に影響を与える主義や信条および民主主義社会や国民総合の進展を担う資質とする．そして近未来社会的市民性には，エコシステムの中にいる個人のウェルビーイングの実現に向けて，「物質条件」から「生活の質」へ，地理的価値態度を養うための持続可能性の概念の3つの要素および他の地理的概念が連動しながら深化することによって，自然・社会・経済・人的な社会レベルのウェルビーイング資本の向上へとつながり，再び個人のウェルビーイングの向上に循環されるシステムと，民主主義の進展や国民統合の向上などが関係付けられる（図5-4）．

3) 近未来社会的市民性を構成する4つの要素

〇ウェルビーイングの実現とは，環境の質，コミュニティ，生活の安全，主観的幸福，市民参加などの個人のウェルビーイングの実現に向けて，社会の動きの

理解を深め，他者との協調とともに自らが求めて獲得し，社会にも貢献しようとすること．
○新たなメディア・リテラシーやデジタル行動規範とは，Society5.0の時代に向けて，前者は，デジタル・メディア情報を取捨選択しながら吟味して的確に読み取る能力を身に付け，適切な社会的な判断のもとでの行動がとれること．後者は，情報伝達の手段の多様化に伴って，新たなデジタル技術の利用に係わるデジタルシティズンシップに必要となる行動規範のこと．
○民主主義とは，一人ひとりが適切な社会的な判断力を身に付け，自らの権利を守りながら社会的な責任を果たし，個人と社会の関係を理解しながら，よりよい社会を新たに構築しようとすること．
○国民統合性とは，国や国内の様々なコミュニティが長らく必要として担ってきた文化や社会観，伝統的な規範，倫理観などを共有して尊重しようとすること．

吉田　剛

本節は，おもに吉田（2024）の一部に加筆したものである．

文献
内田由紀子（2020）:『これからの幸福について－文化的幸福観のすすめ』，新曜社．
白井　俊（2020）:『OECD Education2030プロジェクトが描く教育の未来』，ミネルヴァ書房．
鄭　谷心（2023）:ウェルビーイング（Well-being）を高める教育方法に関する基礎的研究－国際バカロレア（IB）における「探究」に焦点をあてて－．琉球大学教育学部紀要，103, pp.17-28.
前野隆司・前野マドカ（2022）:『ウェルビーイング』，日本経済新聞社．
吉田　剛（2023）:近未来社会の幼小中高一貫地理教育カリキュラムの理論【後編】．地理，68(8), pp.92-97.
吉田　剛（2024）:幼小中高一貫地理教育カリキュラムにおける持続可能性の概念とウェルビーイング．宮城教育大学紀要，58, pp.141-157.

第Ⅱ部　実践編

　実践編は，幼小中高一貫を見据えた実践を示す第6章と，幼小中高一貫地理教育カリキュラムのあり方を考える第7章から構成されている．

第6章：実践を研究するために，様々なかたちの授業プランや実践を考える

　第1節「新たなデジタル・テクノロジーから考える一貫地理教育」では，バーチャル空間から場所を意識する幼稚園の実践，バーチャル空間を利用した防災・減災学習を確認する小学校の実践，手描き地図にデジタル写真を重ねる幼稚園の実践，生成AIを活用した教材を吟味する中学校の実践について考える．第2節「立地概念を中核にして考える一貫地理教育」では，小学校産業学習での自動車組立工場の最適地や，中学校世界地誌学習での交通渋滞を解消する経済特区の最適地と交通システムを追究する実践について考える．第3節「「身近な地域」から考える一貫地理教育」では，小学校生活科と中学年社会科での地域学習や，中・高等学校の課題を取り上げる地域調査の内容について考える．第4節「テーマから考える一貫地理教育」では，中・高等学校の「交通」・「地形」・「都市」の実践より，それぞれのテーマで小中高一貫地理教育として，どのように学習の系統性を確保していくのかについて考える．第5節「さまざまな実践から考える一貫地理教育」では，幼児教育における地理，小・中学校の実践をつなぐ【内容】【方法】【価値】の構成領域，中・高等学校の実践をつなぐ地理的価値態度を意識した地域調査について考える．

第7章：幼小中高一貫地理教育カリキュラムのために，理論と実践の成果を踏まえ，到達目標となる系統表を作成し，よりよい実践を求めて考える

　第1節「理論と実践の成果」では，一貫地理教育カリキュラムにおける【内容】【方法】【価値】の構成領域を意識した基礎理論と実践の往還を意識して，理論と実践の成果を総括して示す．第2節「到達目標となる系統表」では，地理的概念や【内容】【方法】【価値】の3つの構成領域における一貫軸の要素の到達目標となる系統表について示す．第3節「よりよい実践を求めて」では，地理的概念として位置付けた「持続可能性」を通じて得られる地理的価値態度をもとに，近未来社会的市民性をどのように身に付けさせていけばよいのか，幼小中高大の教員がどのように協働して一貫地理教育カリキュラムを創造したらよいのかについて示す．

第6章 実践を研究する

― フレームワークによる効用 ―

第1節　新たなデジタル・テクノロジーから考える一貫地理教育

1. 学習の基盤としての情報活用能力

　今日，人工知能やメタバースなどの先端技術は，著しく発展してきている．日本は，その技術を用いて Society 5.0 に歩み出し，学校教育の GIGA スクール構想の中で1人1台端末の利用を促進しながら，それを適切かつ効果的に利用するための情報活用能力を求めている．

　『小学校学習指導要領解説総則編』（文部科学省, 2018a）より，情報活用能力は，「世の中の様々な事象を情報とその結び付きとして捉え，情報および情報技術を適切かつ効果的に活用して，問題を発見・解決したり自分の考えを形成したりしていくために必要な資質・能力」と定義されている．また 2018（平成 30）年度の文部科学省「情報活用能力の体系表例」によると，「情報の基本的な特徴」「キーボードなどによる文字の正しい入力方法」などの情報と情報技術に関する知識と技能の指示部だけでなく，「身近なところから様々な情報を収集する方法」「目的を意識して情報活用の見通しを立てる手順」などの探究方法の指示部もみられる．

　このような情報活用能力は，社会科を中心とした地理教育においても重要である．本節では，幼小中を一貫する地理教育を念頭に，発展するデジタル・テクノロジーがどのようにかかわってくるのか，情報活用能力とどのように関連があるのか，事例を通して考える．

　たとえば『小学校学習指導要領社会編』（文部科学省, 2018b）の教科目標には，「地域や我が国の国土の地理的環境，（中略）様々な資料や調査活動を通して情報を適切に調べまとめる技能を身に付けるようにする.」と示されている．この箇所には，地理教育における地図利用や体験を伴った空間認識力の育成とともに地理情報による地理的探究が求められている．通常，紙媒体の教科書や地図帳の利用が想定できるが，今後は，情報活用能力を高めながら，オンライン上での地図活用なども有用となる．たとえばオンライン上の地図ツールの Google Maps に

は，ストリートビュー機能があり，360度バーチャル空間を表示することができる．この機能は，二次元の地図よりも現実に近い形で空間をみることができ（写真6-1），空間認識力の育成に役立てられる．

2．バーチャル空間を利用した就学前の地理学習

　飯島ほか（2023）は，園児が就学前に，通学路の交通安全に関する学習ができるように，Theasys（https://www.theasys.io/）という地理的ツールを利用したデジタル教材を考案した．この地理的ツールは，自ら撮影した360度画像を利用することができ，その360度画像の中にホットスポットと呼ばれる自分で用意した画像やアイコンを挿入することができる．とくに園児向けのデジタル教材では，興味をもつようなキャラクターを用いている（写真6-2左）．またTheasysは，見ている360度画像において，どの方向を見ているのか二次元の地図を用意することで，方向を示すことができ（写真6-2右），ホットスポットをクリックすると埋め込んだ文字情報や動画を表示することができる．

　園児は，集団で現地を学習することが危険な場合がある．また幼児教育施設が必ずしも通学路の近くにあるとは限らず，園児の自宅から離れていることもあ

写真6-1　Googleストリートビューの例
　　　　岡本恭介作成．

写真6-2　ホットスポットの例（左）と二次元の地図（右）　岡本恭介作成．

る．そこでこの地理的ツールを利用すれば，これらの課題を乗り越え，安全な環境で意図的に地図や空間認識について学べることになる．そこで笹平ほか(2023)は，開発した地理的ツールを利用して，実践を行った．その結果，グループでの違いはあるが，一定数，危険個所について認識されていた．

　このような地理的ツールは，小学校高学年以降の児童や中高の生徒も応用して作ることができる．たとえばさまざまな学校種の身近な地域の学習，地域調査，フィールドワークあるいは地図活用などの地理学習において，身近な地域を題材に，地域に住む人々の生活で必要な地理情報について考え，地域の課題の解決について考える学習を構想することができる．新たなデジタル・テクノロジーの可能性は，一貫地理教育におけるさまざまな地理学習を効果的に支援することにつながっている．

3．小学校におけるICTを活用したバーチャル地理学習

　宮城教育大学附属小学校第5学年においてTheasysを利用した実践例を紹介する．授業のねらいは，附属幼稚園や附属小学校で配布される「バーチャル・ルート・マップ」の作成を通して，第5学年の児童が取り組んできた防災・減災の研究成果を生かし，校内に向けて発信することで，今後の活動につなげることができるようにすることである．

　附属小学校では，以前から防災・減災に関する教育を総合的な学習の時間で実施していた．それを踏まえ，課題解決を行う上で，今回のような内容を実施することとした．防災・減災の教育においては，地理的な把握は必要となり，ICTを活用した授業によって，地理の学習にもつなげられると考えられた．また，今度同じ小学校に入る幼稚園児に対して，いつも通っている通学路を用いた内容にすることで，より身近な内容を扱い，学習意欲につながるものと考えた．

　授業は，事前に4つのグループ（「調査プロジェクト①」「調査プロジェクト②」「編集プロジェクト（広報）」「公共交通機関プロジェクト」）に分けて，進めた．グループの役割は次のとおりである．

○調査プロジェクト①②グループは，地震を観点に学校周辺の各通学路を調査し，「バーチャル・ルート・マップ」に掲載する整理・分析する．
○編集プロジェクトグループは，調査プロジェクトで整理・分析された情報を基に「バーチャル・ルート・マップ」を編集し，Theasysによる活動を進める．
○公共交通機関プロジェクトは，公共交通機関などにおける地震の際の避難の仕

写真 6-3　活動中の児童の様子
2024 年，飯島典子撮影．

方などについて調査する．

　授業では，情報教育を専門とする大学教員が児童にスライドを見せながら説明をした．まずは，今回の授業で利用する Theasys の説明を行った．次に，ブラウザ上で共有されたルート・マップを見せて，自分のチームで作業する場所の確認をさせた．ルート・マップとは，小学校まで行く登校通路のルートが示し，複数のルートによって示されている．今回は，複数のルートに合わせて，Theasys にて 360 度の経路を作成した．小学生が自分で作業を進められるように準備したマニュアルを確認させながら，大学生アシスタントの協力を得て，実際の作成作業に取り掛かった．

　最初の方は，ツールのインターフェースに悩みながら進めていたが，作業が進むにつれて，各自が思うような場所に画像や文字を配置できるようになった（写真 6-3）．作業の中で，利用している 360 度画像が実際のどの場所なのかを考えている様子をみることができた．このように情報活用能力を取り入れた地理学習は，場所を切り出し，教室であってもリアリティをもって操作できるだけでなく，他者に伝達することを目的にして，空間に意味をもたせる文字や絵を加えることで，児童の地理的な意識を高める効果が期待できる．

4．幼児期の地図理解を深めるデジタル地理写真の活用

　小学校生活科「まちたんけん」では，児童が実際に現地を訪問したり地図にまとめたりして「地域の場所と自分との関わり」や「地域の様々な場所や人，出来事」に気づき，生活の中に取り入れていくことを求めている．このとき児童はサー

ベイ・マップを用いて学習をすすめることから，幼児期からの経験を通して地図理解や空間理解がある程度身に付いている必要がある．幼児期に地図は土地を俯瞰的に表したものであることの理解ができるようになるが，サーベイ・マップを活用することは難しい．幼児教育は，遊びや生活を豊かにする体験を通してさまざまなことを学習していく環境を通した学習が行われる．したがって地図学習を直接的な目的にした活動は行われず，活動を豊かにする道具の1つとして地図を取り入れ，その体験を通じた結果として幼児は，サーベイ・マップを読み取り活用する力を育んでいく．

　次に，宮城教育大学附属幼稚園での実践例を紹介する．5歳児が園外保育で動物園にでかける際に，事前準備から実際に配布されている園内地図を用いて学習を進めていく活動場面である．

　まずは，園内地図を全員で見ながらどこに，どのような動物がいるのかを確認することで園外保育への期待を高めていく．次に，グループで観て回ることを幼児に伝え，どんな動物を観たいか，どの順番で観て回るのかをグループで相談して計画を立て，園内地図に見学ルートの線引くなどの活動をする．そして，園外保育当日はそのルートを書き込んだ園内地図を参照しながら移動する．この時，保育者の援助を受けながら園内地図を確認して移動することで，幼児は，サーベイ・マップに表されている情報の意味を体験的に理解することで，地図の役割やサーベイ・マップの見方を学んでいく．

　しかし5歳児は，地図が空間の位置関係を表すものであることや，地図が目的地に移動する際に情報になることを理解できても，空間情報を正確に表現する力は乏しく，自己中心的思考（自分の視点からの見方・考え方に囚われる特性）の段階であるため，大人とは，異なった地図を描く傾向にある．

　たとえば写真6-4のように，起点と着点を直線（道路）で結んだルート・マップや，幼児の心に残る印象的な建物や場などを描く自由画のような特徴がある（古市・牟田, 2006）．このように幼児の地図は，他者が地図情報を利用するという他者視点に立って作成されていない．そのため，幼児の描く地図場面を熟知している他者（大人）の推論が加わってはじめて理解できるものになる．写真6-4の地図を描いた幼児は，ごっこ遊びで「じゅうすやさん」をしていた．異年齢交流の日に年少組の子どもをお客役として招待したが，「じゅうすやさん」の場所がわからないのではないかと心配し，場所を伝える目的で地図を描いた．しかし，このように地図情報に必要な位置関係があいまいな地図では，場面を熟知してい

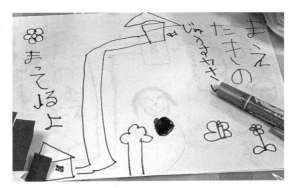

写真 6-4　5 歳児が描いた絵図
2023 年，飯島典子·撮影．

る大人のみが情報を推測して読み取り，目的であった年少組の子どもが活用できない地図になってしまう．結果として幼児は，絵を描いた楽しみを味わうことはできても地図に必要な情報は何か，地図を使って他者に伝達する行為そのものを学習することができない．描いた地図が多くの他者にとって情報として役に立ったという実感を伴った楽しみを幼児が経験できるよう援助することが保育者には求められる．

　そこで 5 歳児の地図を描く力に ICT を加え，発達状態を超えた地図作成へと発展させる．事例の幼児は地図が完成した後に，このままでは年少児はわからないのではないかと直感的に理解し「じゅうすやさん」の横に「たきのまえ」を書き加えた．地図をみて場所を推測できるよう情報を込めなければならないこと，最もわかりやすい位置情報は「たきのまえ」であることは理解していることを踏まえた援助が望ましい．そこで，幼児は自身の視点に立てば空間の目印となる対象どうしの左右，上下の位置関係を理解できることを踏まえ，幼児が目印となる対象を，タブレット型 PC からデジタル地理写真として撮り，対象の位置関係に合わせて画像を地図に重ねていく援助が考えられる．幼児はこの作業によって，他者が参照する地図にどのような情報が必要であり，その情報をどのように表現するとよいのかについて考えるとともに，その思考過程から地図の働きについて理解を深めることになる．

　また，地図情報を得ることを意識して対象を，デジタル地理写真として撮る行為は，幼児が自らの手で空間にある情報を見つけ出し写真の枠組みの中に切り出すといった，ICT を活用した直接的体験にあたる．幼児が ICT を活用するという

話題は，時に直接体験が損なわれると誤解されることがある．幼児教育では，幼児の直接的体験をより豊かにするためのICT活用を重視しているが，その活用は，直接的体験を補完するに留まる．ICTを取り入れる際には，その便利さによって幼児が何を経験し，どのようなことを学ぶのか丁寧に考えなければならない．

幼児が描いた地図にデジタル地理写真を加える活動は，地図にとって必要な情報を意識させ，遊びを通じて空間に対する見方・考え方を育み，ルート・マップ的な理解から将来的な小中高におけるサーベイ・マップ的な理解への基礎づくりに寄与することにつながっている．

5. 生成AIを活用した資料づくりと地理学習の実践
1) 授業構成

中学校第2学年での社会科地理的分野「C 日本の様々な地域」のうちの単元「日本の諸地域」の実践を取り上げる（2023年11月宮城教育大学附属中学校公開研究会で実施）．生徒は，ICT環境の普及によりさまざまな情報が溢れている社会の中で，ある程度の「与えられた」情報を「読み取る」ことができる．ただし情報を自分から探索し，さまざまな情報に対して疑問をもち，掘り下げて深く考えることには，苦手意識をもつようである．資料から解釈の伴う問いに対しては，短絡的に「正解」を求めようとする生徒も少なからずみられる．

このような生徒の実態を踏まえて，本単元では，次の3つの点に留意した情報活用力に着目して，探究的な学習活動を通して地理的ツールによる地理的技能の育成をおもなねらいとした．

①情報を活用する必要感を生徒にもたせる

中国・四国地方を対象に，生成AI「ChatGPT」にレポートを執筆させた内容を生徒に検証させる．「回答は誤りを含む可能性が常にある」という生成AIの特徴を教材とし，検証するための指標を探索する活動を設定した．

②情報をまとめるための表現方法を試行錯誤させる

検証後の結果を示すためには，複数の指標から主題図を作成するなどの作業が必要となる．そこで検証結果を可視化するために，GISなどのさまざまなツール活用の有用性を実感できるようにした．

③情報の曖昧さや不十分さを認識し，探究するための問いをもたせる

学習活動の中で「問いづくり」や地理的探究の過程を示し，より深い学びを実感させることにした．

本単元は，生徒に，不十分な情報を補うことの重要性を認識させるために，生成AIを用いて，その不完全さを検証する学習活動を展開する．

2）指導の過程

表6-1より，第1時で立てた見通しから，第2・3時で情報を探索し，AI作成資料の検証を進める．生徒は，膨大な情報の中から取捨選択し，関連付けて考察し，表現に迫られる．そして第4時で問いづくりを行い，「情報を扱う」行為の価値や意義を改めて問い直し，学びのために必要となる自己調整力を養う．

3）生徒の学びの姿

実践後の質問から得られた生徒（132人）の回答について考察する．
①質問：ChatGPTの検証を通して，「データ」に対する意識はこれまでと変わりましたか（「よくなった」「悪くなった」などの4択）．
　9割以上の生徒は，肯定的な変化を回答した（「よくなった」78人，「ややよくなった」43人）．
　この傾向は，以降の社会科授業に幅広くみられ，たとえば地理的分野だけでなく，歴史的分野においても「資料を根拠として考えを述べる」「教科書などの記述を資料で検証しようとする」などの行動がみられた．他方で，1人1台端末やICTの活用が普及しているが，地図帳を活用しようとする生徒が増えてきたことから，情報活用の重要性が認識されてきたことがうかがえる．
②質問：本単元の学習で，自分が一番頭を使ったなと思う場面を教えてください（自由記述式，回答を筆者がカテゴリー化）．
　「指標の設定」に関しては，回答数が最も高く（45人），次いで「データの収集」（28人），「データと説明文の照合・判定」（18人），「説明文の解釈」（14人），「問いづくり」（14人）と続く．
　これらの結果から，学習課題や地理的探究の各作業などについては，おおむね良好であった．ただし「データの解釈」に関しては，回答数が最も低く（6人），情報の読み取りに重きが置かれ，「何のための指標なのか」，「問いを解決するためにどのような指標が必要なのか」などの絞られた発問や，生徒に考えさせる場面を強調すべきであったか，などの課題が残る．
③質問：ChatGPTの検証を通して，自分の学びを振り返ってどのようなことができるようになったり，捉え方が変化したりしたと感じますか．単元を振り返って，

表 6-1　単元の指導計画

時	◇ねらい ●問い・指示 ○学習内容・活動	指導上の留意点
1	◇ChatGPTが作った「中国・四国地方の特色」を検証するために必要な指標を考える． ●<u>ChatGPTが作った文章を世に出してよいか？</u> ●<u>教材文が正しいかどうかを確認するためにどのようなデータが必要か？</u> ○単元を通した課題を提示し，検証するポイントを選定する． ○検証するために用いる指標には，どのようなものがあるか，リストアップする． ○次時で検証するための活動計画をグループで立てる．	・あらかじめChatGPTを使って「中国・四国地方の特色」の説明文を作成しておく． ・三角ロジックの枠組みを示し，根拠にあたるデータを探索するよう意識付けする． ・教科書・地図帳や資料集では検証しきれない部分を明らかにするための指標を考えさせる．
2・3	◇ChatGPTが作った「中国・四国地方の特色」を検証する． ●<u>ChatGPTの教材文は妥当なものか？</u> ○前時の計画をもとにグループで分担して検証する． ○検証結果を発表し，ChatGPTによる教材文を評価する．	・地図帳やPCを用いて自由に情報を探索させる． ・Google Classroomに地理院地図や政府統計，RESAS，ジオグラフのリンクを示しておく．
4	◇検証を通して見いだした新たな疑問点や不十分な点を使って，次の探究課題を設定する． ●<u>ChatGPTの教材文の評価をもとに，新たな課題を見いだしてみよう．</u> ○これまでの学習内容を踏まえて，次の探究に向けた問いづくりを行う． ○データの扱い方に対する自分の変容について作文し，単元を振り返る．	・各グループの評価を共有後，全体でChatGPTの教材文の妥当性について考えさせる． ・これまでの学習を振り返らせ，とくに地理的探究や地理的ツールの扱い方を確認させる．

<u>学びの足あとを作文にしましょう</u>（表 6-2 参照）．

　総じて，情報を収集して読み取って確認する力，複数の情報から関係性や要因などを深く考察し検証する力などが培われたことがわかる．

4）本実践の成果と課題

　本実践では，前述の3つの留意点を踏まえ，地理的ツールによる地理的技能を育成する成果が得られた．本実践は，文部科学省「初等中等教育段階における生成AIの利用に関する暫定的なガイドライン」（2023年7月発行）に則り，生成AIに曖昧な教材文を作成させ，有効に活用することができた．かりに教師自身で文章をつくると，多くの時間を費やすことになる．今回は生成AIを通じて，600〜700字程度の文章を教科書の節に合わせて繰り返しの要求とともに，5種

表 6-2　生徒の振り返り文

- データを鵜呑みにしてはいけない!! とかなり自分の中で AI に対する不信感が強まった授業でした．授業中 N さんが言っていた「データ上の情報を ChatGPT は拾っているだけ」というのにはすごく納得しました．だからこそ，できる限り多くの人が校正した，最も事実に近い文章が載っている教科書というものの偉大さを感じました．<u>資料からひたすら読み取って，考察して，検証したので複数の事実から考察する力は授業を通して確実に成長した</u>と思います．

- 私はこの単元は様々なデータをどのように読み取り，どのように活用するかをよく考えられた時間だったと思いました．最初は何から始めればよいか全くわかりませんでしたが，ほかの人と交流を深めたり，一つの問いに向き合ったりしてみて，<u>一つの表やグラフからではわからなかったことでも別のグラフや表をみることでそれが根拠となり，新しい事柄の説明になる．ということがすごくできるようになりました．</u>この学びをほかの教科（理科や国語）や私生活にも生かしていけたら良いなと思います．

- 情報に対する向き合い方が変わったと感じる．今までは，教科書などの正しいと保障されている情報しか使ってこなかったので，剥き出しの情報と向き合うのは今回が初めてだったと思う．この情報が本当に正しいのかを調べるためにも，また情報が必要で…と時間と努力がいる作業だった．情報の間違いを一つひとつ直していき，ようやく問づくりが出来たので，<u>普段はどれだけ楽だったのか分かったと思う．大変ではあったが，頭を使っている !! という感じ？ は凄く</u>した．社会の分野だけでなく，他の教科や日常生活でも情報の真偽を確かめていきたいと思った．

- この学習を通して私は<u>自分が欲しい情報を探せるようになった</u>と感じている．信憑性のある必要な情報が欲しいとき初めのほうでは教科書に載っているようなわかりやすく知りたいことが 1 つにまとまった資料を探していた．だがそのような情報は見当たらなく終盤になるにつれ，<u>2 つの情報を組み合わせてみたり，実際に自分で数えて比較してみたりするなどして欲しい情報を得られるようになった</u>．情報のとらえ方という面では，初めは全部正しいものと受け止めていたが，ChatGPT の学習ではすべての情報において「本当に正しいのか」と疑うように変化した．

注：下線部は着目箇所．

類の文章を数分で作成することができた．将来の生成 AI の活用を見据えると，教材作成のほかに，生徒の考察の評価や，学習支援での対話などが考えられる．

6．新たなデジタル・テクノロジーを活用する実践へ

　ICT を活用した実践の現況について，中学校の前田諒氏による，次の社会科地理的分野「地域調査の手法」の実践の概要から学ぶ．
　板書内容や資料を教室前方のモニターや生徒の端末に映し出すことによって，

板書や資料配付などの時間を削減し，探究的な活動の時間が捻出する．その中で，生徒にICT機器を通して国土地理院の地形図を提示し，地理情報を読み取らせ，分析・考察させる．具体的には，生徒に縮尺の大きい地図とともにGoogle Mapsのストリートビューを活用して現地の様子をより立体的に捉えさせ，また専用アプリケーションによる思考ツール（ベン図）を用いて，ICT活用とともに話し合いやデータを共同編集させ，市の西部と東部の地理的特徴の共通点と相違点を整理して考察させる．

このようなICT活用による実践は，今後，一層みられるようになっていくだろうが，他方で教員研修の充実も求められる．そして新しいデジタル・テクノロジーは，ICTの活用を通して急速に関与していくことが見込まれる．

そこで一貫地理教育から考える課題について言及したい．

まず，個別最適な学びと協働的な学びの場における新しい指導と学習のあり方を検討する必要がある．今日，コロナ禍の経験を踏まえて，個別最適な学びと協働的な学びは，学校授業内と，学校外の家庭内などの両方場面において可能になってきている．Wi-Fi環境を広く整備され，リアルタイム・オンライン通信，動画配信サービス，思考ツールを含めた統合型学習支援システムなどのアプリケーションを活用することができるからである．ただし個別最適な学びと協働的な学びの組み合わせ方については，教員による授業構成やカリキュラム・マネジメントに委ねられ，生徒の「資質・能力」の育成を担うゲート・キーパーとして役割を重くみる必要がある．その際，デジタル教科書およびデジタル教科書教材の普及が始まり，それらが指導と学習に大いに寄与する方向にある．よって投影機器の進歩とともに，それらの効果的な活用にかかわる操作技能が一層求められる．

次に，新しいデジタル・テクノロジーの進展にともない，ビックデータをもとにした生成AIの教育利用の議論が深められてきている．またメタバースによるロール・プレイ学習は，個別最適な学びをサイバー空間上で行い，他者が気になる学習者など，さまざまにニーズに応じられるように発展してきている．あるいはVRによる学習は，さまざまな生活場面に取り入れられ，教育環境を提供することが難しい場面において，疑似・模擬体験ができるサービスを提供し，その効果を発揮してきている．同様なサービスには，操作ツールを用いたプログラミング学習もあげられる．

一貫地理教育において新しいデジタル・テクノロジーを用いる学習を見据えると，まず各学習段階における地理的探究と地理的ツールの活用のあり方を考える

ことになろう．それは，教員の新しいデジタル・テクノロジーの教育利用の理解と活用の経験の積み重ねに委ね，児童生徒の各学習段階における具体的な学習内容・方法，あるいは前述のように教員の授業構成やカリキュラム・マネジメントなどに応じて，従属的に考えることになる．小学生は，基礎的な技能の習得時間が早いともよく聞かれることから，小学生には，早期から体験活動とともに，新たなデジタル・テクノロジーに触れさせる学習機会をさまざまに設けたい．中学校・高等学校には，学習の高低に応じて，創造的な学習場面を用意しながら，最新のものに触れさせる努力も必要になろう．

さまざまな新しいデジタル・テクノロジーに関する系統を具体的に考えることは，難しいが，多くの実践の経験の共有化とともに，具体的な授業計画の見通しを立てる労力が必要となる．現代社会の情報産業や教育工学の急速な進展を見据えると，簡易に扱えるドローンによる地理教材の収集，AI が生み出した仮想教員による授業や VR グラスを装着する授業が間近に近づいているかもしれない．

岡本恭介（第 1, 2, 3 項）・飯島典子（第 4 項）・守　康幸（第 5 項）・吉田　剛（第 6 項）
　本節は，岡本・飯島・前田（2023）と守の実践研究をもとに加筆・修正したものである．

文献
飯島典子・岡本恭介・笹平　剛（2023）：幼小接続期の発達と生活に応じた安全教育．2023 年度日本地理教育学会第 73 回大会一般発表．
岡本恭介・飯島典子・前田　諒（2023）：デジタル・テクノロジーの可能性と一貫地理教育．地理，68(11), pp.90-95.
笹平　剛・岡本恭介・飯島典子（2023）：360 度バーチャルツアーを用いた幼児向け安全教育の教材開発．宮城教育大学情報活用能力育成機構教育実践活動報告 2023 報告, pp.11-14.
古市久子・牟田ゆき（2006）：子どもの目でみる通園路－子どもの手描き地図より－．エデュケア，26, pp.13-26.
文部科学省（2018a）：『小学校学習指導要領解説総則編』，東洋館出版社．
文部科学省（2018b）：『小学校学習指導要領解説社会編』，日本文教出版．

第2節　立地概念を中核にして考える一貫地理教育

1. 学びの接続をめざす授業プラン

　本節では，小学校社会科第5学年工業学習，中学校社会科地理的分野の「世界の諸地域」（アジア州）を事例に小・中学校の学びの接続をめざす授業プランを提案する．学びの接続とは，学習の連続性であり一貫性である．小学校での学びが土台となり中学校で応用・活用され，深化・拡充する学びが上記のそれを満たす学習といえよう．学習指導要領では，その具体として教科目標や期待する資質・能力の統一化が図られた（文部科学省，2018，p.28）．その1つが「社会的な見方・考え方を働かせ…（中略・筆者）社会の形成者に必要な公民としての資質・能力の基礎を育成する」という教科目標である．社会的な見方・考え方を働かせるためには，社会にかかわる本質的な学びを通して，生きて働く知識の獲得が不可欠である．生きて働く知識とは，一過性の知識ではなく，転移・応用の効く知識（理論や概念）である．このような知識を獲得させ，活用できるようにするためには，子どもの発達段階や校種間の特質を踏まえつつ，①校種間を結ぶ理論や概念の措定，②①で措定した理論や概念の獲得場面と活用場面を意図的に組み込んだ授業設計が必要である．本節では，このような考え方のもと，地理学における重要な概念の1つである立地に着目する．立地とは，人間の活動目的に最も適合した地表上の場所あるいは地点を探し出し，選択・決定することを表す地理的概念である（上野，2015）．また，その中に含まれる位置や分布の概念は，地理学が対象とする空間を読み解く際の中心概念の1つであり，地理学習において欠かすことのできない視点である（吉水，2002）．たとえば，工業に関する学習において工場の立地条件の追究は，工業の本質的内容に迫る重要な学習内容となる（岩田，1991，pp.67-68）．

2. 立地概念を中核にした小学校社会科授業プラン

　ここでは，小学校社会科で求められる特質を踏まえながら，転移・応用が効く知識の獲得をめざす小学校社会科第5学年工業学習の授業プランを提示する（佐藤・大矢，2020）．具体的には，いわゆる産業学習の中でも工業生産の単元を事例に全6時間構成の授業案（表6-3）を示す．

　第一次（1時）では，単元の主な学習内容および意義を把握する段階である．ここでは，「もし自分が自動車会社の社長であったら」という役割を与え，「社長

表 6-3　授業プラン「自動車組立工場を建てるのならどこがよい?」の概要

時	○主な学習活動	□指導上の留意点 ※立地概念の活用
1	○自動車会社の社長の立場として,自動車を作るとき,設備費,材料費,人件費,研究費,宣伝費,販売費,輸送費,利潤のうち,どの費用を重視すべきなのかを考える.	□自動車会社は,消費者のニーズを踏まえ,効率的に生産を行っていることを理解させる.
2	○自動車組立工場を建てるのにふさわしい場所の条件(立地条件)を予想する.	□単元終末のパフォーマンス課題「自動車会社の社長として,自動車組立工場を建てる場所を決めよう」を提示する.
3	○自動車組立工場が実際にどのような場所に建っているのかを地図や航空写真をもとに調べる. ○どのようにして,たくさんの車をすばやく注文通りに作っているのかを工場の生産設備や工程,働く人々の工夫などを手がかりに調べる.	□自動車組立工場は,巨大な生産設備を持つため平らで広い土地が必要になること,原材料や部品,完成車の輸送,従業員の通勤のために,交通の便がよく,労働力が確保しやすい都市近郊に立地することを理解させる.
4	○自動車部品の関連工場で働く人たちは,部品を作るときや組立工場に部品を運搬するときにどのような工夫をしているのか調べる.	□自動車組立工場は,輸送コスト及び時間コストを抑えるため,関連工場が集積する場所に近接して立地することを理解させる.
5	○多くの自動車組立工場や自動車関連工場が,なぜ太平洋ベルトに立地しているのかを各種資料をもとに考える.	□自動車組立工場は,原材料や完成車の輸出入,部品の調達,大消費地への輸送に便利で,豊富な労働力を確保しやすい太平洋岸や交通の便のよい都市近郊に集積することを理解させる.
6	○パフォーマンス課題に取り組む.	※立地概念を活用して,自動車組立工場の立地を評価する.
	あなたが社長を務める自動車会社の社内特別プロジェクトチームは,自動車組立工場の建設候補地を国内から5か所(鹿児島県枕崎市,香川県高松市,岐阜県高山市,茨城県水戸市,北海道千歳市)を選びました.これまでに学んだ自動車組立工場の立地条件をふまえ,社長として建設候補地を評価し,その中から最もふさわしい場所を選択しよう.	
	○これまでの学習を振り返り,自動車組立工場の立地条件を整理する. ○立地条件をもとに建設候補地を評価し,最適地を考える.	□評価(思考・判断・表現):立地概念を活用して,資料をもとに自動車組立工場の立地を評価し,合理的に工場建設の最適地を選択できたか.

(筆者作成)

として会社をどうするべきか」や「社長として，何を重視すべきか」など，自動車会社の社長という立場で経営判断させる活動を行わせる．これらの活動を通して「企業は，利潤をできるだけ大きくするために，総収入を高め，生産費用を小さくすることをめざしている」という知識の獲得をめざす．このように企業活動の目的や行動原理を捉えさせる学習を通して，次時以降に工業立地を探究する際の視点となるようにしたい．

第二次（2～5時）は，自動車工業における最適地の立地要因を探究する段階である．ここでは，「自動車の組立工場を建てるのにふさわしい場所の条件（立地条件）は何だろう」という学習課題を提示し，その要因について検討させる．具体的には，自動車組立工場の機能や役割，工業に携わる人々の工夫や努力などを目的と手段の関係から認識させることを通して，「企業は，輸送費などの立地因子と立地条件の影響を踏まえ，工場の立地を決定している」という知識の獲得をめざす．

第三次（6時）は，獲得した立地概念を活用して自動車組立工場の建設候補地を提案する段階である．ここでは，「社長」という経営者の立場から，「工場の最適地を決定する」という経営判断を下す場面設定とすることで，これまで学習で獲得してきた知識・概念を活用し，工場の最適地について，総合的な視座から合理的に意思決定させる．たとえば国内で自動車組立工場の建設候補地となりうる場所（例：鹿児島県枕崎市，香川県高松市，岐阜県高山市，茨城県水戸市，北海道千歳市など）を選定し，どの場所が，なぜ工場の最適地としてふさわしいのか，について個人およびグループで吟味させ，議論する展開とする．また，その結果として，「企業は利潤をできるだけ多く安定的に獲得することをめざして，効率的な生産活動を行っており，工場の立地選択においては輸送費などの立地因子および立地条件の影響を踏まえ，総合的な視座から合理的に判断を下している」という知識の獲得をめざす．

3. 立地概念を中核にした中学校社会科授業プラン

次に小学校で獲得した立地概念を活用して社会問題を考察する中学校社会科地理的分野の授業プランを提示する（大矢，2023）．具体的には，中項目「世界の諸地域」（アジア州）を事例に全7時間構成の授業案（表6-4）を示す．

第一次（1～2時）は，単元の主な学習内容と学習課題を把握し，課題解決に向けた予備的考察を行う段階である．ここではアジア州の地理的特徴を教科書や

表6-4 授業プラン「アジア州の交通渋滞を解決しよう」の概要

時	○主な学習活動　・学習内容	□指導上の留意点 ※立地概念の活用
1	○地図や統計資料からアジア州を大観する.	□ここでは自然環境，文化的事象を中心に扱う.
2	○アジア州の都市問題を概観する. ・大気汚染，交通渋滞，スラム問題，貧富の格差，住宅不足，災害への脆弱性 ○アジア州の各都市における交通渋滞の環境への影響を調べる. ○アジア州の交通渋滞を解決するために，どのような政策が必要になるか考える.	□各都市の交通渋滞の写真を提示する. □交通渋滞により引き起こされる都市問題を具体的に説明する. □自身の解決策に対して知識不足を悟らせる.
3	○アジア州の主要都市で交通渋滞が深刻化した要因について考える. ・急激な人口増加，交通量・物流量の増加，インフラの未整備，中間層の成長による自動車保有台数の増加，ライフスタイルの変容	□アジア州の経済成長と都市問題の関連性について捉えさせる. □高度経済成長期の日本の都市問題と関連させる.
4	○一部の都市に人口が集中する要因について考える. ・外国企業の進出，工業化　経済特区，人件費，アジア州の人口増加，経済成長	※「日本の家電メーカーなら，どこに工場建てるべきだろうか」と問い，立地展開の要因を考えさせる.
5	○農村から一部の都市へ人が移動する要因について考える. ・アジア州における農業の概観．都市部と農村部の経済格差と人口移動，出稼ぎ ・緑の革命，生産性の向上，人口増加	※「工場を建てるのに不向きな場所はどこだろうか」と問い，工業立地から都市部と農村部の格差，不均衡な工業化の実態を捉えさせる.
6	○交通渋滞解消に向けた各国政府の都市政策を調べる. ・都市道路網の拡張整備，大量高速公共交通の整備 ○今なお交通渋滞の課題が解消されない要因について考える.	□経済成長によるメリット（所得向上，中間層の拡大）とデメリット（外部不経済）を捉えさせる.
7	○パフォーマンス課題に取り組む. アジア各国の政府の立場になって，交通渋滞など一極集中の弊害を抑えながら経済成長を促進させることのできる経済特区の最適地と都市内の交通システムを考えよう. ○解決策を発表し，自己評価や相互評価した上で，再度，解決策を練り直す.	□評価（思考・判断・表現）：立地概念を活用しながら，経済特区の最適地と都市内の交通システムについて考えることができたか.

（筆者作成）

地図帳で概観した後，地球的課題の1つである都市問題に焦点を当てて，現状把握と課題解決に向けた方策について検討させる．具体的には，アジア州で発生している都市問題を把握させた後，交通渋滞に着目させて「アジア州の都市部で発生している交通渋滞の問題を解決するためには，どうすればよいか」という学習課題を提示し，解決策を考えさせる．

第二次（3～6時）は，学習課題の解決に向けて情報収集や仮説的推論を行う段階である．ここでは具体的に，「なぜ，アジア州の都市では交通渋滞が深刻化したのか」，「なぜ，一部の都市に人口が集中するのか」，「なぜ，農村から都市へ人の移動が進んだのか」など，アジアの都市部で見られる社会的事象の特質やその要因・原因について探究させる．その際，外国企業の立地選択を事例として取り上げ，小学校段階では詳細に触れなかった人件費や関税，工場誘致や補助金などの政策，将来の市場拡大期待などの知識の獲得を通して，立地概念の深化・拡大を図りたい．

第三次（7時）は，これまで獲得した知識を活用して学習課題に対する改善案を提示する段階である．ここでは，「交通渋滞など，都市への一極集中によって生じる問題を解決するために，外国企業を誘致するための経済特区はどこに設置するのがよいのだろうか」という課題を設定し，経済特区の最適地を吟味・検討させる．上述した課題の解決を通して，交通渋滞の問題を解決するために都市から離れた場所に経済特区を設置すべきと考える生徒もいよう．しかし他方で，第二次の学習を踏まえれば，産業集積による外部経済のメリットを無視することはできず，ある程度の都市環境が備わる場所を視野に入れて選定することも必要となる．すなわち交通渋滞といった都市一極集中の課題を解決するためには，両立できない関係性を踏まえつつ，工業立地の概念を活用しながら地域のさまざまな要素を勘案して経済特区を選定しなければならないことを理解する．加えてこのような学習を通じて，社会の仕組みに関する理解に留まらず，物事を合理的に考え，意思決定していくことの重要性や難しさについて実感することが期待される．

4. 要因の追究と知識の活用で統一をはかる

校種間の学習対象や社会の認識内容の難易度（複雑さ）の違いを踏まえつつ，2つの単元について立地概念を中核に据えて授業を立案するととともに，学習過程について，①立地要因の追究と②パフォーマンス課題による獲得した知識の活用という二段階で統一化して，接続を試みた．今後は今回の成果を踏まえ，その

先の高校地理ではどのような授業が構想できるのか，また小中高一貫地理教育として立地概念以外にどのような概念でどのような授業が構想できるのか，についてさらに研究を進めていくことが今後の課題である．

佐藤克士・大矢幸久（全体の執筆），伊藤直哉・内川　健・阪上弘彬（内容の協議）

本節は，佐藤・大矢（2024）に加筆・修正したものである．

文献
岩田一彦編（1991）:『小学校産業学習の理論と実践』, 東京書籍．
上野和彦（2015）: 地理学の歩み．上野和彦・椿真智子・中村康子編著『地理学概論』［第2版］, 朝倉書店 , pp.1-9.
大矢幸久（2023）:「位置や分布」概念の育成をめざす小中一貫地理授業プランの提案－工業立地を中核として－. 新地理 , 71(2), pp.62-66.
佐藤克士・大矢幸久（2020）: 小学校社会科産業学習における工業単元の授業改善－イングランド地理テキストブック "NEW KEY GEOGRAPHY Connections (KS3)" を参考にして－．新地理, 68(3), pp.27-48.
佐藤克士・大矢幸久（2024）: 立地概念を中核にした小中地理一貫授業プランの提案．地理, 69(2), pp.84-89.
文部科学省（2018）:『中学校学習指導要領（平成29年告示）解説 社会編』, 東洋館出版社．
吉水裕也（2002）:「位置と分布」概念に関する問題発見構造－日英教科書分析を通して－. 新地理, 49(4), pp.18-31.

第3節 「身近な地域」から考える一貫地理教育

1.「身近な地域」を取り上げる理由

　本節では，小中高一貫地理教育カリキュラムとしての視点から，「身近な地域の調査」にかかわる単元を取り上げ，その課題と改善について，実践的な知見をもつ小中高の教員との協議を通して，一貫カリキュラムを構想する．

　本節で「身近な地域調査」にかかわる単元を取り上げる理由は，『中学校学習指導要領解説社会編』（文部科学省，2018a）において，「地域に広がる景観等を対象にして地域調査を行うことは地理学習において中核となる学習である．すなわち，観察や野外調査，文献調査は，社会的事象の地理的な見方・考え方を働かせる上で欠かすことのできない活動であり，作業的で具体的な体験を伴う学習を通して効果的に習得・活用することができる，生きて働く技能でもある．」と示され，地域調査，とりわけ身近な地域の調査にかかわる内容が，地理教育において重要とみなされている．

2. 小学校における身近な地域の調査にかかわる内容

1）幼稚園教育と小学校生活科における地域調査にかかわる内容

　幼稚園教育と生活科には，地域調査という用語が用いられていないが，それらの内容には自然の変化に伴う景観の変化を捉える活動がある．それは，「そこはどのようなところか」を直感的に感じる「場所」の概念，そして季節の変化と人間生活とのかかわりの点においては，「人間と自然環境との相互依存関係」の概念が垣間みえる．

　『小学校学習指導要領解説社会編』（文部科学省，2018b）をみると，小学校社会科では，「季節」の変化よりも，「気候」と生活とのかかわりを学ぶようになっていく．一般に，「気候」は，その土地の平均的な天気（気温や降水量など）の様子，「季節」は，春夏秋冬のように分けたものとされるが，語感からすれば，「気候」は，客観的な事象，「季節」は，肌感覚に近く，幼稚園や生活科では，「気候」よりも「季節」が用いられている．学習指導要領でも「気候」と「季節」の用語の出現回数は，小学校生活科で「気候」が1回，「季節」が42回，小学校社会科全体として「気候」が22回，「季節」が0回となる．なお中学校学習指導要領の社会科地理的分野においては，「気候」が23回，「季節」が1回となり，「季節の変化などを考慮して1年間を通じて地域の課題を見いだし，考察することができ

ること」との語句がみられるが，教科書上，肌感覚としての「季節」を通した地域の調査活動についての言及は少ない．

　こうしたことから，肌感覚に近い「季節」という語は，とくに小学校生活科によく用いられ，「場所」や「人間と自然環境との相互依存関係」の概念にかかわって，身近なところに対する感覚を大切にする地理的価値態度の原点につながっていくといえよう．

2） 小学校社会科における地域調査にかかわる内容

　第3学年と第4学年の地域調査の共通点は，地図や地図帳，主題図（土地利用図），白地図，方位，等高線，地図記号などの基本的な教材や教具を用いて地理的ツールの活用を学ぶことである．また地域の課題を見つけ，その解決策を考え，調査して，まとめ，発表する地理的探究の過程もみられ，中学校での地域調査の原形ともいえる．

　第4学年の地理学習の内容は，第3学年の「身近な地域・市」から，県のスケールへ拡大し，学年の最後には県内で特色ある地域を取り扱い，空間的な広がりをみせる．技能面では，地図帳や各種の資料で調べ，白地図などにまとめることが目指される．ただし第3学年と第4学年には，小学校学習指導要領で「観察・調査したり地図などの資料で調べたりして，白地図などにまとめること」と指示され，まちや市を対象にした「地域」の追究というよりも，場所によって土地利用が異なっていることを理解することにとどめる点に特徴がある．

　ただしその後の第5学年と第6学年では，身近な地域調査にかかわる内容がみられず，中断する．よってこの段階に地理的な見方・考え方を学ぶ重要な場面となる地域調査を組み込み，中学校での地域調査へ効果的に移行することが求められると筆者はみている．

3．中学校と高等学校における身近な地域の調査にかかわる内容
1） 中学校における地域調査の内容

　中学校社会科地理的分野での地域調査は，課題を見つけ，仮説を立て，室内外で調査活動を行い，仮説検証をして，まとめ，発表するといった地理的探究の基本的な過程は，小学校第3・4学年の地域調査と大きく変わらない．ただし地域調査の緻密さ，課題発見，仮説という概念，統計資料の扱い方，読図のテクニックなどについては，小学校のそれよりも難度が上がるため，小学校第5学年，第

6学年で地域調査が行われていない中で，中学校でのこのような地域調査が地理学習に対する忌避感情をうむことを危惧する．このことから，小学校第5学年や第6学年での地域調査の在り方を検討する必要があるが，公民的内容や歴史的内容の学習を圧迫することを避けることも求められる．

2）高等学校地理歴史科の地理総合と地理探究における地域調査の内容

　地理総合では，地域調査の方法を防災学習などと関連させて学ぶようになる．中学校の地域調査の内容（観察，野外調査，文献調査など）と同様であるが，課題の見つけ方が中学校よりも学習指導要領や教科書に細かく書かれている．また中学校の地域調査における地理的探究の過程にくわえて，GISなどを積極的に活用する点に特徴がある．そして地理総合は，中学校の学習内容との関連を図りながら，生活圏がより広域化することなどに留意するとともに，GISを使った地図作成や統計資料を活用した多面的・多角的な調査ができるよう，工夫して取り扱うことが求められる．

　地理探究における地域調査では，世界や日本の地誌などを学習した後に，身近な地域を対象にすることで，新しい視点で地域を見直し，考えることになる．『高等学校学習指導要領地理歴史編』（文部科学省，2019）によれば，「地理探究における探究活動は，授業の中で終結するものではなく，授業後の日常生活においても持続的に行われることが望まれる．このような活動を通して，生徒一人一人が，どのような未来を創っていくのか，どのように社会や人生をよりよいものにしていくのかを考え，予測できない変化に受け身で対処するのではなく，主体的に向き合って関わり合うことが求められている」と示されている．

4．地域調査の一貫性に向けた改善方向
1）小中高一貫カリキュラムの視点からみた地域調査単元の問題

　表6-5は，身近な地域の調査において必要とされる諸技能や教材について，学習指導要領の記述を参照して，簡易にまとめたものである．小学校生活科では，季節の変化に伴う地域の変化を感じる学習が行われ，その後，小学校第3学年，第4学年で身近な地域の調査が行われる．これらの学年では，簡略な地形図の読図や地図（白地図）にまとめる作業，方位や等高線の理解など，地理教育らしさ，地理的な見方・考え方の育成が本格的に始まる．第5学年では，日本全体そして地球儀などを用いた地球規模の学習となり，第6学年では，公民的，歴史的内容

表 6-5　各学年で身に付ける地域調査を支えるとみられる技能や教材

生活科	社会科					地理歴史科	
小学1・2年	小学3年	小学4年	小学5年	小学6年	中学校地理的分野	高等学校地理総合	高等学校地理探究
まち探検	調査 地図記号 白地図 四方位 土地利用図	見学 調査 地図帳 立体模型 航空写真 写真 等高線 白地図 図表 八方位 土地利用図	聞取り 地図帳 地球儀 図表 各種資料	見学 調査 地図帳 地球儀 白地図 統計 図表	地形図 野外調査 文献調査 統計 写真 距離 方位 略地図 雨温図 主題図 地形図 GIS	統計 主題図 地形図 雨温図 情報収集 立地条件 GIS	主題図 統計 地形図 写真

の学習が中心を占めるが，日本にとって身近な国々の調査学習も行われる．両学年に地図帳や白地図などがあげられているが，とくに日本全国や世界のことを学ぶ際に用いられる．よって両学年に地理的な見方・考え方の育成に効果的な地域調査を取り入れ，中学校の身近な地域の調査学習につなげる系統性が必要となる．たとえば第5学年の農業や工業を扱う単元において，身近な地域の調査活動を取り入れることが考えられる．ただその際，既存の学習内容を圧迫しない程度にすることも必要である．

2）実践経験を踏まえた一貫カリキュラムとしての改善方向

以上をもとに，実践経験豊かな教員による意見を踏まえ，小中高一貫カリキュラムに系統性をもたせるための改善案として，小学校第5・6学年における地域調査的活動の導入を検討した．

（1）公民区分の単元の場合

第5学年の公民の内容とされている農業や工業を扱う単元に地域調査の活動を取り入れ，地理的な見方・考え方を学ぶ指導を行う．たとえば小学校第5学年で庄内平野のコメ作りを教科書で学んだ場合，自分たちの地域では，別な農業が行われ，その耕地面積や農業カレンダーなどについて聞き取り調査を行い，比較することで，自らの地域を見直す．これによって，自然と人間との関係や位置や分布などの地理的概念を学ぶことができ，本格的な調査とはいえないものの，仮説や予想をたてさせ，自らの地域を調べさせるといったことを体験させる．

また工業の単元でも，自分の地域の工業についての地域調査活動を取り入れる授業が考えられる．立地について，たとえば工場が道路沿いにあるとか，海沿いにあるとか，「位置や分布」などを学ぶことができる．実際に外に出て調査しなくても，「どうしてここに工業地帯が広がっているのか」を簡単に調べさせ，ゲストティーチャーから話を聴くだけでも地理的な見方・考え方を養うことができる．また，「課題を見つけ，仮説を立て，調査し，検証する」といった地域調査の一端を経験することもできる．さらに，小学校第6学年の最終単元「グローバル化する世界と日本の役割」に，外国について調査活動を取り入れることも可能である．

(2) 歴史区分の単元の場合

小学校第6学年の歴史区分の学習に地域調査の活動を取り入れることができる．たとえば平安時代の授業で，京都と自分の住む地域（現在）の地図を比べ，寺の分布や道路の作り方の差に気付き，平安京の街づくりの特色を知る活動が行える．まず，どうして京都と自分の町の道路では違いがみられるのかを予想させる．その後，ICT機器を使い調べさせ，予想を検証させるという流れで授業を行う．これによって，地域によって異なる道路のもつ意味に気付かせ，時間が許せばそれぞれの道路を調査させることで課題を見つけさせる．

また小学校第6学年で，町人の文化（江戸時代）を扱う時に，①江戸時代の江戸と名古屋の絵巻物（当時の絵地図など）を比較し，「芝居小屋」「見世物小屋」の数や密度を読み取る．②白地図（日本全図）に，江戸と名古屋，大坂の位置と東海道を書き込む．③江戸の徳川吉宗の政治により江戸や大坂を追われた町人（芸人）が，名古屋に行き着いたことを児童に教える．④白地図から江戸，名古屋，大坂の位置を確認し，江戸と大坂の間にあり，東海道が通っていた名古屋に芸人が集まりやすかったことに児童が気付く．⑤江戸とは異なった，当時の名古屋の文化の特色を知る．これによって，時代によらず，位置や分布が人文現象に与える影響を学ぶことができる．

すでに第6学年の教科書の中には，身近な地域の歴史のフィールドワークに関する見開き2頁分が割かれているものもある．地理教育における課題発見→予想→調査→発表，という課題解決的な内容と異なり，ある古い神社をみて「この神社ができたとき，どのような人たちが活躍していたのだろう」という歴史教育特有のものである．地理学習とは少し異なるが，地域を探ることが契機となり，子どもたちと地域とのつながりを維持することに役立てられるのではないか．

最後に，子どもたちが，隣接する学校種で何を学んできたのか，何を学んでいくのかを知った上で教育活動を行うことは，指導内容の系統性を考える上で好ましい．確かに教員は，日頃の業務の多忙さからなかなかこのようなことはできないことは承知しているが，何かの折に隣接校種の教科書に目を通すだけでも，教員の視野は広がるに違いなく，子どもたちの12年間の成長を見通した指導改善，新たな発見や見方が得られる．つまり一貫カリキュラムについて考えることは，教員にとっても成長のチャンスになる．今回の取組みに参加した教員が口々に「他の校種で何を教えているのかを知っておいてよかった」と述べていることがその証しとなろう．

近藤裕幸・伊澤直人・栗本一輝・小澤裕行・児玉和優・鈴木　瞭・八木龍一
第1項から第4項までを近藤が担当し，第4項に伊澤・栗本・小澤・児玉・鈴木・八木の
意見が含まれている．

文献
文部科学省（2018a）:『中学校学習指導要領解説社会編』，東洋館出版社．
文部科学省（2018b）:『小学校学習指導要領解説社会編』，日本文教出版．
文部科学省（2019）:『高等学校学習指導要領解説地理歴史編』，東洋館出版社．

第4節　テーマから考える一貫地理教育

1.「交通」の単元から考える

中学校地理的分野「日本の諸地域」の「関東地方」の一部実践に及んだ単元の構想をもとに,「交通」に着目した一貫地理教育について考える.

1）学習内容を構想する

茨城県の鉄道路線「つくばエクスプレス（TX）」を取り上げる（図6-1参照）. 2005年開業のTXは,茨城県つくば市のつくば駅と東京都千代田区の秋葉原駅の全長58.3kmを約45分で結ぶ.TX沿線の地域は,新しい市街地の整備が進められ,総務省の人口動態調査（2023年1月）によると,つくば市の人口増加率は2.30%で全国一位となっている.

茨城県は,2020年『茨城県総合計画～「新しい茨城」への挑戦～』を策定し,つくば経済圏と県央・県北地域の広域的な交流を促し,TXの東京圏と県南・県西地域の交通ネットワーク強化の検討を開始した.

この方針は,第二次（同名）計画に引き継がれ,TX県内延伸に関する第三者委員会は,2023年3月に土浦方面を候補地と提言し（表6-6参照）,茨城県は,2023年6月に延伸先を土浦方面（常磐線接続駅を土浦駅）に決定した（つくば市・土浦市間：約11.8km）.

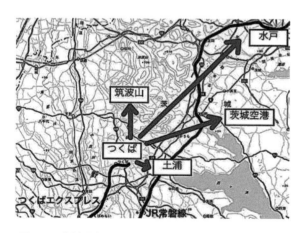

図6-1　茨城県総合計画における4つのTX延伸方面
地理院地図をもとに鈴木達也作成.

表 6-6　茨城県総合計画に位置付けられた 4 つの TX 延伸方面の特色

方面	特色
土浦	○つくば市と土浦市間はバスで接続され，平日・休日ともに 7 ～ 8 万人の移動がある． ○つくば駅から土浦市内の常磐線の駅までは，いずれも直線距離にして約 10km であり，4 方面の中では，最短距離での常磐線接続が可能． ○つくば市～土浦市間の一部道路区間においては，ピーク時以外でも渋滞が発生しており，鉄道延伸による住民の利便性向上が期待できる．
茨城空港	○茨城空港の航空旅客数はコロナ禍までは順調に推移．令和元年度は年間約 78 万人． ○県総合計画では，将来の首都圏のニューゲートウェイとして，国内地方都市およびアジア諸都市と首都圏を結ぶ機能が高まっていくことが期待されており，交通ネットワークの整備により，県内だけでなく，首都圏および北関東地域のポテンシャル向上に大きく寄与することが期待できる．
水戸	○現状，つくば市と水戸市間では，高速バスが運行され，鉄道での往来は困難． ○水戸市とつくば市は，本県 2 大都市であり，鉄道で直接結ばれることで通勤・通学輸送における速達性等の利便性向上のほか，大きな経済効果が期待できる． ○直線距離は約 45km と 4 方面の中では最も長く，輸送障害時の予備路線として役割などが期待できる．
筑波山	○「筑波山キップ」「筑波山あるキップ」の売上は増加傾向．公共交通を利用した観光形態が定着． ○ TX 延伸により，乗換がなく，麓まで行けるようになれば，公共交通を利用する観光客の利便性向上および筑波山の観光入込客の増加に寄与することが期待できる． ○筑波山までの一部道路区間においては，ピーク時以外でも渋滞が発生しており，鉄道延伸による観光客および住民の利便性向上が期待できる．

資料：茨城県（2022）第 1 回 TX 県内延伸に関する第三者委員会（令和 4 年 12 月 12 日）「資料 2 TX 県内延伸調査の結果について」をもとに鈴木達也が一部改変．

2) 単元の指導過程をつくる

○第 1 時：茨城県の地理的特徴や TX 延伸に関する新聞記事から関係する社会的事象の概況を捉え，単元課題「交通網の発展が地域にどのような影響を与えるのか」を設定する．既習の「中国・四国地方」の追究の視点に「交通・通信」を設定し，高速道路網の発達や本州四国連絡橋の開通などによって，人流や物流の活性化を促し，人口動態や産業構造に影響を与えたことも振り返る．

○第 2 時～第 5 時：TX 開業は，土浦・茨城空港・水戸・筑波山の各延伸候補地にどのような影響を与えるのかについて，各候補地の特徴を出発点にしてウェビングマップをもとにグループで考える．検討資料は，第三者委員会の報告書を利用する．他のグループの検討結果も参照しながら考えを広げ，候補先の評価を重ねていく．その際にディベートを取り入れ，候補地のメリットやデメリットを考えながら，評価を深める場面も想定できる．

○第 6・7 時：少人数での自由な話し合い，随時メンバーの入れ替えるワールドカフェ方式の意見交流を行いながら，グループの意見をブラッシュアップし，

最終的に延伸先を1カ所に定める．さらに「多面的」と「多角的」の視点からの考察を促し，単元のまとめを行う．生徒は，これまで考察してきた視点や偏りなどを振り返り，4つの候補地をさらに別な視点から再評価をする．また他のクラスの成果を示し，最終的な意見をクラス全体でまとめてもよい．

3）一貫地理教育カリキュラムのフレームワークからみる

地理的概念の階層性や順次性を働かせ，延伸候補地（位置や分布），場所の自然的・人文的な特徴（場所），自然環境に根ざした人々の暮らし（人間と自然環境との相互依存関係），首都圏となる茨城県の各地のつながり（空間的相互依存作用），機能地域として首都圏域の一部となる茨城県の地域性（地域），都市の過密問題の解決（持続可能性）などから学習する．終結部では，持続可能性の概念から茨城県各地と首都圏の関係を検討させ，地理的価値態度，ウェルビーイング実現にかかわる資質の育成につなげられる．グループ学習では，地理的探究を意識し，課題をもとに地理情報の獲得・選択，分析・考察，結果の伝達を行う手続きを踏む．

4）一貫地理教育における「交通」について考える

本単元構想から，一貫する「交通」の学習段階を考えると，小学校生活科「町たんけん」（町の駅やバス停），小学校社会科第3学年「私たちの〇市」（市内の場所と交通），第4学年「私たちの〇県」（県内の自然と交通），第5学年「産業学習」（交通と輸送），第6学年「世界の国々」（中国の生活と交通），中学校社会科地理的分野「世界の諸地域」（ヨーロッパ州における交通網），高等学校地理歴史科「地理総合」（交通の生活圏の調査），高等学校地理歴史科「地理探究」（比較地誌：諸地域の特色のある交通）などが考えられる．

2．「地形」の実践から考える

高等学校地理歴史科「地理総合」の「生活文化の多様性と国際理解」の単元「山地と平野の生活」（4時間扱い）の実践事例をもとに，一貫する「地形」の学習について考える．単元の過程は，第1時に自然災害の種類と日本の自然環境の特徴を学ぶ．第2時（本時）に指示された地図から地形変化の原因を考察し，都市型災害の特徴を理解する．第3時に風水害，火山災害，地震・津波について学ぶ．第4時に山形県の水害と土砂災害について学ぶ．

写真 6-5　地図帳と Web 地図を併用して調べている様子
2023 年，金田啓珠撮影．

1）学習内容とグループ活動について特徴付ける

　本時（55 分）では，東京大学 2012 年度の入試問題（第 3 問・設問 B）を取り上げた．問いは，東京都心およびその周辺部の標高を図示し（国土地理院『数値 5m メッシュ（標高）』），指定された範囲の地区では，もとの地形が人為の影響によって変化している．このような変化を 2 種類指摘し，それぞれの原因とあわせて 90 字以内で述べよ，というものである．授業方法は，知識構成型ジグソー法を用いて実践した．ジグソー法とは，グループのメンバー各自が，与えられた異なる課題をもち，各自の課題を深めるために，同様の課題をもつ他のグループのメンバーとも協議し，その結果を所属グループに持ち帰り，知識を統合していくものである．実際に，同様の課題を持ち合う活動の場面では，A：今昔マップの活用，B：地理院地図と地図帳の活用・考察（写真 6-5），C：河口部の地形の特徴，D：大阪市梅田やメキシコシティと共通する地形の特徴，の 4 つの課題について 4 人グループで考察した．授業最後には，ほぼ全員が自分なりの答案を書き上げた．

2）実践の成果を検討する

　本実践では，ワークシート 1 枚に問題文を提示し，授業前と授業後に自分の考えを書く欄を設けた．2 名の生徒の学びの変化は，次頁囲みのとおりである．

　X さんの場合，授業前は河川周辺の読図から得られたことのみの記述であったが，授業後は，人為的な変化と原因を 2 種類指摘して記述している．また Y さんの場合，授業前は，河川の形状のみの記述であったが，授業後は，工場の多さと地盤沈下を結びつけて考察している．さらに地下水のくみ上げとともにガス田の採掘について，また河口付近は軟弱な地盤であることにもふれるなど，詳しく記述している．

> **Xのワークシート**
> ●授業前：川がカーブするところに川岸が削られないように堤防がつくられている．
> ■授業後：大洪水を防ぐために川を直線的にして，両岸に人口堤防がつくられている．また標高が海面下になっているのは，工業用水を大量にくみ上げたことによる地盤沈下が原因だと考えられる．

> **Yのワークシート**
> ●授業前：周辺の川は，比較的ぐにゃぐにゃと曲がりくねっているが，Aの部分の大きな川は激しく曲がる等の変化はない．
> ■授業後：Aの一帯は洪水の被害が多かったために水を逃がすための流路を人工的につくったことと，工場が多く立ち並び，地下水やガス田を過度にくみ上げ，軟弱だった地盤で地盤沈下がみられたこと．

3）地理的探究と地理的ツールの扱い方について検討する

　本実践では，大学入試問題を地理的課題と設定したが，ジグソー法を通じて，既習事項あるいは地図帳や地理院地図，今昔マップなどのWeb地図を地理的ツールとして常時活用しながら，分析・考察，表現や意見交流していく地理的探究となっている．よって一貫地理教育カリキュラムにおける地理的ツールを常時活用する地理的探究の一例となる．ただし本実践では，大学入試問題を扱ったために，正解があり，本実践の地理的探究には，おおむね終着点がある．正解が1つとならず，ある程度の射程を用意する必要はあるが，「地形要因と防災リスクをふまえて，どこに家を購入するか，その理由は？」や「ある課題について，行政・住民・企業などのさまざまな立場で検討し，各々の利害について考えてみよう！」など，さまざまな答えが得られるような問いや活動指示，学習展開における生徒の対話や発表などを通して，多面的・多角的な分析から深く思考をめぐらせる地理的探究についても一層求めていくことの意義がある．

4）一貫地理教育における「地形」について考える

　上記の地図活用から地盤沈下の要因を考察させる実践をもとにして，表6-7より，小学校と中学校への接続を構想する．
　たとえば小学校では，地理院地図や地図帳に積極的に触れさせ，Web地図の操作の動画を参考に，教師も児童とともに楽しみながら授業を行う．中学校社会

表 6-7　一貫地理教育カリキュラムにおいて接続する「地形」単元の構想

学校種	学習内容	地理的ツール
小学校 第5学年	・低地の自然環境と人々のくらしや産業	・地図帳　・地理院地図　・今昔マップ
中学校 地理的分野	・阪神工業地帯と環境問題への取り組み	・地図帳　・地理院地図　・今昔マップ ・ハザードマップ
高等学校 地理総合	・河口部での暮らし ・都市災害	・地図帳　・地理院地図　・今昔マップ ・ハザードマップ
高等学校 地理探究	・河川がつくりだす地形 ・水の循環と利用 ・日本の自然災害と防災	・地図帳　・地理院地図　・今昔マップ ・ハザードマップ　・Google Earth

科地理的分野の「阪神工業地帯」では，地理院地図で現在の土地利用を確認し，今昔マップから土地利用の変遷を確認し，大阪湾に面した工業地帯が埋め立てによって工場立地が進み，地盤沈下が起こったことを関連付けて学ぶ授業を行う．

3．「都市」の実践から考える
1）身近な地域素材を活用する

　高等学校地理歴史科地理総合の「地球的課題と国際協力」の単元「居住・都市問題」の身近な地域素材を活用した実践事例を取り上げる．身近な地域素材には，①関心・意欲や実生活での活用，②地理用語の実感と学習の深まりなどの効果が見込まれ，生徒の多くが居住する仙台市の都市・居住問題の事例を取り上げた．
　表 6-8 の指導の過程より，第 1 時は，仙台市の人口増加とスプロール現象について取り上げた．仙台市中心部の 5 万分の 1 地形図の新旧比較，地理院地図の「並べて比較」ツールを使った新旧空中写真の比較を行い，仙台市中心部から郊外にかけての住宅地の広がりを確認した．第 2 時は，仙台市中心部のインナーシティ問題に着目した．Google Earth のストリートビューで仙台駅前の様子を確認し，仙台市が抱える都市・居住問題を捉えさせた上で，どのような再開発が望ましいか，Google Jamboard を活用し，グループごとのまとめ・発表を行った．第 3 時は，ジェントリフィケーションやパークアンドライドなど，再開発による効果や都市問題の解決策に着目した．仙台市中心部の再開発の事例を取り上げ，教科書に掲載される諸外国の事例との比較を行った．たとえば仙台市の五橋に 2023 年に移転した東北学院大学を都心回帰の事例として挙げ，周辺地域にもたらす影響を考えた．第 4 時は，現在発展途上国で起こる都市問題である交通渋滞や大気汚染，スラム化といった問題を，既習事項である人口増加と関連付けて捉えさせるとと

表 6-8　単元構成と一貫地理教育カリキュラムのフレームワークの対応

時間	□学習内容・活動	■指導上の留意点　●おもな地理的概念 ▼近未来社会的市民性
1	□仙台市の人口増加（スプロール現象）とそれに伴う問題について，新旧地形図・空中写真の比較から考える．	■仙台市の戦前・1970年代・2000年代の地形図を配布する．空中写真の新旧比較を見せる．●位置や分布
2	□仙台市中心部のインナーシティ問題について，その背景と再開発について考える．	■仙台駅前で撮影した廃業した商業施設などの動画を提示する．●場所 ▼一人ひとりのウェルビーイング実現
3	□仙台市および諸外国のジェントリフィケーションや持続可能な都市の暮らしについて考える．	■仙台市の都心回帰や再開発の事例をスライドで紹介し，市民への影響を話し合わせる．●持続可能性 ▼一人ひとりのウェルビーイング実現
4	□発展途上国の都市問題について，グループごとに調べ学習を行う	■グループごとに調べた内容をまとめる．●空間的相互依存作用

もに，ストリートビューを活用して実際の様子を確認した．

2）第2時の成果を検討する

　第2時「仙台市中心部の再開発の検討」の題材は，仙台駅西口の商業施設跡地をめぐる再開発である．2024年6月現在，仙台駅西口の旧さくら野百貨店（2017年2月閉業）とEDEN（旧仙台ホテル，2024年3月閉業）の跡地は，再開発の工事が進まず，具体的な建設計画の指針が出されていない（図6-2参照）．この跡地の廃ビルには，落書きが書かれ，それを注意する貼り紙もみられる（写真6-6〜8）．この現状に対して，仙台市の未来を考えることを授業のねらいとした．
　導入では，仙台駅前の様子を撮影した写真・動画とストリートビューで確認し，仙台市中心部の居住や都市問題を捉えさせた．展開では，仙台駅西口の地価の高さといった，一般的なインナーシティ問題が起こる背景を考察した．その上で仙台市中心部の再開発案をグループごとに考えさせた．GoogleのJamboardを活用し，イラストや地図・図面での再開発の構想をまとめ，発表させた．実際に生徒が考えた再開発構想案をみると（表6-9），A班：生徒自身が必要とする施設，B・C班：市民目線に立った施設，D班：観光客の集客などの特徴がみられた．
　授業のまとめとして，これらの活動を通し，自分たちが暮らす都市としての仙台市が，どのような都市として持続発展していくべきかについて，生徒間で話し合った．コロナ禍を経て仙台駅周辺のアーケード内の店舗も大幅な入れ替えが生じている現状も踏まえ，生徒たちは，積極的にさまざまなアイデアを出し合い，

図 6-2　仙台駅西口の概観図
地理院地図をもとに移川恵理作成.

写真 6-6　仙台駅西口の様子
2024 年，移川恵理撮影.

写真 6-7　閉鎖商業ビルに書かれた落書き
2024 年，移川恵理撮影.

写真 6-8　落書きを禁止する張り紙
2024 年，移川恵理撮影.

表 6-9　生徒の再開発構想案

班	作りたい施設	理由
A	屋内方スポーツ施設	若者の遊べる場所が少ないため，新たなスポットが欲しい.
B	温浴施設	買い物の帰りなどにお風呂に入れると便利である.
C	野外型音楽堂	人が集まるイベントスポットがあるとよい.
D	アニメ聖地スポット	仙台を舞台にするアニメに関するテーマパークを作り，観光客を呼び込む.

目の前にある地域の持続可能性を見いだしていた．

3）一貫地理教育における「都市」について考える

　本実践から，一貫する「都市」のつながりを考えると，街中の環境の観察学習（生活科），市区町村の中心部や県庁所在地の地域的特徴に関する学習（小学校社

会科中学年），都市の豪雨・大気汚染などの自然災害や，諸外国の主要都市の人々のくらし（小学校社会科高学年），世界と日本における都市間の交通・通信網（中学校社会科地理的分野），本実践の都市問題（高等学校地理歴史科地理総合），さらに広域中心都市の機能などの都市システム論や都市イメージ論などの系統地理的考察に関する学習（高等学校地理歴史科地理探究）など，想起することができる．また身近な地域素材は，一貫するテーマから系統を考える際に有用性が高く，学習者の興味関心や理解に対して柔軟に応じられる．さらに本実践における都市の再開発に関する提案場面の点は，一貫する「地域づくり」の軸として考えられ，創造的な思考とともに「持続可能性」を中心とする地理的価値態度，近未来社会的市民性やウェルビーイング実現の資質の育成にかかわる．

4. 実践のテーマから一貫する理論への往還を考える

　以上の単元開発や実践でみられた，交通，地形，都市，あるいは地理的探究，地図，地域づくり，ウェルビーイングなどの一貫軸の要素となるテーマは，基礎理論による一貫カリキュラムのフレームワークの【内容】【方法】【価値】の構成領域のどこに位置付けられ，どのように他の軸と関係し合い，学習段階を積み重ねていくか，多くの実践からの知見が必要である．実践から理論へ，理論を踏まえた実践へ，一貫カリキュラムの有用性を高めるために，両者の往還の手法を帰納的に構築していく必要がある．

　　　　鈴木達也（第1項）・吉田　剛（第1，4項）・金田啓珠（第2項）・移川恵理（第3項）
　　　本節は，鈴木・吉田（2024），金田（2024），移川（2023）に加筆・修正したものである．

文献

移川恵理（2024）：都市地理学習におけるICT活用．2023年度東北地理学会第2回研究集会報
　告オンライン発表資料（2024.3.3）．
金田啓珠（2024）：既習事項と地図を往復する地理総合の授業づくり－小中高一貫地理教育カリ
　キュラムにもとづいて－．地理, 71(3), pp.62-67.
鈴木達也・吉田　剛（2024）：一貫地理教育を意識した中学校の単元開発－日本の諸地域「関東
　地方」－．地理, 69(3), pp.90-95.

第 6 章　実践を研究する　175

第 5 節　さまざまな実践から考える一貫地理教育

1. 幼児教育における地理の原点

　幼児期の地理的な学習には，保育者が遊びを地理的な観点から考え，その環境づくりのための知識や能力が必要とされる（飯島，2023）．たとえば園庭の丘や植生などの利用，簡易なジオラマづくりなどを通して，「位置や分布」，「場所」などの地理的概念の理解を図る環境づくりと遊びが求められる．小学校の体系的な学習に対して，幼児教育では，総合される発達に力点を置きながら，さまざまな学習場面での地理的概念の理解や活用に関する意図が必要となる．

　幼児教育は，遊びを中心とした生活の中で，幼児自身が自らの生活と関連付けながら，好奇心を抱くこと，あるいは必要感から望ましい方向に向かって発達が進むよう援助する特徴がある．幼児教育では，特定の教科のねらいにつながるような援助をするわけではなく，子どもの興味関心が発展するように援助していくことで，結果として小学校の学びにつながっていく．

　『幼稚園教育要領』（文部科学省，2018）などに示されている，身近な環境とのかかわりに関する領域「環境」の 3 歳以上児のねらい「(1) 身近な環境に親しみ，自然と触れ合う中で様々な事象に興味や関心をもつ．」「(2) 身近な環境に自分からかかわり，発見を楽しんだり，考えたりし，それを生活に取り入れようとする．」には，地理に関する学びの基礎が含まれているが，具体的な保育内容を想定することが難しい．たとえば，園庭の昆虫採集から昆虫が生息する場所に興味をもった子どもの学びを深めようとするとき，保育者は昆虫や植物といった生き物に着目しやすく，土地そのものへの関心や生き物と土地との関連に着目して遊びを発展させることが難しい印象を受ける．子どもの遊びに埋め込まれた地理的要素を子どもが意識し体験するためには，保育者が遊びを地理的観点に立って考えられるよう，地理の学びに関する理解や，遊びの発展方法とそれに必要な技能について理解を深めることが課題になる．

　保育者が幼児の遊びを地理的観点から発展へと導いた事例として，宮城教育大学附属幼稚園で取り組んだ遊び「ジオラマづくり」を紹介する．園庭にある築山（つきやま）は子どもたちにとって重要な遊び場の 1 つであり，多様な虫の生息地でもある．場所と虫の関係に関心をもった 5 歳児の数名が，「築山探検隊」というチームをつくり築山の場所ごとに生息する虫を調べ，まとめはじめた．このような昆虫採集の活動は例年みられ，保育者は子どもが自ら学びとった情報をもとに生き物の

写真 6-9　築山のトンネルを計測する 5 歳児
2022 年，飯島典子撮影．

写真 6-10　5 歳児が作成したジオラマ「つきやまのじおらま」
2022 年，飯島典子撮影．

図鑑を作成する活動として発展させる傾向にある．しかし，この年度の子どもは築山の形を丁寧に捉え表現しようとする姿がみられた．そこで，保育者は昆虫採集した場所の情報から生物環境分布図を作成すること，築山を計測し築山に関する理解をもとに表現する方法として，ジオラマをつくることを提案した．保育者の提案に興味をもった「築山探検隊」の子どもたちは，協力して計測した（写真 6-9）斜面やトンネルの情報をもとにジオラマを作り，昆虫が生息する場所がわかるように子どもたちが捕まえた昆虫の写真を置いた（写真 6-10）．ジオラマづくりは，場所についての理解を促すという地理教育の要素を見いだすことができ，保育者のアイデアでその可能性が拡がることを示唆している．

2．小学校社会科と中学校社会科地理的分野の実践をつなぐ
1）小学校における社会科と総合的な学習の時間の実践

　小学校社会科第 5 学年「環境に関わって生きる〜仙台から世界へ〜」と総合的な学習の時間「環境とわたしたち」を一体化させた ESD の実践（吉田・三浦，2019）をもとに，一貫地理教育について検討する．まず社会科単元では，環境問題への継続的な取組や協力の必要性を考え，将来を担う国民としての自覚を高めることをねらいとした（表6-10）．実践では，梅田川水質汚濁，スパイクタイヤ公害，四大公害と，身近なところから事例を地理的に広げて学習したことによって，社会的事象に対して無理なく向き合い，身近な疑問から問いが深まり，広がっていく児童の主体的な学習の姿が確かめられ，児童は，持続可能な社会のために，さ

表6-10　小学校社会科第5学年「環境に関わって生きる」の単元構成

段階	●問い，◆学習問題，□ねらい，○内容
つかむ 立てる	●梅田川はどのようにして水質が改善したのか（1時間） □環境保全の取組があることを知り，環境保全への関心をもつことができる． ○資料を活用して，梅田川水質改善の取組を捉える． ◆人々はスパイクタイヤ公害問題をどのようにして解決したのか（1時間） □以前，仙台市でスパイクタイヤ公害が発生したことに着目して単元を貫く学習問題を設定し学習計画を立てることができる． ○仙台市の環境対策を知り，学習問題を設定する．
追究する	●スパイクタイヤの使用を止めたら不安に思う人はいなかったのか（2時間） □スパイクタイヤ公害について，資料を活用して発生の背景や時期，被害，解決に至る経緯を調べ，まとめることができる． ○スパイクタイヤ公害について，発生の背景や時期，被害，解決に至る経緯（誰が，何を）の観点で資料を活用して調べ，まとめる．
考え深め 学び合う	●人々がスパイクタイヤ公害問題を解決できた要因は何か（1時間） □市民，仙台市，マスメディア，企業，団体などの様々な立場の取り組みによって，人々がスパイクタイヤ公害を解決できた要因を考えることができる． ○前時の考えを基に解決できた要因を話し合う．
広げる 深める	●人々は日本の四大公害問題をどのようにして解決したのか（2時間）． □日本の四大公害について，資料を活用して発生の背景や時期，被害，解決に至る経緯を調べ，まとめることができる． ○日本の四大公害について，一つの事例を選んで調べ，まとめる（共有化）． ●人々が日本の四大公害問題をなかなか解決できなかったことに納得できるか（1時間）． □四大公害が解決まで長引いた要因について話合いを通して，環境を守る上で様々な人々の立場を越えた協力が必要であることを考えるとともに，将来を担う国民としての自覚を高めることができる． ○解決が長引いたことの評価について話し合い，長引いた要因を考える．

吉田・三浦（2019）より筆者作成．

表6-11　小学校第5学年総合的な学習の時間「環境とわたしたち」の単元構成

①地球温暖化とその影響を知ろう（1時間） ②地球温暖化についてさらに深めよう（4時間） ③追究するテーマを決めよう（1時間） ④追究の計画を立てよう（1時間） ⑤テーマに合わせて追究しよう（6時間）	⑥発表会を開こう（2時間） ⑦これまでの学習を振り返ろう（1時間） ⑧追究の仕上げをしよう（3時間） ⑨学習を振り返ろう（1時間）

まざまな人々の立場を越えた協力が必要であることの意義を理解していた．

　総合的な学習の時間（表6-11）において，児童は，膨大な量の温室効果ガスを排出していることや，地球温暖化に伴う影響を感じていないことを認識し，キリバス共和国での水没の可能性を知った．児童は，社会科で獲得した「立場を越えた協力の必要性」を意識し，「日本は行動を改めるべき立場．キリバスの人々を苦しめていることをわかっていないのは残念」など，持続不可能な国の現実を

知って自国の立場を問題視した．さらにキリバスの海面上昇の被害や現地の人々の声を聞き，自分事として地球温暖化を捉え，海面上昇の被害を受ける国を"持続可能"にするために，自分たちにできることを考えた．

2）中学校社会科地理的分野「世界の諸地域」の「ヨーロッパ州」の実践

本実践は，ヨーロッパ州の地球的課題の要因や影響をその地域的特色と関連付けて多面的・多角的に考察し表現する力を，地理的技能とともに育成することをねらいとした．主題「国家の統合の成果と課題」に迫るために，EU結成が人々に与えた影響やイギリスのEU離脱と移民との共生，またEU加盟国の立場から，多面的・多角的に考えさせ，根拠資料，Google Earth，地図帳などを扱い，地理的探究を通して地理的ツールの活用力も育むように実践した．本時では，とくにドイツとハンガリーがEU加盟による影響について考察した（表6-12）．

表6-13より，生徒は，資料やデータを読み取り，地理的探究を通して，おもに空間的相互依存作用や地域の視点から，ドイツとハンガリーの各立場あるいはEUの圏域から多様に考える思考につながった．

表6-12　中学校社会科地理的分野の「ヨーロッパ州」の単元構成（本時：5時）

1時：EU結成の背景にはどのような要因があるのか？
2時：EU結成が人々の生活に与えた影響にはどのようなものがあるか？
3時：ヨーロッパ州の自然環境・文化と多様性にはどのようなものがあるか？
4時：EU結成がヨーロッパ州の工業・農業に与えた影響にはどのようなものがあるか？
5時：EU結成が各国の人々の生活にどのような影響を与えたのか？多面的・多角的に考察する．（本時） ・EU結成がドイツとハンガリーの人々与えた影響を各立場に関わる資料から考える． ・読み取った内容を他の視点で調べた生徒と交流し人々の生活への影響を考察し深める． ・EU圏内での人の移動の視点から，EUのもつ課題について気付かせる．
6時：EUの現状と課題を実際の事例を通して，その背景と今後について考えよう．
7時：EUがヨーロッパ州の人々の生活にもたらしたものを様々な視点から発表しよう．

表6-13　本時の生徒のおもな反応

○人の移動によりハンガリーは国内の若い人が減って労働力が流出することで国力が落ちることが予想される．よって人の移動は経済的にみれば悪いと思う． ○ハンガリーからしたら人がいなくなるから悪いことだけど，ドイツからしたら人が集まってきて，工業などが発展するから良いことだと思う． ○人の移動でドイツには多くの人が移動してくる．この人たちが労働力になっているからドイツの生産力は高いと言える．でも，ドイツに人が多くなることによってイギリスみたいに仕事に就けない人も出てくるかもしれないし，過密の問題もあると思う．だから，人の移動は良いとも言えないし悪いとも言えない．

3) 小学校と中学校の実践をつなぐフレームワーク

一貫地理教育のフレームワーク（吉田，2023）からみると，小学校の実践については，【内容】に，さまざまな地域の規模からの地理的事象・意味などや，おもに人間と自然環境との相互依存関係，地域，持続可能性の地理的概念が，【方法】に，それらの概念の活用と，地図，聞き取り調査などの地理的ツールが，【価値】に，環境問題にかかわる持続可能性からの地理的価値態度，行動を伴う近未来社会的市民性などがみられる．この一体化した実践には，環境問題を地域的に拡大させ，社会的事象・意味などを段階的に取り上げる論理にある．中学校の実践からは，【内容】に，EU 圏内の地理的事象・意味などや，空間的相互依存作用や地域の地理的概念が，【方法】に，それらの概念の活用と，地理的探究や地理的ツールが，【価値】に，とくに共生・共存にかかわる国民統合性や民主主義がみられる．

以上から【内容】に取り上げる地域の枠組みの規模や，地誌などによるまとまりとなる地理的事象・意味の差異は，地理的概念の各々や【価値】における各要素の重みに関係していることがわかる．この点から，一見，異なる小学校と中学校の実践ではあるが，【内容】【方法】【価値】の構成領域の各要素の系統を自明化して，かりに調整することができるのであれば，両者をつなぐ一貫地理教育カリキュラムとしての価値が見いだされ，前後の学習段階において見通しをもった対応に役立てられる．

3. 中学校社会科地理的分野と高等学校地理歴史科地理総合の実践をつなぐ

1) 中学校社会科地理的分野の授業構想

実践経験をもとに，中学校社会科地理的分野の「地域の在り方」について，生徒が調査活動を通じて，持続可能性に目を向け，よく知る地域的特徴・課題を理解し，「地理的価値態度」と「近未来社会市民性」を身に付ける授業を構想した（表6-14）．小学校社会科では，学習対象の地域の枠組みが拡大するが，中学校地理的分野では，世界から日本の諸地域へ，日本や生活圏の課題へと地域の枠組みが絞られ，高等学校地理歴史科の地理総合と地理探究へとつながる．よって地域の枠組みの一貫性は，明確にならないが，「地域の在り方」には，義務教育の地理学習のまとめ，高等学校の地理学習の準備としての意図がもたせられる．

本構想では，中学校区のよく知る地域を地理的に説明できるようにさせる．生徒は，よく知る地域に何らかの意識を持ち合わせているが，十分に理解しているわけでない．本構想では，その具体的な内容を，持続可能性の概念も含めた地理

表 6-14 中学校社会科地理的分野の「地域の在り方」の単元構想

時限	□：学習内容・活動　○：問い・活動指示　【】：おもな構成領域での対応
1時	□自分が暮らす中学校学区などの地理的課題を発見する． ○「自分が暮らすまち」には，どのような地域的特徴・課題があるだろうか． 【内容】中学校学区などの調査対象地域を設定し，①自然・防災，②人口・都市，③産業，④交通，⑤歴史の中から1つの地域的特色・課題を選択する．
2～4時	□地域的特徴・課題について調査する． ○**地域的特徴・課題について，地理的概念のもとに地図などを用いて検討・考察し，説明してみよう．** 【方法】地理的探究の中で，地図などの地理的技能を活用しながら，中学校区などの地域的特徴・課題について，考察・吟味し，その結果を発表する．
5時	□発表の成果を踏まえる． ○**持続可能な地域づくりに自らどのように関わっていけばよいのだろうか．** 【価値】本単元の学習をふり返り，地域的課題に対する生徒自らのより具体的関わり方を考え，発表する．その際に，地域社会への誇りや愛情，地域社会の一員としての自覚などを培い，地理的価値態度や近未来社会的市民性を養う．

的な見方・考え方，つまり地理的概念から説明させ，どのような点が地域的特徴・課題となるのか，について考えさせ，理解させようとするものである．

　本構想をもとに学校段階を考える．中学生と高校生の生活行動の空間的な広がりは，通学や余暇行動などによって，ある程度の差異が見込まれるため，地域の実態に応じながら，よく知る地域の理解させ方には，差異がもたせられる．中学生には，調査対象が狭く，内容の複雑さも低いが，地図化などの作業の手間取りや，考察への深まりに配慮が必要である．また具体的な地域社会の在り方について深く考えさせることは難しい．高校生には，聞き取り調査，観察などの現地調査を重視して，直接的に収集した地理情報をもとに探究させたい．地域的課題を十分に理解させ，根拠資料に限界があるものの，より具体的に今後の地域社会の在り方や生徒自身とのかかわりについて検討する場面も必要である．

2) 高等学校地理歴史科地理総合の実践

　中学校社会科地理的分野の「地域の在り方」は，義務教育の最後の場面となり，高等学校地理歴史科地理総合の「生活圏の調査と地域の展望」は，学校地理教育の最終場面となる．これらの結節部には，とくにウェルビーイングの実現にかかわる資質が求められ，ここでは，地理総合の実践（高木，2023）から考える．

　表 6-15 は，一貫フレームワーク（吉田，2023）の3つの構成領域をもとに，小学校第3学年から第5学年，中学校社会科地理的分野の「日本の諸地域」，地理探究の「持続可能な国土像の探究」への接続を意識し，地理総合の「生活圏の

表 6-15　高等学校地理歴史科地理総合の「生活圏の調査と地域の展望」の単元

時限	□：学習内容・活動　○：問い　【 】：おもな構成領域の対応
1～2時	□生活圏の地理的な課題① ○生活圏をどこに設定し，どこと比較し，地理的な課題をどのような主題から見出せば良いのだろうか． 【内容】調査する生活圏は身近な地域，市区町村，都道府県のどのスケールで設定してもよい．調査する地理的な課題には自然災害に加え，自然環境，人口や都市，村落，産業，交通や通信など，どのような主題も選択可能である．
3～5時	□生活圏の地理的な課題② ○生活圏の地理的な課題を見出し，それらを受け入れた上で生活圏の近未来をどのように表現すればよいのだろうか． 【方法】地理的探究の中で地理的技能として現地調査アプリなどを活用するとともに，Web GIS で他地域と比較しプレゼンテーションソフトなどで発表する．
6～7時	□生活圏の地理的な課題③ ○持続可能な地域づくりのために生活圏の地域にどのように参画していけばよいのだろうか． 【価値】本単元の学習をふり返る自由記述から，地域社会に対する誇りと愛情，地域社会の一員としての自覚などを見取る．

調査と地域の展望」の単元構成を示したものである．【内容】【方法】【価値】は，評価の観点「知識・技能」「思考・判断・表現」「主体的に学習に取り組む態度」に関連させ，とくに単元の導入に【内容】を，展開に【方法】を，まとめに【価値】を意図して計画した．とくに単元のまとめにおいて生徒は，生活圏の調査を踏まえた問い「持続可能な地域づくりのために生活圏の地域にどのように参画していけばよいのだろうか」に取り組む．

　本実践では，単元のまとめとして，生活圏の調査から見いだされた課題の解決策を強く思考することを求めない．課題のある現状の否定から入ると，現実としてありうる持続可能性を踏まえた思考から外れ，現実味のない理想の未来像を創造する学習活動となる傾向がみられるためである．そこで地域の持続可能性や，学習者の生き方に関して，調査によって見いだされた考察結果をもとに生活圏の現状と課題について十分に理解させる．そして実際に自分に何ができ，それを実行するために具体的にどのような価値態度や能力を身に付けるべきかを問い続けさせることによって，はじめて自分が存在する地域の展望につながることを認識させる．このような展開を通じて，生徒に持続可能性にかかわる「地理的価値態度」が身に付き，理想的なあり得ない未来ではない，ありうる近未来で生きる力となるウェルビーイングの実現につながる「近未来社会市民性」が育まれる．

3）高等学校地理歴史科地理総合の重複する内容にかかわる実践

　中・高の地理学習の最初の単元では，地球上の位置や時差を学ぶ．中学校社会科地理的分野では「世界と日本の姿」の単元に，地理総合では最初に学ぶ内容となり，重複した内容が多くみられる．地理総合を学ぶ生徒には，「中学で学んだこととまた同じことを学ぶのか」といった感覚もあろう．

　地球上の位置の学習について，各学校種の学習指導要領の記述をもとに吟味すると，小学校では，緯度・経度で国の位置を表現できることを知る．中学校では緯度・経度の概念を理解し，地球上の位置を表現できるようになることが加わり，課題追究や解決につなげていく．高等学校では，位置や範囲に着目して主題を設定し，多面的・多角的に考察・表現できるようになる．内容的には，高等学校の方がより世界的な視野で多面的・多角的に考察および表現することで，中学校との差異を付ける必要がある．実践上，地理総合においても緯度・経度の概念的な説明が多くなりがちで，地理総合では，緯度・経度の基本的な知識理解に終始するのではなく，緯度・経度がどのように私たちの生活や世界の諸課題に影響を与えているのかについて，認識させる必要がある．この点は，地球上の位置の学習が，その後の単元で応用的に活用できることにもかかわってくる．

　地理総合の実践（牛込，2023）から考える．緯度・経度の学習の1時間目に，生徒は，日本とアイスランドの日照時間を比較し，その差を実感し，日照時間の違いから生まれる課題をグループで考えた．授業では，緯度概念の説明時間がやや長くなったが，生徒は，日本とアイスランドの日照時間の差から，「日照時間の短い冬のアイスランドは気分が落ち込みやすいのでは？」，「冬は電気代が多くかかるのでは？」と考察し，緯度の違いが人々の生活に大きな影響を与えていることなどから，緯度の概念の重要性を認識した．2時間目に，生徒は簡単に中学校での経度概念を復習し，課題「インド・日本・アメリカ合衆国との間でオンラインミーティングを行う時間を設定しよう」に取り組んだ（次頁の活動指示文）．

　実際に3地点の時差を考慮すると，時間を合わせることは難しく，生徒は，この現実に直面して，「なぜ，そのような緯度・経度の概念が生まれたのか」，「緯度・経度によって人生が左右される」など，自分ごととして考えた．よって本実践は，個々のウェルビーイングの実現につなげられる．中学校と高等学校における緯度・経度の学習の差異を明確にするために，各学校段階で「何を」「どこまで」「どのように」学ぶのか，重複する内容への配慮が必要になる．

《活動指示文》
○あなたは現在，東京のある企業で働いており，あるプロジェクトに関するオンラインミーティングの開催日時を決めなければなりません．オンラインミーティング可能時間はそれぞれの現地時間で9：00～21：00とします．
○ちなみに，オンラインミーティングの参加者は，あなたの他にアメリカ合衆国のホノルル支社の1名，インドのデリー支社の1名です．
○オンラインミーティングの開始時間を何時に設定すれば，設定時間内に終えることができますか．また，オンラインミーティングの時間は2時間とします．

4. 高等学校地理歴史科の地理総合と地理探究の実践をつなぐ

『高等学校学習指導要領』（文部科学省, 2019）における地理歴史科の地理総合と地理探究の目標は一致し，生徒は，地理的概念や地理的技能を活用しながら，グローバルとローカルに介在する諸課題を追究・考察し，社会参画のための「資質・能力」を涵養することになる．そこで地理総合からよりディシプリンを有する地理探究への一貫性について，木場（2023a, 2023b）を手掛かりに検討する．

具体的には，一貫地理教育カリキュラム（吉田, 2023）における地理的概念を一貫の主柱にした3つの構成領域【内容】【方法】【価値】をもとに，段階的かつ発展的に扱われることが肝要である．とくに特徴が画一的でない地理的概念に着目して，その扱い方によって，【内容】や【方法】との関連性や教材開発のあり方が影響され，さらに【価値】が育成される構図をもとに考える．

たとえば「場所」，「地域」などの地理的概念をやや具体的に補完するスケール概念には，地図の縮尺による「地図学的スケール」，研究者の視座としてミクロとマクロのどちらか，あるいはどちらもみるべきなのかといった「方法論的スケール」，ある社会的事象の変化や過程を通じて，空間的な広がりをもって重層的に形成される「地理的スケール」の3つがある（山﨑, 2013）．これらを地理教育への具体的な活用方法として提案したものが図6-3であり，「地図学的スケール」の理解を踏まえた上で，「方法論的スケール」や「地理的スケール」を段階的・発展的に援用していく．

とくに高等学校では，「方法論的スケール」と「地理的スケール」の活用について着目し，まず地理総合において，生徒には，適切なスケールでグローバル・イシューについて考察できるように，「方法論的スケール」の活用を定着させる．生徒は，この積み重ねによって，次の段階で「地理的スケール」の扱いが導入できるようになり，複数のスケールを交錯する社会的事象を総合的に捉えながら，

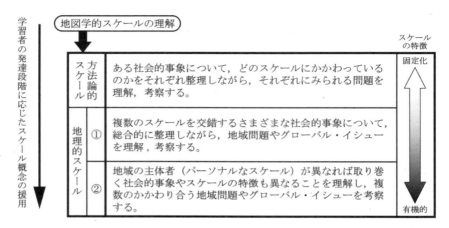

図 6-3 学習者の発達段階と中心となるスケール概念の関係
木場（2023a）より転載．

当事者意識をもって地域問題やグローバル・イシューを考察できるようになる．

さらに地理探究では，よりモザイク化した「地理的スケール」②を生徒に活用させる．地域の主体者によって，取り巻く社会的事象や関連するスケールが異なり，これらの考察を通じて，生徒は，多様な地域像を捉えることが可能となる．

ここで，地理総合の「地球的課題と国際協力」において，SDGsを扱った実践を起点として考える．SDGsの17の目標のうち，いくつかの目標達成のための行動が他の目標を阻害する事例を追究していくと，地域間，あるいは同一地域内で他の目標が立ち行かなくなるという矛盾点がみえてくる．そして，自分が良かれと思って行う行動が，地域によっては自分が利害を与える側にも受ける側にもなりうる．そこで「方法論スケール」を活用する形として，自ら地域を設定して地域の課題を理解する．さらに「地理的スケール」を活用する形として，グローバル／ローカルなスケール，あるいはローカルなスケールどうしの関係など，マルチスケールで考察する．これらを通じて，介在するイシューのつながりを紐解きながら，どのように利害関係の調整ができるのかをさまざまな角度から考察することができる．さらにはグローバルとローカル，それぞれをどのように考え，行動できるのかを模索し，主体的に追究しようとする態度を涵養することにつながる．

地理総合には，伝統的な地誌学習に縛られずに，地域の選定やストーリーの設定が行い易いメリットがある．続く，地理探究での地域の複雑性を紐解く地誌的

な考察を行うためにも，地理総合の段階では，「方法論的スケール」と「地理的スケール」の活用を通して，地域に対する普遍的価値観を育む必要がある．

5. 実践から理論づくりの精緻化へ

　幼小中高を一貫する地理教育を考える上では，無数の切り口や側面がある．以上の実践研究をもとにすると，基礎理論の枠組みとなる一貫地理教育カリキュラムのフレームワーク（吉田，2023）によって，異なる学校段階の地理学習の接続などにかかわる実践分析や新たな授業構成などについての有用性が導き出せる．

　とくに地理的概念を主柱とする3つの構成領域の積み重なりからみることや各学習段階における内容の重複と発展性，あるいは【価値】領域の持続可能性の概念を用いた地理的価値態度の育成，近未来社会的市民性のうちのウェルビーイングの実現にかかわる資質に関する実践の成果などが得られている．

　さらに実践の事実から理論づくりの精緻化に向けて，多様な成果の蓄積と進化が必要であり，さまざまな立場からの総合的な議論の場が求められる．

飯島典子（第1項）・吉田　剛（第2, 3, 5項）・杳澤　遙（第2項）・
辻　常路（第3項）・高木　優（第3項）・牛込裕樹（第3項）・木場　篤（第4項）

本節は，飯島（2023），吉田・高木・牛込・木場（2024）をもとに加筆・修正したものである．

文献
飯島典子（2023）：幼児教育から考える小学校地理教育．新地理, 71(2), pp.57-61.
牛込裕樹（2023）：地理総合における地球上の位置や時差の学習の実践と課題．日本地理教育学会第73回大会発表要旨集．
木場　篤（2023a）：中学校・高等学校地理教育の一貫性．新地理, 71(2), pp.67-72.
木場　篤（2023b）：地域を通して批判的にSDGsを扱う開発教育の成果と課題－高等学校「地理総合」での授業実践を事例に－．開発教育, 70, pp.125-131.
高木　優（2023）：高等学校「地理総合」を起点としてみる一貫性．新地理, 71(2), pp.73-76.
文部科学省（2018）：『幼稚園教育要領解説』．フレーベル館．
文部科学省（2019）：『高等学校学習指導要領（平成30年告示）解説　地理歴史編』，東洋館出版社．
山﨑孝史（2013）：『政治・空間・場所－「政治の地理学」に向けて（改訂版）－』，ナカニシヤ出版．
吉田　剛（2023）：近未来社会型の幼小中高一貫地理教育カリキュラムのフレームワーク．宮城教育大学紀要, 57, pp.137-155.
吉田　剛・三浦秋司（2019）：ESDとしての小学校環境学習の実践研究－第5学年の社会科を前提とした総合的な学習の時間を通して－．ESD研究, 2, pp.23-29.
吉田　剛・高木　優・牛込裕樹・木場　篤（2024）：近未来社会の子どもを育てる小中高一貫地理教育の可能性．地理, 69(4), pp.112-117.

第7章 幼小中高一貫地理教育カリキュラムを考える

— 理論と実践の往還に必要な系統表 —

第1節 理論と実践の成果

1. 理論編，第1章から第5章の成果

第1章（基礎理論となるフレームワーク）

　基礎理論づくりについては，研究の背景や基礎研究の考察を通して，地理的概念を主柱とする一貫カリキュラムのフレームワークを構成した．それは，根拠，ねらい，目標（【内容】【方法】【価値】の構成領域），補足などによって示された．

第2章（地理教育カリキュラム）

　国内外の地理教育カリキュラムを対象に検討し，次に示す成果が得られた．

①地理教育カリキュラムと3つの構成領域の重なりに位置付く地理的概念について，小中高の学習指導要領における社会系教科の地理教育の特徴について整理しながら検討した．その上で地理的な見方・考え方と地理的探究とのかかわりが課題として残された．

②戦後地理教育の一貫カリキュラム研究の特徴について分析・考察した結果，学習指導要領改訂を節目に各期間に研究フェイズの差異がみられた．課題には，歴史教育と公民教育とともに，今後，評価研究フェイズや理論化フェイズへの成果が求められた．

③アメリカ，オーストラリア，ドイツにおける地理教育カリキュラムを分析・考察した結果，地理的概念，持続可能性，地誌学習などの特徴が明らかとなり，一貫地理教育カリキュラムにおける地理的概念やESDの在り方，地誌学習の効力などについて考察された．

第3章（【内容】の構成領域）

　地理教育カリキュラムにおける内容構成の原理について検討し，次に示す成果が得られた．

①地理的概念となる持続可能性を検討し，地理的概念の階層性や順次性の特徴が示された．また持続性可能性の概念にかかわって，一貫地理教育カリキュラムの3つの構成領域が，学習指導要領で示された「資質・能力」の構成領域に親和することが示された．
②学習指導要領の地理教育において地域の枠組みによる地誌学習の系統が検討され，地域の規模のかかわりと重なりに着目した環境拡大アプローチが示された．それによって各学習段階で重視される地理的概念や地域の枠組みの系統が見いだされ，環境拡大アプローチのスパイラルによる幼小中高を一貫する地誌学習の系統が示された．
③地誌と系統地理の点から小学校生活科・社会科の教科書および中高社会系教科の地理教科書を分析・考察し，記述内容の偏りや系統性への課題が考察された．具体的には，同心円的拡大アプローチの課題や，マルチスケールの活用の必要性や小中高を通じて身近な地域の調査の充実などが言及された．
④【内容】構成領域を考えるために，人口の扱いについて，小中高の学習指導要領や教科書の記述を踏まえ，各学習段階におけるその在り方を検討・考察した．そして地理的な見方として，地誌的な見方，系統地理的な見方の視点から，地域差，地域における諸事象の関連性などが示された．

第4章（【方法】の構成領域）

　地理教育カリキュラムにおける方法，地理的探究や地理的ツールについて検討し，次に示す成果が得られた．
①地理的探究と地理的ツールについて，学習指導要領，実践的研究，香港とNSWの地理教育カリキュラムなどから分析・検討し，また地理的ツールとしての認知地図と地理的概念との関係を考察した．これらによって，本研究で用いられる地理的探究と地理的ツール，認知地図の援用などが示された．また新たなテクノロジーの活用力やメディア情報リテラシーの育成が課題とされた．
②フィールドワーク学習について，小中高の現行の学習指導要領や先行研究を検討し，各学校段階におけるその特徴と系統性が示され，その実施やカリキュラムにかかわる課題も考察された．
③GISと地図の指導について，学習指導要領の目標や内容の取り扱いから，各学習段階における特徴と共通性や系統性などを分析・考察された．教科書内容（地形図やデジタル地図など）の分析，諸外国のスタンダードやナショナルカ

リキュラムとの比較・検討，地理院地図やさまざまな単元で用いるコア・アプリケーションの活用による実践の検討などから，GISと地図の効用について示された．

第5章（【価値】の構成領域）

地理教育カリキュラムにおける価値，とりわけ今日，注目される持続可能な開発・持続可能性，ウェルビーイングを地理教育との関係性から検討し，次に示す成果が得られた．
① ESDとSDGs，それらの日本の地理教育における教育動向，ESDと地理的価値態度，各学習段階における地理教育におけるESD授業と接続性と一貫地理教育カリキュラムへの展望が考察された．
② ウェルビーイングと持続可能性の関係性が検討され，それらに関する原理が見いだされた．そしてそれらにつながる近未来社会的市民性の要素（ウェルビーイングの実現，新たなメディア・リテラシーやデジタル行動規範，民主主義，国民統合性）の内容が示された．

以上の理論編の成果を総括すると，次の3つとなる．
① 一貫地理教育カリキュラム研究の総論として，基礎理論となる，地理的概念を主柱とする一貫地理教育カリキュラムのフレームワークが示された．そして各論として，国内外の地理教育カリキュラム論や，フレームワークの3つの構成領域におけるさまざまな一貫軸の要素に関する特徴について検討・考察された．
② 一貫地理教育カリキュラムの基礎理論として，地理的概念は，フレームワークの3つの構成領域の重なりの主柱となることから，3つの構成領域をつなぎとめ，3つの構成領域におけるさまざまな一貫軸となる要素どうしをかかわらせる役割を果たす．よってさまざまな一貫軸の要素どうしのかかわりをみるためには，地理的概念を通してそれらの要素の在り方を考えることになる．
③ 地理的概念とともにさまざまな一貫軸となる要素の各学習段階における特徴は，小中高の学習指導要領などや諸外国の地理教育カリキュラムの検討を通して，概観して把握した．そしてそれらの系統性や一貫性の特徴について，参考になる知見が得られた．これらの成果は，実践の成果に関連付けられ，到達目標となる系統表に反映される．

2. 実践編，第 6 章の成果

　幼児教育の段階から高等学校までの一貫性を見据え，具体的な授業モデルや実践による成果が得られた．

第 1 節（新たなデジタル・テクノロジー）

　学習指導要領上の情報活用力の指示から，園児や小学生向けに，地理的ツールとして，Google Maps のストリートビュー機能の活用，360 度画像上でのアバターからの認識，バーチャル・ルート・マップ作成などのアプリケーション活用による空間と場所の認識学習の事例が示された．また園児にデジタル地理写真をもとにルート・マップを作成させ，実体験を通してサーベイ・マップ的な認識をもたせる取り組みや，中学生に AI を活用して資料を批判・検討して作成する地理学習の事例が示された．これらを踏まえ，日常的な ICT 活用による地理学習から，一貫地理教育カリキュラムにおける新たなデジタル・テクノロジーの活用に向け，カリキュラム・マネジメントとともに個別最適な学びと協働的な学びを確立させ，さまざまな新たな学習方法の理解と取り組みが求められた．

第 2 節（立地概念）および第 3 節（身近な地域）

　小学校社会科第 5 学年の工業学習と中学校社会科地理的分野の「アジア州」の詳細な単元設計が示され，学校段階の難易度の差や，立地要因の追究やパフォーマンス課題による獲得した知識の活用の観点から小中の一体性にかかわる知見が得られた．また小中高を一貫する「身近な地域」にかかわる地理学習の課題と改善については，小中高の学習指導要領の記載を検討した上で，各学習段階におけるその特徴や一貫性にかかわる課題や，小中高の実践経験者の協議による小学校社会科高学年における地域調査的な活動の導入などの改善案が示された．

第 4 節（テーマ）

　中学校社会科地理的分野の「交通」の単元から小学校と高等学校の地理学習への接続の方向性が示され，次に地図活用を重視した高等学校地理歴史科地理総合の「地形」の実践から小学校・中学校での地理授業への接続方向が示された．そして高等学校地理歴史科地理総合の「都市」のデジタル・テクノロジーを用いた実践から，小学校や中学校の地理学習の系統の方向が示された．これらの実践によって，地理的概念のほかに，地理的探究や地理的ツール，ウェルビーイングな

どの一貫軸の絡み合いを確認することができた．またおおむねフレームワークを用いて一貫性について整理して考えられた．

第5節（さまざまな実践）

　幼児教育における地理の原点となる学習の取り組みについては，園庭の各場所の理解やジオラマづくりなどを通して，「位置や分布」や「場所」などの基礎・基本となる地理的概念の理解を求める実践が示された．次に小学校における社会科と中学校社会科地理的分野の実践をつないで考えるために，小学校社会科と総合的な学習の時間を接続したESD実践と，中学校社会科地理的分野の「ヨーロッパ州」の実践を取り上げて，フレームワークの構成領域からさまざまな一貫軸を整理して考えられた．そして中学校社会科地理的分野と高等学校地理歴史科地理総合の実践をつないで考えるために，地理的分野の「地域の在り方」の単元から中高の系統性，地理総合の「生活圏の調査と地域の展望」の実践から小中高の系統性，そして地理的分野と地理総合で重複する内容の実践から学習段階の差異や配慮事項が考察し，さらにスケールの概念に着目した高等学校地理歴史科地理総合と地理探究をつなぐ実践が示された．総じてフレームワークがさまざまな実践をつなぐためのツールとしての効用が確かめられた．

　実践の成果を総括すると，単元構想や実践のさまざまな事実から，また理論編でのフィールドワーク学習，GISと地図の指導，ESDとしての地理学習の実践なども含め，幼小，小中，小中高，幼小中高などの学習段階の接続について，基礎理論によるフレームワークの3つの構成領域，そして主柱となる地理的概念，構成領域内のさまざまな一貫軸（テーマ：内容のまとまり，地理的探究，地理的ツール，地理的価値態度，ウェルビーイングなど）のかかわり合いによって，一貫性が見いだされることが確かめられた．一貫地理教育カリキュラムについて整理しながら構造的に考える上で，フレームワークは，おおむね有効といえる．

3．研究の総括

　以上の理論系と実践系の成果をもとに，一貫地理教育カリキュラムにおける基礎理論と実践の往還について考える．
　「基礎理論から実践を説明する」，「基礎理論をもとに実践を行う」，「基礎理論をもとに実践をつなぐ」，「基礎理論から実践を検討して今後に役立てる」，「実践

をもとに基礎理論を修正して充実させる」などのかかわり方があげられる．その中でも一貫地理教育カリキュラムづくりにおいては，まず「基礎理論をもとにさまざまな実践を説明しながら，それらの実践をつないでいく」方向が求められるであろう．それによって，これまでに十分にみられなかった，一貫地理教育カリキュラムづくりにかかわる実践的な知見を充実させていく道筋が得られる．その実践的な知見をもって，次は，基礎理論の調整や修正を発展的に行い，あるいは基礎理論による授業運営上の留意点などを明確にして，新たな実践につなげていく．

実践とは，個別，事例的であり，見立ての間主観や数値化によって客観的な説明がなされようとするが，主観的な側面からの評価や，現象学的な解釈から説明されることもある．また実践そのものの事実を紙面で説明することは，難しい．いずれにしてもその評価は，直接，その場，臨床において観察・検討しなければ，十分に理解することができない．

そこで，実践から何らかのよりよい普遍性や理論などを導き出すとしても，何らかの起点や指標などが必要になる．その点において，本書で提案した基礎理論は，さまざまに役立てられるものになっている．また従来の地理教育研究において，さまざまな実践的な研究がみられるが，それらの蓄積から何らかの普遍性や新たな理論が論じられることも十分にみられなかった部分もあろう．本書の基礎理論は，その点においても実践を集約させ，蓄積させることに寄与するものになっている．

基礎理論をもとにした授業設計や実践を具体的に行うためには，一貫地理教育カリキュラムとして対照するための各学習段階の到達目標となる系統表が重要であり，授業運営上のツールとする必要がある．系統表は，一貫地理教育カリキュラムとしての各学習段階のねらいや，主柱となる地理的概念をはじめ，【内容】【方法】【価値】の3つの構成領域の目標のもとにあるさまざまな一貫軸の内容によって示される．そのような系統表を参照しながら，年間シラバス，単元設計，あるいは一授業などのさまざまなカリキュラム・スパンにおいて地理的概念やその他の一貫軸の要素を関係付けながら考えることになる．いわば系統表は，大局的な地理教育計画や地理授業設計などのための道標としての役割を果たす．

本書のここまでの成果を踏まえ，次節では，一貫地理教育カリキュラムにおいて必要となる地理的概念およびさまざまな一貫軸の要素についての系統表を示す．

第2節　到達目標となる系統表

本節は，ここまでの成果を踏まえ，地理的概念および3つの構成領域における一貫軸の要素についての到達目標となる系統表を示す．なお系統表の前提にある基礎理論全体の目標について，次に簡易に再掲しておく（冒頭 pp.9-11）．

目標

【内容】構成領域

地理的概念を基礎・基本とする地理的知識：「地理的事象の三層」の背景にある地理的概念を基礎・基本として，それらに関する地理的知識を発達させる．

■地理的概念は，順次性や階層性などを伴って意図され，配置される．

○「地理的事象の三層」は，地理的概念の意味を背景に置き，地理的事象，地理的事象の意味，地理的事象の意味における社会的意義からなる．それは，学習の内容のまとまりの素材となり，地理学体系のアプローチから，発達段階の特性や社会的な教養として必要不可欠な地理的認識に配慮しながら学習の内容として構成されるものとなる．

【方法】構成領域

地理的概念の活用に依拠する思考力・判断力・表現力に関わるスキル：思考する際の視点や方法として活用される地理的概念，地理的探究と地理的ツールの適用，地理学体系のアプローチなどを通じて，思考力・判断力・表現力に関わるスキルを発達させる．

■地理的概念：地理的概念を活用して思考・判断・表現等する視点や方法（地理的な見方・考え方）．

○地理的探究：課題解決のための地理情報などの処理過程（「獲得」「処理」「伝達」）

○地理的ツール：地理的な見方・考え方や地理的探究のために用いられる道具となる作業技能．

○地理学体系：地理学に依拠した方法から考えるアプローチ．

【価値】構成領域

「持続可能性」を通して得られる地理的価値態度そして近未来社会的市民性：持続可能な社会づくりに向けた「持続可能性」を通じて得られる地理的価値態度，そして1人ひとりの地理学習者が求めるウェルビーイングの実現に向けて，近未来社会的市民性を発達させる．

■地理的概念「持続可能性」：持続可能な社会づくりに向け，「持続可能性」を通じて得られる地理的価値態度．

○近未来社会的市民性：近未来社会の教育に必要となる新たなメディア・リテラシーやデジタル技術活用の行動規範と，個人の主観的な幸福などや社会に資するウェルビーイングの実現に向けて，個人の選択や判断，ふるまいや行動に影響を与える主義や信条および民主主義社会や国民統合性の進展を担う資質とする．

1. 地理的概念の系統（【内容】【方法】【価値】構成領域の重なりの主柱）

表7-1は，地理的概念の系統を示している．発達段階が進むにつれ，「位置や分布」→「場所」→「人間と自然環境との相互依存関係」→「空間的相互依存作用」→「地域」→「持続可能性」という地理的概念の順次性がみられる．

発達段階に対応した到達目標の内容について，とくに「持続可能性」の意味に関する部分は，下線で示している．

表7-1 地理的概念の系統

段階 おもな学校種と教科	到達目標の内容
	「位置や分布」，「場所」，「人間と自然環境との相互依存関係」，「空間的相互依存作用」，「地域」，「持続可能性」の地理的概念の意味を集約したもの（下線部：「持続可能性」の意味に関わる部分）．
K 幼稚園（保育園）	幼児は，自らが生活する家の周りや園などの位置関係や場所の特徴，また身近な自然との関わりなどを生活に取り入れて，豊かな感覚をもって理解し，<u>自身と身近な他者や自然・社会との関わりを大切にすることができる</u>．
1 小学校低学年生活科	児童は，自らが生活する家や学校の周りなどの位置関係や場所の特徴，自然や社会との関わりなどによって，身近な地域の特徴が生み出されていることについて理解し，<u>自身と身近な他者や自然・社会との関わりを大切にすることができる</u>．
2 小学校中学年社会科	児童は，自らが属している地域における様々な位置関係や場所の特徴，自然と社会の関わり合いによって，地域的特徴が生み出されていることについて理解し，<u>地域の自然と社会の関わりなどをより良くしようとすることができる</u>．
3 小学校高学年社会科	児童は，国内や主な諸外国の位置関係や場所・地域の特徴，自然と社会の関わりなどによって，地域的特徴を生み出されていることについて理解し，<u>場所や地域をより良くしようとすることができる</u>．
4・5 中学校社会科地理的分野	生徒は，国内や世界の諸地域における様々な位置関係や場所・地域の特徴，自然と社会の関わりなどによって，総合的に地域的特徴を生み出されていることについて理解し，<u>様々な地域的課題について解決し改善しようとすることができる</u>．
6・7 高等学校地理歴史科地理総合	生徒は，地表面の様々な位置関係や場所・地域の特徴，自然と社会の関わりなどによって，総合的に地域的特徴を生み出されていることについて応用的に理解し，<u>様々な地域的課題について解決し具体的に改善しようとすることができる</u>．
8 高等学校地理歴史科地理探究	生徒は，地表面の複雑な位置関係や場所・地域の特徴，複雑で重層的な自然と社会の関わりなどによって，総合的に地域的特徴を生み出されていることについて応用的に理解し，<u>複雑で重層的な地域的課題について解決し具体的に改善しようとすることができる</u>．

次の文献にもとづく．
吉田　剛（2023d）：近未来社会の幼小中高一貫地理教育カリキュラムの理論【後編】．地理，68(8), pp.92-97．
本表は，本研究グループの「カリキュラム理論ユニット」が作成した．

2. 内容のまとまりにかかわる系統（【内容】構成領域）

表7-2は，内容のまとまりを示している．幼・小・中・高等学校の現行の学習指導要領などの内容をもとに，それぞれの発達段階において地誌学習の対象地域とテーマ地理学習において取り上げる地理的事象や地域の課題を示している．

表7-2 内容のまとまり（地誌学習，系統地理を含むテーマ地理学習）の系統

段階	現行の幼稚園教育要領および小中高学習指導要領社会系教科の地理にかかわる内容 *	地誌学習のおもな地域 **	テーマ地理学習（系統地理を含む）***
K	<幼稚園教育「環境」領域のおもな内容項目> (1) 自然に触れて生活し，その大きさ，美しさ，不思議さなどに気付く (3) 季節により自然や人間の生活に変化のあることに気付く (4) 自然などの身近な事象に関心をもち，取り入れて遊ぶ (6) 日常生活の中で，我が国や地域社会における様々な文化や伝統に親しむ (11) 生活に関心の深い情報や施設などに興味や関心をもつ	○園庭/園周辺/公園	園庭や公園などの場所の大切さ（遊びや生活）
1	<小学校生活科> <u>○学校，家庭および地域の生活に関する内容</u> (1) 学校生活に関わる活動 (3) 地域に関わる活動 <u>○身近な人々，社会および自然と関わる活動に関する内容</u> (4) 公共物や公共施設を利用する活動 (5) 身近な自然を観察したり，季節や地域の行事に（以降省略） (8) 自分たちの生活や地域の出来事を身近な人々と伝え合う活動	○学校周辺	学校探険やまち探険で知る場所や人々の大切さ（生活）
2	<小学校社会科第3学年> (1) 身近な地域や市区町村の様子 (2) 地域に見られる生産や販売の仕事 (3) 地域の安全を守る働き (4) 市の様子の移り変わり <小学校社会科第4学年> (1) 都道府県の様子 (2) 人々の健康や生活環境を支える事業 (3) 自然災害から人々を守る活動 (4) 県内の伝統や文化，先人の働き (5) 県内の特色ある地域の様子	○第3学年身近な場所・地域，市区町村 ○第4学年都道府県，国内7地方	地域調査による防災や地域振興（地域改善や地域開発）
3	<小学校社会科第5学年> (1) 我が国の国土の様子と国民生活 (2) 我が国の農業や水産業における食料生産 (3) 我が国の工業生産 (4) 我が国の産業と情報との関わり (5) 我が国の国土の自然環境と国民生活との関連 <小学校社会科第6学年> (3) グローバル化する世界と日本の役割	○第5学年国内と周辺国 ○第6学年世界のおもな国々	防災や地域振興，環境保全や国際理解

4	<中学校社会科地理的分野> A 世界と日本の地域構成 　(1) 地域構成 B 世界の様々な地域 　(1) 世界各地の人々の生活と環境 　(2) 世界の諸地域	○世界の諸地域	SDGsと関連させた様々な地球の課題（気候変動，海洋汚染，貧困など）
5	<中学校社会科地理的分野> C 日本の様々な地域 　(1) 地域調査の手法 　(2) 日本の地域的特色と地域区分 　(3) 日本の諸地域 　(4) 地域の在り方	○身近な地域と市区町村，日本の諸地域	地域的課題（人口問題，環境保全，地域振興など）
6	<高等学校地理歴史科地理総合> A 地図や地理情報システムで捉える現代世界 　(1) 地図や地理情報システムと現代世界 B 国際理解と国際協力 　(1) 生活文化の多様性と国際理解 　(2) 地球的課題と国際協力	○世界の諸地域（重層性を重視）	グローバル化 多文化理解 地球的課題（資源・エネルギー問題，都市問題など）
7	<高等学校地理歴史科地理総合> C 持続可能な地域づくりと私たち 　(1) 自然環境と防災 　(2) 生活圏の調査と地域の展望		防災，地域的課題（地域振興，観光開発など）
8	<高等学校地理歴史科地理探究> A 現代世界の系統地理的考察 　(1) 自然環境　(2) 資源，産業 　(3) 交通・通信，観光 　(4) 人口，都市・村落 　(5) 生活文化，民族・宗教 B 現代世界の地誌的考察 　(1) 現代世界の地域区分 　(2) 現代世界の諸地域 C 現代世界におけるこれからの日本の国土像 　(1) 持続可能な国土像の探究	○世界の諸地域の一体化（関連性と重層性を重視）	SDGsと関連させた地球的課題

＊文部科学省の次の文献と本書「表3-2」，および吉田　剛（2019）にもとづく．
　文部科学省（2018）：『幼稚園教育要領解説』，フレーベル館．文部科学省（2018）：『小学校学習指導要領解説社会編』，日本文教出版．文部科学省（2018）：『中学校学習指導要領解説社会編』，東洋館出版社．文部科学省（2019）：『高等学校学習指導要領地理歴史編』，東洋館出版社．吉田　剛（2019）：幼稚園教育「環境」領域と小学校生活科の一貫性－学校教育初期におけるSDGs/ESDカリキュラム開発に向けて－．宮城教育大学教員キャリア研究機構，研究紀要，1，pp.67-76．
＊＊場所や地域の関連と重層化をともなう環境拡大アプローチによるスパイラル(Kから4へ，5から8への学習段階)．
＊＊＊系統地理の内容としては，自然，資源・産業，交通・通信，観光，社会，人口，村落・都市，文化，歴史などがあげられる．
　本表は，本研究グループの「地理学体系」「国内カリキュラム」ユニットの成果を踏まえ，「カリキュラム理論ユニット」が作成した．「実践」ユニットの成果も反映されている．

3. 地理的探究の系統（【方法】構成領域）

　表7-3は，オーストラリアの連邦レベルのナショナルカリキュラムに基づくNSW州の地理的探究スキルを参考にした地理的探究の系統を示している．「獲得」「処理」「伝達」の情報処理の過程としての3段階が示され，これらが地域にみられる課題解決に向けた地理的探究となる．とくに「処理」の過程では5つの地理的概念に沿うことになる．この地理的探究の中で，地図や空間テクノロジーなどの地理的ツール（スキル）が活用される．

表 7-3　地理的探究の系統

段階	「獲得」 ○地理的課題の設定 ●地理情報の収集選択	「処理」 □地理情報の吟味 ■地理情報の分析・考察	「伝達」 ◇伝達手段の選定 ◆学習成果の反映
K	○地理的課題を示す． ●地理情報を記録する．	□絵図などを用いて地理情報を表現する． ■観察から話し合いを通じて応える．	◇地理情報を伝える． ◆学習の成果を反映させる．
1	○地理的課題を示す． ●観察・聞き取り，または視覚表示を用いて，地理情報を収集・記録する．	□絵や図，地図をつくり，表現する． ■分類した地理情報への気づきから，結論を出す．	◇様々な伝達手段から得られた知見を示す． ◆学習の成果を反映させ，発見への対応を示す．
2	○地理的課題を発展させる． ●観察・聞き取り・調査，または地図・視覚表示・統計資料・メディア・インターネットを用いて，適切に地理情報を収集・記録する．	□表・グラフ・地図などをつくり，表現する． □空間テクノロジーを用いて地図をつくり，地理情報を表現する． ■空間分布やパターンを確かめ，地理情報への気づきから，結論を出す．	◇様々な伝達手段から得られた知見を示す． ◆地理的課題に対する個人の行動を学習に反映させ，期待される効果を確認する．
3	○地理的課題を発展させる． ●観察・聞き取り・調査，または地図・視覚表示・統計資料・メディア・インターネットを用いて，一次，二次情報源から適切な地理情報を収集・記録する．	□地理情報源の有用性を評価する． □異なる形の地理情報を表現する．（例：チャート・グラフ・表・スケッチ・ダイアグラム） □空間テクノロジーを用いて地図をつくり，異なる型の地理情報を表現する． ■空間テクノロジーを用いて，地理情報への気づきを示し，空間的分布・パターン・傾向を確かめ，関係性を推測し，結論を出す．	◇適切に様々な伝達手段で発見や考えを提供する． ◆地理的課題に対する個人と集団の行動を学習に反映させ，人々の異なる集団に期待される効果を示す．

4 5	○地理的課題を発展させ，探究を計画する． ●観察・聞き取り・調査，または地図・視覚表示・統計資料・メディア・インターネットを用いて，一次，二次情報源から適切に地理情報を収集・選択・記録する．	□地理情報源の信頼性と有用性を評価する． □空間テクノロジーを用いて，様々に適切な形で地理情報を表現する． ■空間分布・パターン・傾向を説明するために，質的・量的な調査方法や，空間テクノロジーを用いて，地理情報や他の情報を分析し，関係性を推測する．	◇地理専門用語やテクノロジーを用いて，特定の観衆や目的に合わせ，様々な伝達手段から適切に選択して，知見・議論・アイデアを示す． ◆環境・経済・社会に配慮しながら，地理的課題に対する個人と集団の行動を学習に反映させ，期待される成果を予測する．
6 7 8	○地理的課題を発展させ，探究を計画する． ●観察・聞き取り・調査，または地図・視覚表示・統計資料・メディア・インターネットを用いて，一次，二次情報源から適切に地理情報を収集・選択・記録・組織化する．	□地理情報源の信頼性と有用性を評価する． □空間テクノロジーを用いて，適切な形から様々に変化する地理情報を表現する． ■空間パターン・傾向・関係性から説明し，一般化や推論を行い，提案するために，適切な質的・量的な調査方法や，空間テクノロジーを用いて，様々に変化するデータとその他の地理情報を評価し，成果を予測する． ■様々な見方から，様々な情報源から地理情報を組み合わせて分析し，結論を出す． ■地理データを分析し，予測するための地理情報システムはどのように用いられるかを確かめる．	◇地理専門用語やテクノロジーを用いて，観衆と目的に合わせ，様々な伝達手段から効果的に選択して，知見を示し，議論や説明を行う． ◆環境・経済・社会に配慮しながら，探究による知見を，地理的課題に対する個人と集団の行動を学習に反映させ，評価する．そして期待される成果と貢献を説明する．

次の文献にもとづく．
吉田　剛・菅野友佳（2023）：オーストラリア連邦ニューサウスウェールズ州幼小中高一貫地理シラバス2015年版の地理的探究スキルの分析－我が国の「社会的事象等について調べるまとめる技能」の改善に向けて－．宮城教育大学教職大学院紀要, 4, pp.51-63．（本書の第4章の第1節を参照）
本表は，本研究グループの「諸外国カリキュラム」ユニットが作成した．

4. 地理的ツールの系統（【方法】構成領域）

　表7-4は，地図・GIS，フィールドワーク，テクノロジーに着目して地理的探究に必要となる地理的ツールの系統を示したものである．地図・GISでは，場所，地域の位置関係や広がり，方位や距離に着目している．フィールドワークでは，身近な地域や生活圏を対象とし，地図やGISの活用に着目している．テクノロジーでは，タブレット端末やノートパソコンなどを利用して状況に応じたアプリケーションを活用することに着目している．

表7-4　地理的ツールの系統

段階	地図・GIS	フィールドワーク	テクノロジー
K〜1	自らと身近な場所との位置関係を理解し，絵図や立体物に示すことができるとともに，タブレット端末を用いて地図から位置関係を読み取ったり，園や学校で観察したことを書き込んだりすることができる．	園庭や園の周辺の環境に関わり，親しむ．見る，聞く，触れる，探すといった活動や体験を通して，身近な地域の場所の地理的事象を観察したり，関わったりすることができる．	タブレット端末を用いて電子化された写真・動画編集などのアプリケーションの活用を通じて簡易な作業（絵地図の作成，プログラミングを含む）が行うことができる．
2	身近な複数の場所や地域の位置関係や広がり，方位や距離などについて地図や地図帳，地理模型，地球儀などから考え，理解し，示すことができる．GISの簡易なツールを操作して地理情報の書き込みや読み取りを行うことができる．	身近な場所や地域の地理的事象を観察，調査，見学，探索したり，その結果を地図にまとめたりすることができる．	タブレット端末やノートパソコンなどの情報端末を用いて，電子化された地図・写真・動画編集などのアプリケーションの活用を通じて簡易な作業（地図の作成，プログラミングを含む）が行うことができる．
3	日本や世界における複数の場所や地域の位置関係や広がり，方位や距離などについて地図や地図帳，地理模型，地球儀などから考え，理解し，示すことができる．GISの簡易なツールを操作して地理情報の書き込みや読み取りを行うことができる．	多様な資料を収集し，複数の場所や地域の地理的事象を観察，調査，見学，探索したり，その結果を地図にまとめたりすることができる．	タブレット端末やノートパソコンなどの情報端末を用いて，電子化された地図・写真・動画編集などのアプリケーションの活用あるいはAI（Chat型）を通じて簡易な作業と個別的・協働的な作業（地図や動画の作成，プログラミングを含む）が行うことができる．

4 5	日本や世界における複数の場所や地域の位置関係や広がり，方位や距離などについて，様々な地図や地図帳，地理模型，地球儀などから考え，理解し，示すことができる．GISの複数のツールの操作を通じて考え，適切に地図化して表現することができる．	身近な地域の観察，野外調査，文献調査，地形図などの読図，地図の作成，Web GISを通じて，地理に関する様々な情報をもとに場所の特徴をまとめることができる．地域の課題を見出し，課題解決に向けて考察することができる．	タブレット端末やノートパソコンなどの情報端末を用いて，遠隔通信，電子化された地図・写真・動画編集，統計分析，プログラミング，AI（Chat型）・AR・VRなどの状況に応じたアプリケーションの活用を通じて個別的・協働的に作業が行うことができ，問題解決に向けた活用ができる．
6 7 8	地表面における複数の場所や地域の位置関係や広がり，方位や距離などについて，様々な地図や地図帳，地理模型，地球儀などから発展的に考え，理解し，表現することができる．GISについての基本的な知識や技能を習得し，地理情報の収集・選択・処理，諸資料の地理情報化や地図化を行うことができるとともに，GISの有用性と役割についての考察と理解をふまえて，GISの利用を工夫することができる．	生活圏にとどまらず，複数の場所や地域の地理的事象について，知識・技能を活かしながら観察，計測や見学，長期の地域調査などを行い，Web GISやデジタル地図を用いて地理的情報を整理することができる．その地域が現在直面する諸課題や将来の姿について，広い視野から具体的に構想し，発表・発信することができる．	携帯電話やタブレット端末，ノートパソコンなどの情報端末を用いて，遠隔通信，電子化された地図・写真・動画編集，統計分析，プログラミング，AI（Chat型）・AR・VRなどの状況に応じたアプリケーションの活用を通じて高度な個別的・協働的な作業が行うことができ，問題解決に向けた実用性の高い活用ができる．

次の文献にもとづく．
吉田　剛（2023）：近未来社会の幼小中高一貫地理教育カリキュラムの理論【後編】．地理，68(8), pp.92-97.
本表は，本研究グループの「地図・GIS」ユニット，「フィールドワーク」ユニット，「テクノロジー」ユニットが作成した．「実践」ユニットの成果も反映されている．

5. 地理的価値態度の系統（【価値】構成領域）

表7-5は，表7-1の「持続可能性」の地理的概念の意味にかかわる部分を参考に，ESDやSDGsの教育とかかわる地理的価値態度の系統を示したものである．幼・小・中・高等学校の現行の学習指導要領などの内容から，それぞれの学習段階で取り上げる地域規模を設定し，地理的概念の順次性をもとに地域でみられる地理的課題の解決に向けて，SDGsを意識しながら，ESDがめざす行動の変革を促すことにつながる活動を示している．

表7-5　地理的価値態度（ESD/SDGs）の系統

段階	到達目標となる内容
K	自宅や幼稚園などの生活している場所の近くに見られる地理的環境について，位置や分布・場所に着目して，その違いを意識し，自分の生活との関わりから大切にしようとしている．
1	学校や身近な地域で見られる地理的環境について，位置や分布・場所・人間と自然環境との相互依存関係に着目して，自分の生活との関わりから働きかけようとしている．
2	市区町村や都道府県規模の地域で見られる地理的課題について，場所・人間と自然環境との相互依存関係・持続可能性の概念に着目して，環境の保護について考察や選択・判断しようとしている．
3	日本で見られる地理的課題について，人間と自然環境との相互依存関係・地域・持続可能性の概念に着目して，環境の管理に向けて，SDGsを意識しながら考察・構想しようとしている．
4 5	世界・日本・地域で見られる地理的課題について，空間的相互依存作用・地域・持続可能性の概念に着目して，社会・経済・環境と関わるSDGsを意識して解決に向けて考察・構想しようとする．
6 7	文化摩擦問題や地球的課題などについて，空間的相互依存作用・地域・持続可能性の概念に着目して，社会・経済・環境と関わるSDGsを意識して，Think globally, act locallyの観点から解決に向けて考察・構想しようとする．
8	世界・日本・地域が抱える地理的課題について，空間的相互依存作用・地域・持続可能性の概念に着目して，系統地理的考察・地誌的考察から，社会・経済・環境と関わるSDGsを意識して解決に向けて探究し，責任ある行動をとろうとする．

本表は，本研究グループの「ESD/SDGs」ユニットが作成した．

6. 近未来社会的市民性の系統（【価値】構成領域）

表7-6は，近未来社会的市民性の系統を，1人ひとりのウェルビーイングの実現，メディア・デジタル行動規範，民主主義，国民統合性の視点から示したものである．一人ひとりのウェルビーイングの実現では，11の指標の中から環境の質，生活の安全，主観的幸福，市民参加に，メディア・デジタル行動規範では，社会的な規範のもとでの行動に，民主主義では，自らの権利と社会的な責任に，国民統合性では，文化や社会観や伝統的な規範や倫理観などに着目している．

表 7-6　近未来社会的市民性の系統

段階	一人ひとりの ウェルビーイング実現	メディア・デジタル 行動規範	民主主義	国民統合性
K 1	環境の質，生活の安全，主観的幸福などの個人のウェルビーイングの実現に向けて，自らが求めて獲得しようとする．	メディア情報に触れ，社会的な規範があることに気付く．	自らの気づきをもとに他者の考えにも気づき，尊重しながら，自らの考えを述べようとする．	身近なコミュニティが必要とする文化や伝統，倫理観などを共有しようとする．
2 3	環境の質，コミュニティ，生活の安全，主観的幸福などの個人のウェルビーイングの実現に向けて，社会の動きを理解し，他者との協調とともに自らが求めて獲得しようとする．	メディア情報やデジタル技術の基礎的な利用を行う中で，社会的な規範のもとで適切な行動を求めようとすることができる．	基礎的な社会的判断力を身に付け，自らの権利と社会的な責任を踏まえ，社会の動きを理解し，社会的課題を解決できるように考えようとする．	地域のコミュニティとわが国が必要としてき主な文化や社会観，伝統的な規範，倫理観などを共有し，尊重しようとする．
4 5	環境の質，コミュニティ，生活の安全，主観的幸福，市民参加などの個人のウェルビーイングの実現に向けて，社会の動きの理解し，他者との協調とともに自らが求めて獲得し，社会にも貢献しようとする．	メディア情報やデジタル技術を多様に利用する中で，社会的な規範のもとで適切な行動を求めようとすることができる．	社会的判断力を身に付け，自らの権利と社会的な責任を踏まえ，個人と社会の基本的な関係を理解し，社会的課題を解決できるように考え，自ら行動しようとする．	地域のコミュニティとわが国が必要としてきた様々な文化や社会観，伝統的な規範，倫理観などを，諸外国や世界との関わりなども踏まえながら共有し，尊重しようとする．
6 7 8	環境の質，コミュニティ，生活の安全，主観的幸福，市民参加などの個人のウェルビーイングの実現に向けて，社会の動きの理解を深め，他者との協調とともに自らが求めて獲得し，社会にも貢献しようとする．さらに再び個人のウェルビーイングを充実させようとする．	メディア情報やデジタル技術を応用的に利用する中で，社会的な規範のもとで適切な行動を高度に求めようとすることができる．	社会的判断力を身に付け，自らの権利を守りながら社会的な責任を踏まえ，個人と社会の様々な関係を深く理解し，社会的課題を解決するために具体的に考えて自ら行動し，新たに社会を構築しようとする．	地域のコミュニティとわが国が必要としてきた様々な文化や社会観，伝統的な規範，倫理観などを，諸外国や世界のそれも踏まえながら共有し，多様・多重に尊重し合おうとする．

次の文献にもとづく．
吉田　剛（2023）：近未来社会の幼小中高一貫地理教育カリキュラムの理論【後編】．地理，68(8), pp.92-97.
本表は，本研究グループの「カリキュラム理論ユニット」が作成した．「実践」ユニットの成果も反映されている．

本節は，本研究グループの各ユニットが検討した成果あるいは表を吉田が取りまとめ，各表頭の紹介文を永田が加筆した．

第3節　よりよい実践を求めて

1．開かれた幼小中高一貫地理教育の扉

　基礎理論となる，地理的概念を主柱とする一貫地理教育カリキュラムのフレームワークの有効性は，単元構想や実践のさまざまな事実などから確認された．そのもとに作成された系統表によって，各学習段階前後のやや具体的な見通しをもって，幼小中高を一貫する大局的に議論することができる．異なる学校段階の教員や関係する研究者が，各学校段階の文化の壁を乗り越え，協議する共通項となるツールとしての役割を果たす．たとえば学術学会に限らず，教員研修会あるいは教員養成の場面において，本フレームワークを用いて，授業設計や評価方法，児童生徒や地域の実態への対応などの観点から協議することを想定できる．またその有効性には，さまざまなカリキュラム・スパンにおける地理的概念とその他の一貫軸の要素を関係付けて，地理学習を企画・計画・実践するためのベンチマークとしての役割を果たし，各学習段階の実践そのものを議論する共有の場を提供する．

　これらの効用は，地理学習の目標や評価，年間シラバスや授業設計，あるいは地理の授業力などに寄与することができ，地理学習をマネジメントする学校教員の立場からみられる．

　それでは，地理を学ぶ児童生徒などの立場から，どのような一貫地理教育カリキュラムの効用が得られるであろうか．このフレームワークがより精緻なものとなり，かつ系統表もより詳細なものに更新されていくと，1人ひとりの児童生徒に応じた，個人の自己学習や個別最適な学習などの進度の尺度や，個人が備える「資質・能力」の判断の道具として役立てられる．ただしこの点には，教育制度や教育環境の整備とともに，GIS，AI，VR，ARなどの新たなテクノロジーの日常的な活用が不可欠となるが，それらの取り扱いについては，一層の注意が必要になる．今後は，探究的な学びを要として，個別最適な学びと協働的な学びの一体化とともに，1人ひとりの地理学習者への眼差しについて一層重視していく時代に入ってきている．

　本書で創造した，幼小中高一貫地理教育カリキュラムにおける上位のねらいは，子どもたちに，持続可能な社会づくりに向けた，地理的概念となる「持続可能性」を通じて得られる地理的価値態度をもとに近未来社会的市民性を身に付けさせることであり，おもに【価値】構成領域が担う．

冒頭の説明を再掲すると，近未来社会的市民性とは，「近未来社会の教育に必要となる新たなメディア・リテラシーやデジタル技術活用の行動規範と，個人の主観的な幸福などや社会に資するウェルビーイングの実現に向けて，個人の選択や判断，ふるまいや行動に影響を与える主義や信条および民主主義社会や国民統合性の進展を担う資質とする」である．このような【価値】構成領域を明確に示したK-12の一貫地理教育カリキュラムについては，先進する諸外国の一貫地理教育カリキュラムからみると皆無に等しい．そのため，本書の一貫地理教育カリキュラムは，世界的な議論の深化や波及においても役立てられる．

近未来社会的市民性を身に付けさせるために，【内容】と【方法】両構成領域が用意され，それらを結び付けるために地理的概念が機能することになる．決して【内容】や【方法】の各々の構成領域におけるさまざまな一貫軸の要素の育成に特化した教育を求めているわけではない．つまり地理的概念を通じて，3つの構成領域のさまざまな要素がつながり合って，近未来社会的市民性を育成することを求めている．その際には，OECDの『Education 2030』の「エージェンシー」（変化を起こすために，自分で目標を設定し，振り返り，責任を持って行動する能力），「変革をもたらすコンピテンシー」（新たな価値を創造する力，対立やジレンマを克服する力，責任ある行動をとる力），「振り返りサイクル」などの新たな資質・能力の育成の方向についても留意し，目を向ける必要がある．これらには，非認知能力との関係も潜み，今後は心理学的な視野からの援用も求められる．

よりよい実践を求めていくためには，やはり理論と実践の往還を通して，一貫地理教育カリキュラムを進展させていくことであるが，その前段には，関係者による十分な協議がより重要になる．その扉は，本書の執筆者の総力によって，わずかながらも開かれたと考えている．

吉田　剛

2．地理教育における公民としての資質・能力の育成

よりよい実践とは，公民的資質の育成を究極目標とする社会系教科においてはよりよい社会を形成することを意味する．よりよい社会の形成の中に，持続可能な社会の形成が含まれている．本書では，一貫地理教育カリキュラムを創造する際に，【価値】構成領域を新たに設け，持続可能な社会づくりに向けた，「持続可能性」を通じて得られる地理的価値態度を育成することで近未来社会的市民性につなげていくことを示している．

2017・2018年告示の小・中・高等学校の社会系教科教育の目標の柱書は，共

通して「グローバル化する国際社会に主体的に生きる平和で民主的な国家及び社会の形成者に必要な公民としての資質・能力を育成する」と示された．1989年に誕生した高等学校の地理歴史科では，「国際社会に主体的に生きる民主的，平和的な国家・社会の一員として必要な自覚と資質を養う」と，公民的資質の育成が明示されていなかった．現行の学習指導要領で公民科と同様に公民としての資質・能力の育成が明示された意味は大きい．

公民としての資質・能力の育成には，「持続可能性」から地球規模の諸課題や地域の課題を解決しようとする態度の育成が含まれている．社会系教科に属する幼・小・中・高等学校の地理教育は，【価値】の構成領域において，持続可能な社会づくりを目指す高等学校地理歴史科地理総合を核として，持続可能な将来が実現に向けて行動の変革を促すESDを推進していく必要がある．

ESDの重点分野で示されている現代世界の諸課題について，未来にわたり機能を失わずに継続していくという「持続可能性」をもとに，「位置や分布」，「場所」，「人間と自然環境との相互依存関係」，「空間的相互依存作用」，「地域」の地理的概念を活用して「地理的な見方・考え方」を働かせて，課題を発見し，解決に向けて考察・構想することは，学習者の地理的価値態度の育成につながる．

第6章では，地域調査の単元から一貫地理教育カリキュラムが提案されている．第7章では，地理的ツールの系統としてフィールドワークが取り上げられている．小・中・高等学校の現行の学習指導要領において，中学校社会科地理的分野の中項目「地域の在り方」と高等学校地理歴史科地理総合の中項目「生活圏の調査と地域の展望」が地域の課題の解決に向けて考察・構想するようになっており，「持続可能性」と「地域」を意識したESDとしての地域調査が求められている．

ESDとしての地域調査は，地理的ツールとしてのフィールドワークを取り入れた情報処理過程としての狭義の地理的探究を核として，身近な地域や生活圏で設定した課題を解決するために仮説を設定する．「地理的な見方・考え方」を働かせた文献調査やフィールドワークなどからおもに5つの地理的概念を活用した情報処理を行って仮説を検証する地理認識の過程と，おもに「持続可能性」から課題の解決に向けて構想する社会参加の過程からなる広義の地理的探究を行いたい．ESDとして広義の地理的探究を行う地域調査を取り入れた，発達段階に応じてより高次の展開となるカリキュラムを考えていきたい．地域調査の単元をもとに，他の単元においても幼小中高一貫カリキュラムを考えていきたい．

永田成文

3. カリキュラムの充実と教員への支援

　本研究グループは 2022 年度から本格的に始動した．約 3 年間にわたって大学の研究者や小中高の教員，院生などさまざまな立場のメンバーが本研究に参画し，それぞれの興味・関心を踏まえながら，一貫地理教育カリキュラムを支える理論を検討したり，実践モデルを構想したりしてきた．本書の成果はいわゆる優れた，ないしは望ましいと考えられる一貫地理教育カリキュラムをその理論的側面および実践的側面から示したことにあり，実践に向けての一定の方向性を読者に示すことには成功したと考えている．そのうえで本研究の展望を示しながら，よりよい実践に向けての方向性や今後必要となることを考えていきたい．

　本書の読者の興味・関心の一つは，本書で示された一貫地理教育カリキュラム（とりわけ，第 2 節の到達目標としての系統表の記載内容）と既存の学習指導要領の記載内容との整合性であろう．一方，本書で示した一貫地理教育カリキュラムは，既存の学習指導要領に向けた提言という側面もあり，既存の学習指導要領とはやや距離のある部分も有する．いずれにせよ，学習指導要領という存在を踏まえつつ，整合性の面から一貫地理教育カリキュラムを検討・更新し，示し続けていくことが重要になる．

　また，よりよい実践を求めたとき，鍵となるのはやはり実践を直接担う幼小中高の教員（教職志望の学生含む）である．本書の成果である一貫地理教育カリキュラムの理論および実践を教員に示すことは，実践に向けての一助となることはまず間違いない．しかしながら，一貫地理教育カリキュラムの普及やさらなる実践の促進を考えた場合には，理論や実践を教員に示すだけでは不十分である．教員が本書で示した理論および実践を検討し，自分なりの一貫地理教育カリキュラムを考え，実践に移すことができる専門性を獲得し，伸ばすこと，そして理論および実践は「自身でつくる，変えるもの」という意識の変容が重要となる．

　そのためには，教員自体への働きかけもまた一貫地理教育カリキュラムの普及にとっては重要なアプローチであり，教員を対象とした各種研修や幼小中高の教員と大学教員が協働して実践を考える機会を提供すること，このような機会を通じて教師自身が専門性を育むことが不可欠である．

阪上弘彬

おわりに

　2022年度より結成された日本地理教育学会「小中高一貫地理教育カリキュラム研究グループ」は，諸外国との比較・分析とともに，日本における実践を見据えた一貫地理教育カリキュラムに関する検討を行い，具体的な小中高一貫地理教育カリキュラムの基礎を理論面と実践面から創造することを目的としている．その後，幼児教育にも着目し，幼小中高一貫カリキュラムを提案している．
　2024年度，理論系ユニットとしては，理論を構築するためのカリキュラム理論ユニット，国内外のカリキュラムを調査するカリキュラム研究ユニット，持続可能な社会づくりを考えるESD・SDGsユニット，地誌・系統地理・テーマ地理から考える地理学体系ユニット，地理的ツールや地理情報活用を考えるGIS・フィールドワークユニット，テクノロジーユニットからなる．実践系ユニットとしては，メンバーの所属地域や検討対象の特徴をもとにして，グループA，グループB，グループCからなる．
　これまで，グループのメンバーはそれぞれが興味・関心があるユニットに1つ以上所属して，各々のユニット内で協働して研究を進め，さらに研究グループ全体の例会で協議し合いながら，さまざまな学会などで成果を公表している．
　まず，スタンダードとしての幼小中高一貫カリキュラムを創造するために，近未来社会型の幼小中高一貫地理教育カリキュラムの内容構成の原理として，地理的概念を位置付けた【内容】【方法】【価値】の3つの構成領域を示した．このフレームワークでは，【内容】として地理学体系のもとに学習の内容として構成される「地理的事象の三層」を，【方法】として地理的探究と地理的ツールや地誌・系統地理・テーマ地理によるアプローチを，【価値】として地理的価値態度や近未来社会的市民性から構成されることを示している．この3つの構成領域をもとに理論系と実践系のユニットが構成されている．第7章では，理論系に限らず，実践系ユニットの成果を加味して，到達目標となる系統表が示されているのは大きな特徴といえる．
　はじめにでも示されたように地理教育における一貫地理教育カリキュラム研究はこれまでも行われてきた．それらとの違いは，近未来社会型の幼小中高一貫地理教育カリキュラムの内容構成の原理という核となる理論をもとにスタンダードとしての幼小中高一貫カリキュラムを提案していることである．とくに【価値】の構成領域を示すことで，「持続可能性」を地理的概念として位置付け，ESDに

かかわる持続可能な社会づくりを考察・構想することで地理的価値態度を育成し，近未来社会的市民性に寄与しようとすることを明確に示すことができた．

また，先にも述べたように小中高一貫に留まらずに幼児教育も対象とした．諸外国における地理教育では，就学前教育としてカリキュラムに組み込まれているのが一般的である．幼児教育との接続を考えることで，小学校教育の生活科も意識でき，より広いスパンで発達段階に応じた資質・能力を示すことができる．また最新の成果として，地理独自のツールである地図やGISに限らず，新しいテクノロジーとして，タブレット端末などを活用してさまざまなアプリケーションをどのように幼小中高一貫地理教育で活用できるのかについても示している．

実践ユニットでは，単に与えられたテーマと学年において授業を提案するのではなく，各テーマにおける隣接校種の授業を意識し，そのテーマにおける一貫地理教育カリキュラムの大枠を提案していることも特徴の1つとしてあげられる．

2024年度までの活動では，理論系と実践系ユニットにおいて同時並行で研究・実践してきた．このため，本書では一貫地理教育カリキュラムを提案することについては意識統一ができていたが，理論系と実践系のつながりを十分に示すことができなかった部分もある．2023年度から本格的に実践系ユニットによる実践の提案がなされるようになり，その単元開発テンプレートでは，地理教育カリキュラム・フレームワークにおける地理的概念，地理的価値態度（ESD/SDGs），近未来社会的市民性（ウェルビーイング：Well-being）について，関係付けることが示されていた．また，学習段階の主柱となる地理的概念と，地理的ツール（地図，フィールドワーク技法，テクノロジー），地理学体系（地誌・系統地理・テーマ地理），地理的価値態度（ESD/SDGs）などの軸とが関連付けられるようになっていた．

本書では，理論系ユニットの提案が内容の大半を占めている．実践系ユニットの授業の提案の充実が望まれる．今後，幼小中高一貫地理教育カリキュラムの理論をよりブラッシュアップすること，理論と実践の往還にかかわる部分について授業実践を通して十分に示していくこと，幼小中高一貫の面的な広がりを意識して本書で提案した以外のテーマや概念も取り上げた実践を開発していくことが考えられる．

日本地理教育学会・小中高一貫地理教育カリキュラム研究グループ副代表

永田　成文

著者紹介

分担執筆者（各節執筆順，幹事＊）

近藤 裕幸＊	（こんどう ひろゆき）	愛知教育大学	第2章2, 第6章3
守谷 富士彦	（もりや ふじひこ）	桃山学院教育大学	第2章2
河本 大地＊	（こうもと だいち）	奈良教育大学	第3章2
牛垣 雄矢＊	（うしがき ゆうや）	東京学芸大学	第3章3
大矢 幸久	（おおや ゆきひさ）	学習院初等科	第4章2, 第6章2
椿 実土里	（つばき みどり）	北海道恵庭南高等学校	第4章2
中村 洋介	（なかむら ようすけ）	公文国際学園中等部・高等部	第4章2
林 靖子	（はやし やすこ）	獨協埼玉中学高等学校	第4章2
伊藤 智章	（いとう ともあき）	静岡県立富士東高等学校	第4章3
國原 幸一朗＊	（くにはら こういちろう）	名古屋学院大学	第4章3
三浦 徹	（みうら とおる）	北海道札幌国際情報高等学校	第4章3
今野 良祐	（こんの りょうすけ）	筑波大学附属坂戸高等学校	第5章1
齋藤 亮次	（さいとう りょうじ）	公文国際学園中等部・高等部	第5章1
飯島 典子＊	（いいじま のりこ）	宮城教育大学	第6章1・5
岡本 恭介	（おかもと きょうすけ）	宮城教育大学	第6章1
守 康幸	（もり やすゆき）	宮城教育大学附属中学校	第6章1
伊藤 直哉	（いとう なおや）	広島大学附属中学校・高等学校	第6章2
内川 健	（うちかわ たけし）	成蹊小学校	第6章2
佐藤 克士	（さとう かつし）	武蔵野大学	第6章2
伊澤 直人	（いざわ なおと）	西尾市立東部中学校	第6章3
栗本 一輝	（くりもと かずき）	愛知教育大学附属名古屋中学校	第6章3
小澤 裕行	（こざわ ひろゆき）	犬山市立城東中学校	第6章3
児玉 和優	（こだま かずまさ）	愛知教育大学附属名古屋中学校	第6章3
鈴木 瞭	（すずき りょう）	名古屋市立緑高等学校	第6章3
八木 龍一	（やぎ りゅういち）	愛知教育大学附属名古屋中学校	第6章3
移川 恵理	（うつしかわ えり）	仙台市立仙台大志高等学校	第6章4
金田 啓珠	（かねだ ひろみ）	山形県立東桜学館中学校・高等学校	第6章4
鈴木 達也	（すずき たつや）	茨城県立水戸第一高等学校附属中学校	第6章4
牛込 裕樹	（うしごめ ひろき）	大妻中野中学校・高等学校	第6章5
沓澤 遥	（くつざわ はるか）	宮城教育大学附属中学校	第6章5
木場 篤	（こば あつし）	ノートルダム清心中・高等学校	第6章5
高木 優＊	（たかぎ すぐる）	神戸大学附属中等教育学校	第6章5
辻 常路	（つじ じょうじ）	川西市立明峰中学校	第6章5

編著者

吉田　剛（よしだ つよし）（研究グループ代表）
宮城教育大学大学院教育学研究科教授

　はじめに，理論編概要，第 1 章，第 2 章 1，第 3 章 1，第 4 章 1，第 5 章 2，第 6 章 1・4・5，第 7 章 1・2・3

1967 年新潟県生まれ．兵庫教育大学大学院連合博士課程学校教育研究科修了．博士(学校教育学)．
【専門】社会科教育学（地理教育）・学校教育学（カリキュラム研究）．
【おもな著作】単著（2001）：地理的見方・考え方を育成する社会科地理授業の改善－単元「アメリカ五大湖南岸工業地域」の場合－．社会科研究（全国社会科教育学会），54,pp.31-40. 共著（2008）：『地理教育カリキュラムの創造 小・中・高一貫カリキュラム』古今書院．

永田 成文（ながた しげふみ）（研究グループ副代表）
広島修道大学人文学部教授，三重大学名誉教授

　第 2 章 1・4，第 5 章 1，実践編概要，第 7 章 2・3，おわりに

1967 年佐賀県生まれ．広島大学大学院学校教育研究科修士課程修了．博士（教育学）．
【専門】社会科教育学（地理教育）．
【おもな著作】単著（2013）：『市民性を育成する地理授業の開発－「社会的論争問題学習」を視点として－』風間書房．編著（2022）：『エネルギーの観点を導入した ESD としての社会科教育の授業づくり』三重大学出版会．

阪上 弘彬（さかうえ ひろあき）（研究グループ副代表）
千葉大学教育学部准教授

　第 2 章 5，第 4 章 2，第 5 章 1，第 6 章 2，第 7 章 3

1988 年兵庫県生まれ．広島大学大学院教育学研究科博士課程後期修了．博士（教育学）．
【専門】社会科教育学（地理教育）・ESD・教科教育学．
【おもな著作】単著（2018）：『ドイツ地理教育改革と ESD の展開』古今書院．編著（2020）：「空間的な市民性教育」の研究動向とその特質－欧米の地理教育・社会科教育を中心に－．人文地理（人文地理学会），72(2), pp.149-161.

編著者

吉田　剛（よしだ つよし）　宮城教育大学大学院教育学研究科教授
永田 成文（ながた しげふみ）　広島修道大学人文学部教授，三重大学名誉教授
阪上 弘彬（さかうえ ひろあき）　千葉大学教育学部准教授

書　名	幼小中高一貫 地理教育カリキュラムスタンダード ― 近未来社会をつくる市民性の育成 ―
コード	ISBN978-4-7722-8513-1
発行日	2025（令和7）年2月6日　初版第1刷発行
編著者	吉田 剛・永田成文・阪上弘彬 Copyright ©2025 Tsuyoshi YOSHIDA, Shigefumi NAGATA, Hiroaki SAKAUE
発行者	株式会社 古今書院　橋本寿資
印刷所	太平印刷社
製本所	太平印刷社
発行所	古今書院　〒113-0021　東京都文京区本駒込 5-16-3
TEL/FAX	03-5834-2874　／　03-5834-2875
振　替	00100-8-35340
ホームページ	https://www.kokon.co.jp/　検印省略・Printed in Japan